U0728522

路自通山

李专 著

长江出版传媒 长江文艺出版社

图书在版编目（CIP）数据

路自通山 / 李专著. --武汉：长江文艺出版社，
2023.11
ISBN 978-7-5702-3303-8

Ⅰ.①路… Ⅱ.①李… Ⅲ.①散文－中国－当代
Ⅳ.①I267

中国国家版本馆 CIP 数据核字（2023）第 158199 号

路自通山
LUZI TONGSHAN

责任编辑：胡金媛　龙子珮　　　　责任校对：毛季慧
封面设计：郭婧婧　　　　　　　　责任印制：邱　莉　王光兴

出版：长江出版传媒｜长江文艺出版社
地址：武汉市雄楚大街 268 号　　　邮编：430070
发行：长江文艺出版社
http://www.cjlap.com
印刷：武汉中科兴业印务有限公司

开本：787 毫米×1092 毫米　　1/16　　　印张：16.75
版次：2023 年 11 月第 1 版　　　2023 年 11 月第 1 次印刷
字数：315 千字

定价：53.00 元

写出一些幕阜山文化的认同感

南宋文学家王炎在《过幕阜山》中写道："昔闻幕阜古洞天，偶驰瘦马行山前……南山之南北山北，筑屋翠微高枕眠。"幕阜山区，古今都是生态天堂、洞天福地。

湖北的东北、西北、西南和东南，分别由大别山脉、大巴山脉、武陵山脉和幕阜山脉拱卫。与其他三条山脉相比，幕阜山脉的知名度和影响力如何，我说不清楚。具体而言，说不清楚的是对幕阜山文化的认同感。

2014 年初，湖北省作协开展首届《"家乡书"长篇散文丛书》项目申报工作，我那时还在咸宁高新区里全心全意服务招商引资，几年后，当我知道"家乡书"这个项目时，犹如电光火石直照心田。该项目要求，以一种地方色彩鲜明的非虚构文学文本，写发展成就，写先进典型，同时写山水，写田园，写乡土，写乡愁，写出文化根脉、文化情怀与田园韵味。一乡一部书，一书一乡愁，构成一部宏大的湖北城乡面貌变迁史，一幅源远流长的荆楚乡土文化全景图，不仅具有文学史价值，还将具备社会学、经济学、文化学等方面的学术价值，成为文学服务社会的有力载体。

在四十年的职业生涯中，我一直在忙碌的单位和忙碌的岗位工作，心里对散文的喜爱又放不下，于是，只能写一些千字篇幅的"副刊文"。当首届《"家乡书"长篇散文丛书》作品纷纷问世之际，我想，往后余生，"家乡书"长篇散文写作这件事情，应该和我的生命不离不弃了。2018 年春天，我开始写作我的第一部"家乡书"——《崇山之阳》。2019 年夏天，我的《幕阜长歌》入选湖北省作协第二届"家乡书"长篇散文扶持项目。

《路自通山》是我的第三部"家乡书"。在写作《路自通山》的过程中，我意识到，我已经写过的和正在写的以及将来还要写的"家乡书"，应该是"幕阜山家乡书"。写完《路自通山》，我最大的收获是把一种刻板印象扔到爪哇国去了，这印象来自戴在通山县头上的"国家级贫困县"帽子。通山县，这是一个多么丰富而生动的县，岂止是那一顶帽子可以概括的。而"幕阜山区"好像也是扣在鄂东南、赣西北、湘东北人民头上的一顶帽子，那是一顶"欠发达"的帽子。在经济欠发达的场域内，同样有文明高峰的创造，甚至是奇峰突起的文明。

　　"幕阜山家乡书"当然要写山，我在《幕阜长歌》里写了十二座鄂南名山，我在《路自通山》里又写了十二座通山名山，其中有几座重复，但力求在文字上少些重复。并非刻意，我却在三部"家乡书"里都写到了黄庭坚，因为他是幕阜山区的文化巅峰。汉族民间叙事长歌，在全国其他地方都没有，在鄂南却县县都有。绕也绕不过的这些山、这些人和这些事，我们对他们的情感，就是对幕阜山文化的认同感。

　　为写通山的这本书取一个合适的名字，于我而言是一件并不轻松的事情，我没法找到含有"通山"二字的成语、熟语和诗词。王亲贤推荐"山不碍路，路自通山"，由于这个成语的冷僻和我本人的寡闻，此前我从不知道有这样一个成语。"路自通山"太有力量了，它能极好地担当这个书名。当然，我的书也将会让"路自通山"成为热词，《幕阜长歌》出版四个月后，中国国家图书馆即创建了百度百科词条"幕阜长歌"。《路自通山》出版后会如何，我心里清楚，因为我知道自己付出了多少。比如，康熙四年《通山县志》载："程京，金华人。建炎丁未知县事，因家焉"。历史上，通山是末等小县，知县多由举人担任，程京是进士出身，并且是通山首位由进士担任的知县，一个浙江人为什么要在通山安家？这是个千古之谜。我从多条路径向谜团的中心奔赴，最终弄清楚了他为什么致仕、他为什么要在通山安家、他把家安在了哪里、他的后裔情况如何，从而解答了这个小小的千古之谜。

　　幕阜山中的文友，常会提起我在《崇山之阳》自序中写到的一句话："想写一本几十年后还有几个人看的书"。这是一句很内敛的话，几十年太短了，我心当不在此。"写出一些幕阜山文化的认同感"，无需内敛也无需克制，这句话已经表达了任务的庞大和历程的艰辛，这句话也正是幕阜群山给我的使命。在这条艰辛的路上，我并不寂寞，路上早有先行者。环顾四周，诗人周春泉、剑男，作家徐志祥、徐鲁，都是坚守幕阜山精神家园的创作者，他们都已在幕阜山的千山万壑中深耕了多年，他们的笔下流岚缠绵、山花烂漫。

　　湖北省作协主席、著名作家李修文在《幕阜长歌》研讨会上讲到："李专的创作态度，亲近传统、亲近民间、亲近山野。秉持着对家乡的热爱和对长歌的热诚，扎扎实实深入生活、扎根人民、辛勤创作，在当代文学创作如何扎根传统文化、如何汲取艺术养分方面，做出了良好示范。"

　　我已经尝到了"亲近传统、亲近民间、亲近山野"的甜头，传统、民间、山野都待我不薄，馈我丰厚。我将以我的"三亲近"，让更多的人获得更清晰的幕阜山文化认同感。

　　同时，我期待，幕阜群山给我山鸣谷应的回响！

李　专

2023 年 5 月 19 日（中国旅游日）

目录

第一章

开门见山

在通山，你站在任何点位，只要眼前没有障碍物，你一睁眼，看到的必定是山。绝无例外。"八山一水一分田"，水在山谷流，田也在山垅中。

万岭千山百里云

山一沾通山就高峻，造物主是要在通山做足山的文章，是要让通山人尝够山的味道。幕阜山主脉在通山境内连绵百数十公里，成为鄂赣两省界山。在江西的南坡，较平和舒缓；在通山的北坡，则高耸险峻。北部的大幕山白羊山雨山山系，是与咸安和崇阳的界山，则是北坡平缓南坡陡峭。

通山人困于山苦于山，养于山乐于山，爱山恨山吃山靠山。不管怎么说，山是通山人最长情的陪伴。

"家乡/通山/江南小县/县里最多的人口/是山""于是身上最多的感觉/是山/站着/是山/卧着/是山/走着/也是山"。（周春泉《感觉有山》）

"每天只需开窗。一山黎明，一山青翠，一山云雾和一山鸟鸣。有时是几块裸露的石头，三两处野花，和一勺夕阳。"（徐金秋《这样生活多么好》）

县志记载，境内有山名的山共计308座。我仔细看了这份308座山的名单，居然没有那个出产红茶的"瑶山"。欲知山中事，要问山里人。我问徐金秋，她说老家村前屋后所有的山都有名字，不论大小。可见，308座是未经山名普查的数字。

到通山的次数多了，我发现通山不少的山东倒西歪、乱七八糟、奇形怪状，有此观感的不只我一人。通羊镇明水下新屋主人夏鸣谷，在他的新屋落成之际，极尽文雅之笔，把大屋周边景致赞美了一番："县治三里许有山自东来，逶迤数十里，其形怪，其峰高，而其脉之下则至此障兮，蝉翼开合，光明挺然，磊落间忽吐秀焉。尤复屈曲下行，环绕左右，如玉带金钩。"他写的是石航山，而石航山的"形怪"并不很突出，比它"形怪"的多了去了。

当然，很漂亮的山更多。最起码那些叫"尖"的山就很漂亮。55座海拔800米以上的山，就有19座叫"尖"。我对着通山县乡镇地图，兴趣盎然地一个乡镇一个乡镇地统计，总共在地图上找出 95 座叫"尖"的山。我现在闭着眼睛都能说出老崖尖、三界尖、白鹤尖、将军尖、白沙尖、龙王尖、七星尖、凤凰尖、三峰尖、犁头尖、笔架尖、高峰尖、烽火尖、猪头尖、八个尖……并且，八个尖分明并排有 8 个尖峰，但是，这里只按一座算。我想，大概造物主在这里造山时，累了就造出不好看的山，精力充沛时就造出好看的山。

其实，好看的山和不好看的山排列在一起，反而更美，那是一种大美。董桥说过："天下青山都是一簇簇乱叠起来的，整齐了反而减了妩媚。"

壹　老崖尖　我双膝跪在 1656.6 米的海拔高度上

通山有一句歇后语：到了铜鼓凸，又想到老崖尖——这山望着那山高。

老崖尖比庐山主峰汉阳峰高，比九宫山主峰铜鼓包高，比平江县南江镇的幕阜山峰高。老崖尖是整个幕阜山脉的最高峰，因此，我特别想去朝拜一下。

托一位文友组织，半年内我催了他三次，每催一次，他都热血沸腾一次，然后就没有了音讯。于是，寻求帅哥帮助，帅哥与执行力很强的廖司马合计，很快付诸实施。

五一小长假的第四天，我们终于成行了。帅哥想找两位驴友同行，呼啦啦一下子来了 14 位。有一位甜嘴哥对我说："我们这十几人都是来给你当保镖的。"我当然知道他们都是自己想爬老崖尖。有一位女驴友，前三天日日都在做户外运动，已经很累了，第四天这个活动还是不忍放弃。驴友中有几位已经三次爬过老崖尖。

爬了四道陡坡，都是坡度达到七八十度的陡坡。手脚并用，这真叫"四轮驱动"了。双脚双腿这时显得太无能，连带双手双臂，攀石头，抓藤萝，抱树木，才能前进。

其中有两道乱石坡。厚厚的落叶和松软的黑土之下，是一块块松动的石头。徐金秋发现前面的驴友踩塌了一块石头，石头正向她飞滚砸来。她迅速避让，脑袋保住了，左手被砸伤，伤口长达两寸，红丝丝的肉都翻出来了。向导迅速用烟丝止血，用了四支香烟。懂点急救的驴友包扎，包扎材料是另一位女驴友的发带和小衬衣。

包扎后，徐金秋整个人都站不起来，头晕眼花，躺在地上不能动。包扎的驴友问："你流没流一碗血？没流一碗血就不可能虚弱至此，顶多只是晕血。"

上山走北坡，下山不能再走了，太险。换走南坡。

下午三点开始下山，天黑之前必须走到那条下山的路上。不管是灌木林，还是乔木林，抑或是竹木混杂林，你一抬头，枝丫就打在你脸上，并且，枝丫和藤萝纠结的网络让你无法前行，只能弯腰屈膝钻行。钻了两个小时，腿像是断了，膝盖感觉是肿了。一刻不敢停顿，在队伍中停顿就挡住了后面的人，在队伍最后停顿就会掉队。几米远就看不到前面的人。

上山是挣扎，下山是逃命。

弯腰屈膝只是累，并不可怕，可怕的是向导迷失了方向，不是迷路，这山没有路，向导只导方向。任何一位向导都不能保证自己不会迷失方向，过去没有迷失不能保证你现在不迷失。我们的向导，今年67岁了，在这一片山域生活了几十年，中途到城里去带孙子好多年，有点迷糊了。纵向的上山和下山都没有路，只在半山腰有一条横向走出大山的路。那是一条极小的路，是被丛林掩盖的小路，一米开外人都不能看见它，只有当你双脚踏上去才证明你找到了这条路。

天色越来越暗了，我们还在山林里游荡，那些几次爬过老崖尖的驴友，都只有模模糊糊的印象，即使去年爬过这山的驴友。当太阳落山的那一刻，恐惧攫住我的心脏。驴友亮起了手电，如果没有灯，我们将寸步难行。天黑尽时，向导喊，路找到了，此时已经是晚上八点。这真是一条救命的小路。

走在小路上，十几盏灯亮成一条火龙。与我们相比，驴友是"专业"队伍，他们的灯体现了专业水平。他们真的成了"保镖"。现代社会，是每种专业水平在拉高全社会的整体水平。

爬一趟老崖尖，修正了不少认知。书上说，老崖尖是太阳山最高峰，又说是九宫山最高峰，原先以为是景区的宣传。其实都对，老崖尖就在九宫山核心保护区内，登顶后一抬头就能看到九宫山的铜鼓包，它们应该是双峰并立。还有一说，老崖尖叫老鸦尖，有的说是形似。其实就是多栖老鸦，快到山顶时，我们就听到了老鸦的鸣叫，开始下山时也听到了。

徐金秋曾经两上老崖尖。第一次迷失方向，晚上11点还在山上奔突号叫，同行的女伴有人吓哭了。第二次上山，她挖回了一棵兰花。十几年了，那棵兰花还养在她家，每年都开花。现在，山上的兰花列入了保护名录。"心结是老鸦尖的一大景观。那心结千真万确是长在坚硬的树身上，并且有太多。一路攀登时我一直揣摩这些大小不一如心状的疙瘩，总是找不出一个最佳的答案，后有人脱口而出，心结！我突然像悟出了什么，像一伟大诗人诗意喷发那一刻的感动。""山上本无路，被人走出的一些小伤口很快会被具有良好自愈力的山林愈合了，再转身时已是很难找到。""一直流连到日暮后才下山。返程的路上我们有些艰难，因为我们爬到山顶后根本就没找到那条通往九宫山森林公园的大道，怪只能怪山林长势太猛，自愈力太强，那条大路显然是被灌木丛掩盖了。我们只得按原路返回，实际上我们也没有找到那条来时的路，所以我们一路走得好辛苦。正如人们所言，人生没有一条路让你好走，也没有一条路让你重走。"这些话引自徐金秋十几年前写的《九宫山的老鸦尖》。

这次，我们手脚并用那么艰难，徐金秋端着一只受伤的手，继续攀登，没有退路，除非十几人的队伍与她同进同退。我们经受的艰难苦累，她几倍地承受。后来，她在朋友圈里写道："石头滚下来的力没要你的命，差点要了你一只手。刹那陪你的手套和那坨血肉跟随刺痛破碎，它们无法回来，多么无辜！十指连心，一起向生命讨伐，然后颠倒你的乾坤。山石孤立，云天不染人间。仿佛山水决绝。"

登上巅峰，巅峰上有什么？

真正的老崖尖巅峰极危险，实际就是一段绝壁的崖顶，长几十米，宽几米，最窄处仅米许，三面临深渊。那里当然无大树，因长年大风，长不成大树，只有密密麻麻的小树，品种多样，相扶相携，相依相偎。崖边的花朵倒是又大又艳。传说中老崖尖上那棵最著名的大檫木，并不在峰巅，而是在海拔 1400 米处的一个山窝里，我们无缘得见。那棵檫木已历千年，其胸围需 4 人合抱。檫木为中生代白垩纪残留植物，属于中国特有的第三纪孑遗植物，系国家一类商品材树种。

老崖尖比庐山主峰汉阳峰高 183 米，是一座可以傲视群雄的山。巅峰当然可见大美河山，有奇异风光。前后左右都是莽莽群山，都是低于老崖尖的莽莽群山，就是"会当凌绝顶，一览众山小"的那种。山南就是江西地界，你看到的是外省河山，和看到的是本县本省山河，那感觉大有不同。何况，古代，这里还是楚国和吴国的分界线。

登上巅峰，最重要不是你所见，而是你所思。登上巅峰，会获得特殊的人生体验。登一座高峰，那是前半生的追求，和后半生的回味。

我不敢说我的双脚踩在老崖尖的山顶，我只敢双膝跪在 1656.6 米的海拔高度。躬行跪礼，深情，尽意。

贰　三界尖　我为卿狂

1988 年春天，我从乡镇调到县政府工作。上班第一天，领导给我一本口袋书，硬壳封面的《阳新县情》。书中写道：富河发源于湖北通山县、崇阳县与江西修水县交界处三界尖北麓，云云。从此，我惦记三界尖几十年。

富河是阳新县母亲河，她横贯阳新全境，又恰好在我的家乡富池口流入长江。富河也是通山的母亲河，通山人称之为富水。

自那以后，每当看到"三界尖"这几个字，心底总会荡起涟漪。到三界尖去探寻富河源头，成为几十年心头之梦。

2021年11月9日，我终于踏上了圆梦之旅。

向导叫徐秋林，宋家村的前支书，现在是一个农林企业的老总。

到冷水坪已经是中午了，吃饭时我给他敬酒，叮嘱他一定要让我看到富水的真源头。其实，早上在厦铺镇见面时，我就叮嘱过他。

冷水坪到鹅公颈水库八公里，水库到三宝殿五公里，三宝殿到寺场八公里，寺场到苦上咀坳八公里。站在苦上咀坳可以望见三界尖。这是几天前筹备三界尖之行，方雷发给我的微信。

车在山高林密的窄路上穿行。这里的村落，都是一些三五人家的小村落。鹅公颈水库过了，我去年曾来看过鹅公颈的瀑布。三宝殿过了，三宝殿是三宝村驻地。寺场过了，寺场是宋家村驻地，徐秋林以前就是在这个村当支书。从白果树下起，路越来越窄，坡越来越陡，弯越来越急。到上屋，这是个只有两户人家的村湾，在这里停车片刻，这里有几棵粗大高远的榧树，大家兴奋拍照。其中，两棵香榧，树龄均达千年，是湖北省第一批挂牌保护的古树名木。这几棵香榧是香榧古树群的佼佼者，这里正处总面积5000亩的三界香榧自然保护小区的中心地带。

上宕只有一户人家。从车窗看到，这家的女主人正从大门向外走，是位漂亮的中年妇女。我当时就想，一个漂亮的女人怎么会在这个前不巴村后不巴店的深山独户里生活？此地有魅力。

过了上宕，路更难行。向导车是辆越野车，问题不大。我们坐的是辆小轿车，坡太陡时，或路面凸凹不平时，我们就得下车，否则车走不了。人下车，底盘还常常被路面凸起的石头碰上。一路走下来，对车的伤害，抵得上在城里跑几年。

上腰坑有十几户人家。徐秋林就是上腰坑人，但是，他现在不住这里了，他家已在县城买了房子。上腰坑有一半的人家在县城买了房子，他们在县城的房子都买在一个小区里。

过了上腰坑，再下车就能远远地看到对面的三界尖了。

有人惊呼，三界尖真是尖得好哇！选一条底线截图，那就是一个等腰三角形。在一条长长的山峰队列中，它最高。它像皇冠上的宝石，它像丹顶鹤的丹顶。众山都美，它最美。

过了上腰坑，也到了最难走的路段，下车次数更频繁。每次下车，我都会照几张三界尖的照片。不同的距离，不同的角度，天际线的变化，三界尖风情万种。

这段路原来并不这么难走，几乎每天都有运竹木的货车奔忙，路也能得到正常养护。2005年省政府批准建立省级三界香榧自然保护小区，竹木均不得砍伐，于是路也日渐被废弃，只是偶尔有户外越野车来爬山过涧。玩越野的人，路越颠越来劲。

到了苦上咀坳，我们对三界尖又一番端详，又一番拍照。我问徐秋林，上到三界尖，要多长时间。他说，来回得一天。望着三界尖几十年，他也只去过一次。

此时，徐秋林指指右前方的山路，我们不走回头路，从通山的林上村经崇阳东港村回县城。后来，廖长河说这地方也叫打底坳。从前，通山一女子在这里会崇阳的情郎，就是坐在这里一边纳鞋底，一边等候情郎。

我几乎是喊起来："这就回去了？还没看富水源头呢？一定要去看！累去半条性命，只要不是整条性命，就得去。"

从上屋塆开始，我们一直在这一带大山的山腰上行走，一路的地名就有昭示，腰坑王、腰坑成、上腰坑、下腰坑。要看富水源头，就得下到山谷里去。从苦上咀坳到富水源头，下山路和山谷路，还得走五公里。此时已是下午三点多，两辆车八个人，只有越野车的司机不愿去，其他七人都去。

同行者有一位90后小姑娘，她是厦铺镇宣传委员徐芳。她穿着一件中长呢子大衣，还穿着一双皮靴，她居然也要去。万幸的是，她皮靴的跟和底都不高。

山外人爬山前要做一大堆准备，山里人爬山抬脚就走。徐金秋说："我们会走路时就会爬山，因为我们学走路时的路就是山路。"

山谷就是溪流，沿途不断有小溪汇入大溪。这大溪就是两个县的母亲河的正源。溪岸边有些平旷处，还是从前的稻田或庄稼地，现在都长满了野草。徐秋林还指出一块田说是他们家的田。另一处地方，一些蜂箱上写着"徐春林"字样，徐秋林说那是他哥哥养的蜜蜂。

此前是一个长长的雨季，昨天才放晴，所以到处冒水。

从主山谷，斜插进分山谷五百米许，徐秋林指着一处水源说，这就是富水源头。

三界尖是最高峰，高峰都是由周围的矮一些山支撑而起。这个支山谷就三界北麓两座起支撑作用的矮山形成的支山谷，而这条山谷正是三界尖正北麓的一条山谷。

徐秋林指的这个源头，是从三块石头支撑成的三角形的石孔里流出，这个出水口在一片极苍翠的竹丛中，水就从竹丛中流过。据说这是一片水竹林，原来水竹就是喜湿的竹子哩。这一股水，像少女的明眸一样清澈，像少男的奔跑一样欢腾。我们都坐在旁边的石头上拍照留念。石孔由三块石头构成，刚好也是个三角形，像极了三界尖的形状，造化神工。

我们应该在这里留下文字。郑安国手上有一把小花锄，他就用花锄在一块石头上

"挖"字，某年某月某日某某等探寻富水源头。

其实，在三角石孔之上还有一线水在往下流。在这个三角石孔偏东二十多米的地方还有一处瀑布，五六米高，它的水源显然来自更高处。为什么要说这个石孔才是正宗源头？因为刚下过雨，旁的两处都有水流。地面上还有不少的其他水道，雨停了就没有水流，下雨时会有更多的水道在流水。而这个石孔是一股地下水，不管下雨不下雨，它长年四季不断流。书上说是北麓，并没说北山腰，更没说北山顶。山腰和山顶只在下雨时才有水流下，而这个石孔永远有水流出，当是确凿无疑。

徐金秋、徐芳都是人生第一次探访河源。我则是第三次探访河源，前两次是岷江源和香溪源，都在旅游风景区。

返回苦上咀坳，天已擦黑。晚上累瘫，兴奋发朋友圈，有两百多人点赞。平常点赞超过百人较多，超过两百人的极少。我为卿狂，众亲也为卿狂。

回过头来看，徐秋林走的这个路线十分科学。从三宝殿拐进山谷口，沿谷底道路可以一路平缓到达富水源，但是，在谷底根本看不到三界尖的尖峰。只有从对面山腰上走，才能看到三界尖的尖峰。他在苦上咀坳说要返回，那其实是在搞激将法，看我们是不是真心要去探富水源。

同治七年《通山县志》云："（三界尖）拔筍雄峙，为通邑诸山之祖，亦省龙发迹之处"。通山诸山之祖好理解，不知怎么就成"省龙"了。旧时堪舆家以山势为龙，称其起伏绵亘的姿态为龙脉，省城有省龙，县城有县龙。

三界尖可能是达到了"省龙"级别吧。

叁　大城山曾是区域文明的中心地带

通山那么多山，最早见于古籍中的却是大城山。古籍《水经注》曾载此山"壁立如城郭""昔有猿猴出没"。

隋唐以前，通山的经济政治文化中心在大城山一带，当然，那时还没有通山县，此地界上只有一个新丰乡，隶属于永兴县（今阳新县）。如今这里还有新丰村、新丰寺这些地名。今天的厦铺镇和杨芳林交界处的大城山，是通山文明的源头。

旧《志》云："通山本汉下雉地，三国吴为阳辛，隋末为永兴县之新丰，属鄂州。唐因之。五代时，杨行密起铁冶，置羊山镇征赋。南唐始置通山县。"在设立通山县之前，隋大业十年（614）曾在此冶铁，设新丰市，督征赋税。设羊山镇的时间为五代十国武义二年（920），北宋乾德二年（964）始置通山县。羊山今为通羊镇，新丰市今为杨芳林乡新丰村。两个最早设镇地都因冶铁，都因征赋税。新丰市比羊山镇早306年，新丰市比通山县早了350年。

我到今天的杨芳林乡新丰村去走过一次，感觉这个村有点"霸气侧漏"。村头就是一座明代古桥，桥长50米，最大孔径10米，石台木面，有廊屋。全县20米以上的明代古桥，仅剩三座，这是其中的一座。村街两旁，老屋老得有味，新屋新得有形。一家别墅大门两边各挂一块公司铭牌，"湖北陌上花开生态农业公司"和"湖北绿江南置业通山分公司"，后者谦虚为"分公司"，前者直接就是"湖北"省级。

旧《志》又云："旧有青山镇、通羊镇，各摘一字而以通山名县。"

旧《志》中提到的"新丰""青山"均在大城山周边。大城山有四门，北门下是杨芳林乡新丰村，南门下是厦铺镇青山村，东门下是厦铺镇藕塘村，西门下是杨芳林乡高桥头村。

位于大城山脚下的翠屏寺，建于东晋太和四年（369），是通山境内最早的佛教寺庙。兴盛时期建筑面积达到千余平方，有僧徒百余人。

我最早知道大城山是在徐金秋的散文诗集《长箫短笛》里。她在《大城山》这篇里写道："有一'偏头僧'，身长八尺，披一长袈裟站在山头的风口处凝望。望了千年。本想去盆地的大王寺修身养性，因尘念未断，仅转身望了一眼恋人，便被永远定格在此，哪也回不去。从此站成不朽的石头和尚。"

大城山最高峰龙王尖海拔912米，山的四周全是悬崖峭壁，但各有一条崖缝通向山顶，故被称为东、南、西、北门，四面唯有北门有路可上山顶。整个山看起来就像是一个被峰岩包围而成的城堡，"大城山"由此而来。大城山还有另外一个名字叫"大沉山"，因为四面峰岩围着一个盆地。这块"下沉"的盆地竟有千亩之阔。

城中大小各样的溶洞星罗棋布，有天然八宝：倒挂金钩、仙人摸石、渔翁撒网、偏头和尚、试剑石、铁船厂、老君洞、龙王尖。山中有洞，洞中有瀑，瀑中有景。现在山下藕塘村的很多村民曾到溶洞中探寻过，印证了一些神奇的现象，如洞中有金树，由山顶洞口可直达山下的大河等。

大城山历来是兵家必争之地。《湖北通志》卷六舆地志载："昔人曾避兵其上，耕锄者每得剑戟古兵器。"三国时，东吴大将甘宁在这里屯过兵。隋大业元年，朝廷在城山北门屯兵几千人。清咸丰四年，太平军为避朝廷主力，也在大城山驻扎过一段时间。抗日战争时期，国军某部第15师凭借大城山之险，狠狠打击了侵略者。1940年夏至1941年春，大城山守军三次与来犯日军激战。第一次击毙日军30多人，俘敌4名，其中中尉女报务员1名。第二次，日军步骑兵1400多人侵袭大城山，守军歼敌数百人，包括击毙了山本、和田、渡边 3 名大尉。第三次，日军出动飞机并施放毒气，守军被迫撤守。

在大城山之战吃了亏的日军，对大城山下的中国居民进行了疯狂报复。激战时，青山下富户郑令亨的孙子曾带领十几个伙伴，从密道爬上山顶，为国军提供帮助。今天，在郑令亨大屋的门额上还有 5 个弹孔，那是日军飞机机枪扫射留下的罪证。最惨的是藕塘九龟畈郑启后大屋，这座一进七重有 48 个天井 62 间房的大屋，被日军飞机炸毁四分之三，只剩下十多间房。

我是 2019 年 3 月底上的大城山。上山途中，只见到处都是野樱花。大城山的野樱花，白多红少，红的也是淡红，红色几乎被白色淹没。远远看去，像纷扬的雪片。

上到山顶，眼前顿时一亮，撞入眼帘的是那片山间大盆地。绿草如茵，黄牛成群，还有一个漂亮的度假村正在建设中。这是南方少有的高山草甸风光，令人兴奋。

大城山绝对是一处绝佳的旅游景点。

肆 通羊镇之名来源于白羊山

廖长河说他几乎爬过通山的所有名山。我问："爬过白羊山吗？""啊，那还没有！"他好像有些不好意思。

我给苏海打电话："明天上午的活动结束后，下午我想到白羊山看看。"他问："白羊山在哪里？——好，我马上问问。"

现在的通山人，有太多的人不在意白羊山。

可是，通山县城的取名就来源于白羊山。旧《志》云：此地当通白羊山之大道，故名通羊。南唐设通羊镇。北宋乾德二年置县，以通羊镇、青山镇各取一字而命名通山。通羊镇为县城，千年未变。

同治七年《通山县志》语："白羊一山，省龙发轫；灵泉一水，富川滥觞。"古人认为，白羊山是"省城风水"发轫之地，发源于白羊山东麓的灵泉是母亲河富水的源头，那时的白羊山在通山人的心目中有至高无上的地位。旧《志》里提到"省龙"山，共有两座，三界尖和白羊山。这显然不是真正的"省龙"，大概属于"省龙"级别。

至于富水的源头，古人的认知也和今人不同，现代认定富水源头为三界尖。

可见，古时白羊山在通山县地位之高。

通山民谚：白羊山雾了尖，不落雨也阴天。

通羊河也叫通山河，原名雉水。"雉水"之名尤其古老，通山在汉代属下雉县管辖。通羊河发源于白羊山东麓，西东流向，经南林、石垄、洪畈、大路、通羊等地，至唐家地注入富水。流域多为低山丘陵，河道平缓开阔，中下游两岸田连阡陌，是通山少有的河畈地貌。

位于白羊山下的清塆村因处在河源地，村周围泉水塆较多，水清澈，故名清塆。从前村旁有一座寺庙，因庙前泉水从多处涌出故名灵泉寺。后来寺庙改建成学校，就叫灵寺小学，而不叫清塆小学。现在村塆变得肥大了，灵寺小学就在村街上。

白羊山主峰山势险峻，怪石嶙峋。世传东晋永昌年间，有三人乘白羊入此山，故得名。

又传唐代药王孙思邈来此山采药，救治民众，后人在山下建有药王殿。一尖峰南麓的港口村，300多户1000多人口，95%的户姓孙。他们都说是孙思邈的后裔。他们玩龙灯玩的是单龙戏虎，那个虎就是受伤后被孙思邈救治的虎。他们是说通山话的崇阳人，因为港口村属于崇阳县。白羊山是通山县与崇阳县的共山。崇阳县有周家村、白羊村、下岩村、港口村，在白羊山中。崇阳籍天启二年（1622）进士王应斗就是白羊山下岩村人。

作为一方"龙兴之地"，古时白羊山上多有人文景观，有祖爷先基、官山眺远、慈航古洞、牧羊石哨、白羊钟声等。康熙四年《通山县志》载王星耀《羊山赋》，有句："则瑶葩蓝袍，芳菲艳丽；青茵绿绮，竞爽争奇；含英带雪，霓裳霞裾，诚可玩也！佳木葱隆，清风时鸣；美景淑节，万鸟嘤嘤；调簧奏曲，夏噪春吟，实可喜也！"

王星耀是一位多情而放达的诗人，"时放情于山水，日衔杯而赋诗"，但是，我没见到他的其他诗文。唯一见到的此篇，却情漫四野，文辞嘉丽，我只能认为他是一位对白羊山情有独钟的诗人。

伍　九宫山被七个皇帝敕封了十七次

通山儿歌《许多仙境在九宫》唱道："萤火虫，夜夜红，仙人骑马我骑龙。仙人骑马升天去，我骑红龙上九宫。九宫山上九条龙，九龙缠顶分吴楚，九蚁探路桃花冲。禅师伏虎天门外，陶姚洞上笔架峰，许多仙境在九宫。"

明懒拙和尚《九宫山记游》："行行行至老山腰，足踏云关万虑消。瓦缶煎茶燃竹叶，崖泉流水洗牙瓢。重重叠叠云千片，曲曲弯弯路一条。此去上方知不远，担头风月自家挑。"只有九宫山才能吸引这样的"和尚"，也只有九宫山才配得上这么好的诗。

九宫山，是通山一个无限美好、无上崇高的存在。

古代，通山共修四部县志。古代，九宫山却修了五部山志。最早的山志比最早的县志还早 13 年。

清光绪六年《九宫山志》，记载了关于九宫山命名的各种说法，其中较为可信者，还是以形命名。据一天门下的地形，正符合大山宫、小山霍之意，周围有四峰五岭绕之，符合九字之数。

九是至尊之数，因有九层峰峦而得名的九宫山，总是与至尊为伍。

九宫山云关古刹，创建于晋，至今有 1700 多年历史。唐初，伏虎禅师在云关道上重建佛寺。1994 年云关寺旧址建无量寿禅寺，庞大的建筑依山就势，呈梯级布局，历经七年建筑面积达两万平方米，成为当时华中地区最大面积最大、规模最宏伟的佛教寺庙。是我国高山佛寺之一，也是全国四个阿弥陀佛道场之一。中国佛教协会会长赵朴初为无量寿禅寺题写"天王殿"。

九宫山道场始建于南陈时期，兴于宋元，至今已有 1400 多年的历史。在道教发展史上，九宫山的道教声名远远早于武当山。南宋时期，高道张道清把九宫山的道教推向巅峰。

九宫山是一处心灵圣地。九宫山是道教御制派的本山，钦天瑞庆宫是御制派的主要宫观。御制派的开创者张道清，号三峰，此号得于九宫山，因凤凰岭对面的"屏列三峰"而号，此三峰又名笔架山。张道清游历考察 31 年后才选定九宫山，在九宫山兴坛设教。他生前死后得到 7 个皇帝的 17 道敕封。宋宁宗亲赐其弟子排辈 40 字，九宫山道派由此被称为御制道派，他本人也被尊为九宫山开山祖师。宋宁宗亲书"钦天瑞庆宫"匾额。宁宗尊张真人为九宫山的开山祖，所以九宫山道派既不属北宗，也不入南宗，而是自成一派。

因为张道清，九宫山成为中国五大道教名山之一，与山东崂山、江西龙虎山、四川青城山、湖北武当山齐名。

忽必烈在一次向南的征战中，战火毁坏了钦天瑞庆宫。元统一中国后，忽必烈传旨召见九宫山道士罗希注，封其师封太本为"冲隐大师"。罗希注在大都结识翰林学士承旨、著名书画家赵孟𫖯，请他撰写《重建钦天瑞庆宫碑》。赵孟𫖯不但写了，还洋洋洒洒写了 738 字的长篇碑文。52 年后，玄教大宗师吴全节上奏元顺帝，请为九宫山赐碑，元顺帝命欧阳玄为瑞庆宫撰写碑文。欧阳玄是欧阳修的族裔，著名的文学家、史学家，奉天子之命，他也写出长达 718 言的《九宫山钦天瑞庆宫记》。九宫山还有明学士宋濂等名士题咏。

1645 年，明末农民起义领袖李自成殉难于九宫山牛迹岭。如今，这里的闯王陵成为全国重点文物保护单位，也是全国唯一保存下来的农民起义领袖寝陵。郭沫若题写"李自成陈列馆"门匾。陈列馆大门镶嵌着两副有意思的长联。读过"老书"的通山县委书记刘绍熙撰 52 字联："吊民伐罪，兴义师，横扫中原，直捣燕京，图乾坤再造，堪称一代豪杰；运筹迭失，拥骄兵，忽视外侮，弃置吴越，致江山易手，实为千古悲歌。"著名作家姚雪垠题 108 字联："纵横半中国，锐意北伐，渡河进晋，过太原，破燕京，何其盛也！终因人谋不臧，山海关大军喋血，前功尽毁，黄尘万里无归宿，唯有英勇殉社稷；苦战十七载，铩羽南宋，离陕奔楚，弃襄阳，败武昌，亦云惨矣！毕竟图谶难凭，牛迹岭巨星落地，宏愿皆空，青史千秋悲壮志，何曾怕死遁空门。"

九宫山位于湖北省通山县东南边陲，与江西省武宁县和修水县交界，是三县的界山，主体在通山。

九宫山方圆 200 平方公里。森林覆盖率达 96.6%，是中国负氧离子含量最高的天然大氧吧。6 万多亩连片的国家级森林公园，每年向空中散发 3000 多万吨水汽，使得九宫山遍地喷泉飞瀑，四季涌流不竭。这里有华中第一高山湖泊云中湖，有华中最高落差瀑布大崖头瀑布，有中国最大的内陆风电场，还有近千种名贵动植物、近百种濒危珍稀物种。

九宫山是中国中南部最高峰之一，是号称"天下第一爽"的避暑胜地，是风光无限气象万千的风景名胜区。

1980 年代初，九宫山逐渐由宗教名山发展为宗教和旅游双名山。1984 年后，九宫山的旅游发展步入快车道。

陆　太平胜景最悠悠　吴楚山川一望收

一次，乘车经一防疫卡点，防疫员让我们出示行程码。我在车后座说了一嘴："我最近一直待在咸宁，哪儿也没去。"防疫员当然不听我嘟瑟，坚持要看。我打开行程码，自己没看就递给他。他看后说："你明明去了江西！"我收回一看，果然是去了江西武宁。我当时有点懵，没去啊！七想八想，想起来了，是去过通山的太平山，太平山是通山与江西武宁的界山。

清人朱奎斗《太平山》诗云："太平胜景最悠悠，吴楚山川一望收。人在下方衔月上，泉从高处破云流。古松影落禅关静，春草香生佛国幽。欲识蓬莱今便是，神仙舍此更何求。"

兴国州人、同治进士、钦点翰林院庶吉士、时誉"江南才子"王凤池,咏太平山有句:"震地晨钟新日月,参天古柏老风霜。到来便与红尘隔,顿使人间万虑忘。"

太平山确有"胜景"。上到太平山顶,满山的小树林,叶子都掉光了,枝枝丫丫都结满了冰凌,真正的玉树琼枝。这是我在鄂南家乡第一次见到的雾凇景观。那是11月初,处在鄂南的深秋季节,那天也是个大晴天,山下阳光灿烂,温暖如春,山上却满树雾凇了。

太平山原名丝罗山,西与九宫山相连,面积20多平方公里,平均海拔1200米,主峰大垴尖海拔1385米。

太平山"胜景"还在佑圣宫。南宋,张道清到九宫山建御制九宫山派,章权孙到丝罗山创广惠派。章权孙进山建造佑圣、万寿、万福三个宫和祖爷、巡爷、邓九、真宝、玄帝五个殿及炼丹亭,传代弟子均为广惠派。明成化三年(1467),章权孙被加封为"太平护国天尊",丝罗山遂改名为太平山。太平山道场是鄂南两大道场之一,得到宋、元、明三朝多位皇帝的御赐和诰封。较著名的景观有道士坟、试剑石、洗澡盆等。每逢初一、十五,湖北、江西两地信众上山朝香者络绎不绝。太平山的神像造型古朴,线条流畅,是珍贵的南宋石雕艺术品。

抗日战争时期,国军197师随军记者方济生与当地绅士聊天。绅士说,太平山可养活十万难民。那时,到幕阜山区躲避战乱的难民很多。养活的途径是在太平山上开荒种红薯和玉米,地挖出来,种子丢下去,不用多少田间管理,百十来天就能丰收。此说,有我大中华地大物博、物产丰富的豪迈。方济生把这个聊天内容写进他的战地通讯里,显然有壮我民心与士气的功效。

现在,太平山上有国有林场,是湖北省最南端的省级国有林场。1970年代,山坡军用机场首次派飞机在太平山一带飞播造林7万亩。现林场森林覆盖率97.57%,林内名贵珍稀动植物繁多。我那天在上山的路上看见一头小野猪。野猪虽然不稀罕,在我却是第一次见到活物。

太平山上还新建了高冷茶场,是中国纬度最低的雪顶茶基地。

"人在下方衔月上"比"僧推月下门"的意境美多了,当我们从太平山返回的途中,一路有蛾眉月在天,还有启明星相伴。

古之智者,最爱与月对谈。"不知江月待何人",其实,每一个人都是这个世界所等待的人,我正是那个月亮所等待的人。因为我来了,世界才如此美好。江月与山月,都有一样的情怀。

柒　知县林金在朦胧岭上"一笑虚声万壑通"

106 国道修通之前的漫长岁月里，翻越朦胧岭都是横石、宝石一带与县城之间的捷径。

林金《朦胧岭》诗曰："山风吹雾破朦胧，一笑虚声万壑通。鸟外断云分碎影，竹边流水咽寒冰。倚天看剑含霜白，度岭搴旗带日红。直上孤峰高处望，不堪闽楚思无穷。"读诗，就能感受到林金是一位潇洒豪迈之人，也能推测他是一位能干的知县。

通山自古无城防。"通依山阻险，四面犬牙相制，河水环之，故城不设而四封巍然壁立，盖金城之固也！"其实，"以山为城，以河为池"是懒政的借口，无防御设施，无兵把守，山与河都是通道，何固之有？嘉靖二十一年（1542），知县林金于县治东、西分别择地，各建重楼，东曰"吴楚首关"，西曰"荆湘要道"。从此，后任知县在林金的基础上增建城防设施，通山城防不断完善。林金还与当时赋闲在家的朱廷立合力修建儒学。康熙四年《通山县志》载："林金，连江人，举人。嘉靖丁未年任。执官勤敏，有决断。裁抑豪右，拊循善良，葺修学宫，撤毁淫祀。每公暇赋诗，有《爱山堂集》传于邑。七年，升池州。比去，通民大泣，脱靴以志去思。登名宦"。

林金借朦胧岭抒发壮怀，朦胧岭了借林金的胸襟和才华再添美名。林金的诗，在众多朦胧岭诗中更显风华。

舒弘绪求学于县衙和飞龙寺期间，经常翻越朦胧岭。苦于道塞难行，发愿他日发迹，定要修成畅通之道。为官时，他无暇实现理想。致仕后，进士的头衔还是很好使，于是他牵头做了很多的公益建设，号称"六都第一祠"、建筑面积 999 平方的宝石舒氏宗祠就是他主持修建。修建朦胧岭通道更是他的夙愿，他修宽了山路，在山顶建了一茶亭，亭边还建了一座朝天寺。茶亭内置有一户人家烧茶做饭，为过往行人提供免费食宿。又出资于山上置地种茶种粟，山下置田种稻，备作寺与亭的资用。亭与寺历朝历代都得到修缮，新中国成立之初仍然完好，"文革"时遭焚毁，如今尚存瓦砾残堆。

抗战时期，龙头将军樊嵩甫任湘鄂赣边区游击总指挥时，指挥 197 师师长丁炳权在朦胧岭摆下奇兵阵，迟滞了日军一个联队 3 天的进程。

日军在通山县城集结一个联队兵力，企图袭击国军 197 师驻地横石潭。日军有3000 多人，197 师当时在驻地实有 4 个连的兵力。樊嵩甫告诉丁炳权用 3 连兵力即可御敌。敌攻横石潭，必经捷径朦胧岭。朦胧岭从山脚到山顶岭长 30 华里，每 2.5 华里配备半班守兵，6 个班可配至山顶，还有一排人可作总预备队。敌人的战术是以炮兵先行射击，掩护步兵前进。我军兵力少，不怕炮击，待步兵展开攻至近距离时，向后撤退两里半。敌人更番转移炮兵阵地，经一日前进可 15 华里，夜间不敢停留半岭，退回平地休息，我守备队仍复前进，这样敌人就不易攻到岭顶。另外两连编为突击队，以班为单位，在守备队两侧向敌展开威胁性狙击，喊声动天地，枪声连角起，敌人大部来攻，上山走；敌人回去，立即粘上。夜间遍地烽火，夹杂着爆竹火炮声，且派些散兵，到县城边开几枪，叫敌人惊疑不定，昼夜奔忙。

丁炳权如法炮制，通山县城敌人从朦胧岭进攻了 3 日，没有一点成果，反而伤亡几十人。遂另改道窥视横石潭。

我也走了一趟朦胧岭，从通羊镇岭下村上山，到宝石镇龟墩村朦胧源下山，全程 8 公里。山上的路大多都只有一两尺宽，有一段几百米的土崖边的路还只有尺把宽，一有闪失就会掉进深深的土崖下。我曾听李城外讲过，他小时，有一年，从县城回老家李家铺过年，父亲雇请一位山民用箩担挑着他和弟弟李成员翻越朦胧岭。看着深深的荆棘丛生的崖底，我至今都为李城外捏了一把汗。

快到山顶时，从高处流下一条弱弱的小溪。沿着这条弱弱的小溪，形成一条芭蕉树带。在高山上，从茂密的树木竹林中，突然长出一条芭蕉树带，同行的林业专家程明山都感到惊奇。

芭蕉多为热带植物，通山却有不少，我在高海拔的杨芳林乡梓木坑头也见过芭蕉。当然，最多的是高湖芭蕉塝，那里芭蕉多得塝名都叫芭蕉塝。

那天同行的还有通山县档案局长杨海滨，他为我拍了不少照片。在这条舒弘绪、林金、樊嵩甫们无数次走过的古道上，也留下了我的身影，想想，真是很珍贵。

捌　太阳山分明是个巨大的水葫芦

太阳山原名大仰山，因山系呈脉状分布，形似太阳光芒四射，又得此名。

太阳山拥有了一个骄傲的主峰，其他即使一无所有，仍可傲视群雄。因为太阳山的主峰是老崖尖。

可是，太阳山还拥有安平寺。位于太阳山支脉象牙山山脚的安平寺，是通山四大名刹之一。明永乐十七年（1419），白云和尚来大仰山游览，见大仰山"层峦叠嶂，幽雅别致"，便在此开基创建安平寺。山野里有了一座庙宇，山野里就有了文化。安平寺的和尚称偏西的山沟为西隅，此间山野中便有了一个文雅的地名"西隅"，现有西隅村，西隅口，西隅溪，西隅桥。

安平寺还有关于刘伯温的精彩传说。说安平寺为明代开国军师刘基出家古刹。那过程传说得像真的一样，为了"真"，还会形成"证据链"。刘伯温这些传说的"证据链"一直延伸到杨芳林的龙岩寺去了，说刘伯温的族弟刘伯玉在北山一山泉口左侧兴建了龙岩寺，鼎盛时期僧徒有 300 多人。

传说不是历史，传说却可以形成文化底蕴。方如良在《三界，三界》里写道："在朱明王朝，刘伯温这样的退隐之人，自然不会选择名山大刹，也不会选择落叶归根，但满腹的天文地理与锦绣才华需要灵山秀水相应和。他从京城一路踽踽而行，走过了千山万水，在哪里止住脚步，他一定数度犹豫过，徘徊过，但最终将步履留在了太阳山上。从此，他的胸中放下了经国安邦的谋略，装满了太阳山的万千丘壑。"

太阳山还有广阔无边的森林。森林面积 7 万亩，森林覆盖率 98%，在全国也罕见，被称为"南方绿色宝库"。有珍稀濒危植物 37 种，其中国家重点保护植物 24 种，占湖北省的一半。森林景观有鲁沟的千年红豆杉、卧龙谷的千年古藤、飞龙沟的姐妹松、三溪口的百亩猕猴桃园、西隅的竹林幽径、八大埂的千年桂花树、响塘的高山湿地以及万亩杉木林等。

当然，太阳山最出众的是它的瀑布。太阳山境内溪流纵横，河谷交错，有河流溪流 20 条、瀑布 22 处、瀑潭 100 多个。其中，高 100 米的瀑布有 3 条。飞龙沟谷中，十步一潭，百步一瀑，有婚纱瀑布、飞来石瀑布、龙岩瀑布、飞龙瀑布、神蛙瀑布、蝴蝶瀑布、三叠瀑布、仙女浴瀑布等 17 处。大崖头瀑布，位于太阳山主峰下，飞流直下 420 米，是中国落差第二大瀑布。

山得水而活，水得山而媚。想不清楚，为何太阳山的水独多。

我曾两次造访太阳山，第一次因故中途而返，第二次才成功。两次都是请廖长河当向导，他是通山户外群的精神领袖，虽是年龄最长者，却是开路先锋。在他 67 岁那年，他曾从一座山顶上把一个 40 多岁的教授背下山。年轻的教授从武汉来，为考察登上山顶，累瘫加吓瘫，廖长河只得出手。这样的一位牛人，却在那个老年人难以过关的冬天里，止步关前。此关与他从山顶背人下山，只隔 3 年时间。

玖　像大海一样浩瀚的大幕山

没有哪一座名山只有一个名字，所有的名山都有许多芳名。

传说大幕山原名大木山。隋朝末年，李靖和他的母亲来到山中躲避战乱。李母在小溪旁建了一间竹楼为"读书堂"，不远处还挖了个"洗墨池"，督促李靖习文练武。

后来，李靖出山协助李渊平定天下，建立大唐帝国，成为凌烟阁二十四功臣之一，被封为卫国公。后人为了纪念教子有方的李母，在山中建起太母禅院，流经禅院门前的小河命名为慈水，慈水流经的村庄叫里慈。后来，人们见葬在山中的李母坟墓硕大无朋，就把大木山叫成了大墓山。清朝时，当地读书人认为"大墓"不吉，而山中林深竹广，像天然大幕，遂改称大幕山。

大幕山是咸安区与通山县的共山。山北是咸安区大幕乡，山南是通山县大幕山林场。

大幕山属幕阜山支脉，总面积约 40 平方公里，主峰甑背岩海拔 954 米。

浩瀚的大幕山孕育了一位中华文化的巨子，他是鄂南最高重量级的李邕。大幕山系有座钟台山，钟台山还有个好听的名字叫桃花尖。钟台山山虽不大，却一峰突起，气势雄伟。东南坡山腰间有一石室，名曰桃花洞，内有石台。洞外遍开的桃花中，有一个直径约 3 米的石墩。山下还有一湾清澈的桃花泉。不远处，古有修静寺。《太平寰宇记》载："钟台山，上有桃花洞，即李邕读书处所，石室见存。上有石台，台上有石钟，或时自鸣，远近皆闻。"李邕是唐朝著名的文学家、书法家。他的道德文章受到李白、杜甫的追捧，李白有诗"君不见李北海，英风豪气今何在"。李邕书艺深刻影响了苏轼、米芾。董其昌评说"右军如龙，北海如象"。

大幕山以她的浩瀚博大和茂密的森林，在战火中护卫了许多中华儿女。抗战之初，武汉沦陷，国民政府鄂南专员公署设大幕山陈华国塆，领导鄂南抗日。那时，鄂南十县中学全部停办，抗日政府在大幕山支脉邹家山（今属咸安区大幕乡）创建了鄂南中学，共设初中 8 个班，有学生 400 人，在战火中保存了中华民族的文化种子。

当年在大幕山打游击的红军将领方步舟，找曾家山的曾胜意借钱。曾胜意送去 500 大洋，并赠诗一首："本山斫竹本山造，就在本山摘杨桃。送你一船毛糙纸，不抵黄牛一根毛。"杨桃就是野猕猴桃，可以当作劳动的餐食。毛糙纸就是用山上嫩竹子加工的羊山纸，一大船纸大概就可以卖 500 大洋。这一首诗说的就是大幕山物产的丰富。

周良铎在《鄂南专署抗日游击数事》里说："（大幕山）森林茂密，竹草丛生，溪涧纵横，山路崎岖，山坡溪边遍种五谷杂粮。纸厂、碾坊都是利用水力转动。人户虽少，但富饶特甚，确具有游击根据地条件"。

方步舟是很传奇的人物，他在大幕山作为红军游击队领导和作为抗日游击队指挥几十年。大幕山成为他驰骋的疆场。

曾任湖北省委书记 10 年又担任湖北省人大常委会主任 10 年的关广富，对大幕山情有独钟，去世后葬在他自选的大幕山甑背岩下。担任通山县委书记 15 个月，在大幕山义务造林 22 年的李振周，也自选墓地葬在大幕山。

浩瀚的大幕山还是卓尔不群的。野樱花开遍鄂南的山野，赤壁的葛仙山、崇阳的龙泉山、通城的黄袍山都有海洋般浩瀚的野樱花，大幕山也有野樱花，大幕山还有别处没有的杜鹃花。大幕山的杜鹃开在半人高的花树上，几面山坡连绵不绝，震撼人心。大幕山最早令我倾倒的就是杜鹃花。

大幕山的风力发电场，是通山效益最好的一座风力发电场。一道靓丽的新风景又将在大幕山展开，华中巨无霸"充电宝"——大幕山蓄能发电站正在建设中。

拾　旱亦雨山雨亦雨山

雨山是通山和崇阳的界山。东坡在通山，西坡在崇阳。

雨山在崇阳人的印象中，就是缺雨，差什么就盼什么，所以叫雨山。同治五年《崇阳县志》云"祷雨辄应"。所以，雨山一直是封建时代县官求雨的地方，非常著名。同治县志的雨山词条，罗列 3 篇诗文，燕光烂的《崇阳竹枝词·雨山》，汪世纶《雨山诗》，汪文盛《祷雨山文》，都和祷雨有关。

汪文盛一家创造了崇阳县唯一的"一门四进士"纪录。汪文盛的《祷雨山文》写的就是雨山求雨，一番祭奠祈祷、苦苦哀求。于是，"雷驱其驾，龙启其宫。奋响出地，腾波发蒙。肤寸而合，须臾易充。我黍与与，我稷芃芃。转灾为福，易歉为丰"。

那部县志里还有另一位崇阳知县求雨的记载。明嘉靖年间知县易贞元"步祷雨山，应时澍雨"。因易知县禹步祷告，禹步是一种跛行祷神仪礼，心诚则灵，于是大雨滂沱。

"山高石头多，冬茅满山坡；池塘难装水，动脚就爬坡……"这一首崇阳雨山民谣，不知唱了多少世代。崇阳作家刘红诗作有句"且候牛尿浇园圃，又抠鸡蛋换油盐"。时代像万花筒一样发生了巨变，水还是缺。时代的力量是让雨山人迁出雨山。崇阳雨山村，现在基本无人居住，全部搬迁到山下路口镇的移民新村里，就因为缺水。过去瑶人开辟的一万多亩连片垒石梯田，被国家林草局作为人类改造利用山地资源的范例，成为崇阳雨山上著名的石漠化公园。崇阳雨山人用茅草制作茅草龙，玩的是单龙戏虎，全国仅有，作为瑶文化的活态传承，舞上了第 15 届中国民间文艺山花奖的大舞台。这个茅草龙也有祈求风调雨顺的意思。

崇阳的雨山，一座座渐次递高的山，抬举着蜿蜒的山路，上到山顶。通山的雨山，突兀高耸，坡陡弯急。

如果山顶聚云，必雨，雨山因此得名。

在季祥爹的向导下（季祥爹是徐建英读小学时的校长），我们的几辆车一气开到山顶，再从上往下细品雨山。

雨山主峰海拔只有 816 米，它却是南林桥镇唯一上了 800 米的山，对有几十座千米以上高山的通山来说，算不得什么，但已然拥有了大山气象，山连山峰叠峰，满眼都是山。80 多岁的季祥爹身形已不再伟岸，挥手指点江山却有一种气势，南面是八仙垴，北面是凤翅山……

在半山腰的观音堂旧址，我们第二次停车。回望来路山巅之上，有一盘圆形巨石安然于蓝天白云之下，那叫莲花座。似是祥云绕莲花，又似莲花生祥云。莲花座的观音岩下，就是观音堂旧址。季祥爹年轻时，这里的香火还很旺盛。传说是滋养山民精神世界的营养剂，传说观音堂是一位皇妃避难出家之所。民谚："观音堂前坐，无灾也无祸。"观音堂遗址后面有两个溶洞：一个是旱洞，人可以进去行走，但谁都不知它有多深；另一个洞是水洞，山泉水终年不竭。奔腾的泉水轰隆有声，穿过我们脚下公路下面洞隙，从一个几十米高的悬崖跌落。我们上山时，这道瀑布就在车拐一个弯时撞入眼帘，极富视觉冲击力。观音泉，一路欢歌，沿途有多个村塆临泉而筑。观音泉最终汇入雨山水库。崇阳籍明末御史中丞王应斗有《题观音堂二首》，其中就有"香泉酿碧潭"之句。

明代礼部侍郎朱廷立有《观音岩记》。见过大江大河、屐痕遍布通山的朱侍郎，抑制不住激动的心情："岩高十余丈，异石累累，珠联星附，无虑万状。其独出而下垂，本渺而末巨，状如锦囊，孤悬虚室者，视他石为最异。""至佛堂。青山四抱，如张画幅，钟鸣四山皆响；香烟飘散，轻裹林杪，若轻云之过我也。石下泉流，淙淙有声，人云春来泉盛，瀑布遇石而激，如雪片飞溅人衣。夫以余所游诸山，此为第一，乃游者则甚少，岂地僻尔乎？"

朱侍郎写到观音岩、观音堂、观音泉，但是，他没写到巨石莲花座。因为他看不见，当时肯定被森森林木遮蔽了。他在文中已经写到："岩端古木，斜出如盖，其根抱石，盘曲如蛇虺，又不知其年数。"物是人非之处太多。朱侍郎当年从县城来到观音岩下，费时 3 天。从县城出发，第一天夜宿湄溪，第二夜宿黄田，第三天才来到观音岩下。如今，徐建英从县城开车到观音岩下，只需 55 分钟。

我们第三次在翠岩和尚塔停车。

第四次停车在雨山水库大坝上，通山的雨山居然有水库。雨山水库是通山县富水之外的第二大水库，总库容达 1300 多万立方，是通山县城 10 万人口饮用水源的一半。崇阳雨山下雨靠求，是少雨盼雨才叫雨山，通山雨山是雨多得只能叫雨山才名副其实。

通山雨山多雨，山上下雨山下晴，常常雨过不了雨山水库的大坝。成为一个无法解释的奇观。

大多数水库很美，雨山水库是美水库中的佼佼者。青黛重山环侍，绿翡翠似的水倒映着山之倩影。一座长着三棵青松的半岛曲折伸向水面，提升了美的品位。站在大坝上看水库，分明是一幅醉人的水墨画。

雨山水库滋养了很多，她一定是滋养文学的。徐建英的娘家就在水库大坝左侧的雨山村里。小时候，从村口里进进出出，第一个映入眼帘的就是巍峨的水库大坝以及坝体上那四个龙飞凤舞的毛体字"雨山水库"。

后来，徐建英喜欢写小小说，她的小说里经常出现一个叫"湖村"的典型环境，湖村显然就是故乡雨山村了，那就是鲁迅笔下的鲁镇、晓苏笔下的油菜坡。因为有雨山这个精神家园和文学根据地的滋养，徐建英的小小说已在全国小小说领域崭露头角，多次进入全国小小说十大排行榜，她的作品常常成为中学语文试题的阅读材料。

后来又听说，通山县最早写出长篇小说的女作家黄慧心也是雨山人。她曾在七年时间里出版过《南国诸君》《风月豪情路》《漂仔漂妹》《雪绒花》四部长篇小说。她是咸宁市首位出版长篇小说的女作者，也是咸宁首位省作协签约作家。

此次上雨山，张长征也是同行者。我曾读过他的一本书，感觉他的语言粗粝狂野。这次雨山之行，他写了篇《雨山有伞》，文风大变。他写雨山水库之美："三面山环抱着簇拥着款款落座的雨山水库，如同安放着龙王太师椅。一汪库水依偎着山，也仰止于山。山的伟岸，水的缄默，两两情投意合，弄得心境如同山峦起伏、树木葱茏、溪泉汩汩"。是雨山瞬间改变了他的文思与文辞，有此一激，他今后是不是都会文风大变呢？

水库坝外，村口旁边，竹林旁边，竹篱笆围着一个鲜花盛开的花园。花园里有一座竹篱茅舍，我们的晚餐就在这里吃。舍主汪红星是徐建英的发小，曾在缅甸做珠宝生意，现在回到家乡。他是网红，他在茅舍里直播带货，用一部手机连接世界，把雨山的土特产卖到山外的城市里。这一夜，我们吃土菜，喝洋酒，侃大山，情满雨山。

拾壹 鸡口山 上帝小时候也喜欢玩搭积木

从前，黄沙铺比较穷，大畈比较富，两地经济往来频繁："一根扁担两根绳，三天不过饿死人。""大畈卖粮去黄沙，兑换草帽换点纱。"往来之间要"过"的是鸡口山。

大畈翻越鸡口山到黄沙为"七上八下"，上山七里，下山八里。

我们是反向翻越，从黄沙中通村阮家墩上山。过一座小石桥时，我问桥下的小溪叫什么名字，中通村文书阮英银说叫小源流。我一阵激动，长歌《海棠花》里有这条小河。

途中一路山光山色，还有古凉亭古庙宇，纵然没有这一切，也是大值一走。因为，途中有一道天然石门，鬼斧神工，美轮美奂。

石门只有门框，没有门板。前后都平旷，陡然就起了一道石门。左右各一块大致方形石头，一边高些一边低些。顶上不是一块石头，而是一组石头，组合成半圆形。半圆形的直径成为石门的横框，两边门框竖线不是很直，横框线却笔直得令人惊叹，就像人工裁凿而成。石门大致呈长方形。

1929 年 10 月 22 日，红军五纵队从大畈翻越鸡口山到黄沙。叶金波为何长工、李灿等红军将领准备了马匹，自己骑着一头驴子。何长工、李灿骑着的大白马，来到石门前，两匹大白马同时扬起前蹄，驻足长啸。大白马看到石门，不敢前进了，引得战士们哈哈大笑。石门高 2.5 米，今天很多公路限高也是 2.5 米。

何长工和李灿从马上翻身下来，牵着马来到石门下面。何长工发出感叹："是什么力量把这个石头搬上去的？"叶金波牵着驴子跟上来说："我们当地的老人家说，是薛仁贵搬上去的。"李灿听后哈哈大笑："薛仁贵有这么大的力量，那我们红军的力量就更大啦！我们一定能将压在人民头上的大山推翻呀！"

石门内是一片空旷的草地，自清朝以来有一个茶亭，一拨拨的战士在石门旁的空旷地面上休息，帮茶亭主人挑水拾柴，战士们自己动手烧水喝。

晚上我发朋友圈，不同角度的石门照片填满了九宫格。通山籍女唱歌家阮媛跟帖："上帝小时候也喜欢玩搭积木"。

现在的中老年人爱感叹："过去从大畈翻鸡口山去黄沙要三四个小时，现在开汽车穿越鸡口山隧道只需 20 分钟。"多少年后，这样的感叹也会在时光之河中流逝至无。

拾贰　他们在周步山上豪迈地说　要把湖北省改名为七磊省

从茶滩上周步山要绕过几十道弯的山路，到了造头庄，就要上千个台阶，才能到山顶的小山垇。周步山顶部有大大小小的七个石头包，人们便叫上面山顶为七磊山。七磊山往东经天螺坑可去消水山，往南可上双尖，往西就阮碧山。这里是个战略要地，打游击有几十里的纵深可以迂回。

1927 年 9 月中旬，鄂南秋收起义失败，战略转移是不二选择。

10月13日，通山县工农革命军分三路转入深山。一路由陈叔卿、陈兆秀率领进九宫山。另一路由夏桂林、许金门率领上沉水山。还有一路由叶金波率领到周步山。

九宫山、沉水山、消水山、周步山是通山境内一脉相连的兄弟山。

周步山是一座神奇的山，像天宫中的一枝荷花，亭亭玉立，十几户人家的房屋就建在花心间，四周群山逶迤，峰高插云，就像荷花的花瓣。

七磊山是周步山的山中之山。叶金波、阚禹平带领农军到这里安营扎寨，他们用树做柱，石头砌墙，茅叶当瓦，搭起了营房。

"每到晚上，一伸手就好似可以摘到天上的星星。月亮就像自家的玉盘，也随手可拿。早晨醒来，群鸟齐鸣，特别是那些声音娇滴滴的百灵鸟，她们围着这群年轻人不愿离去。农军的到来乐坏了七磊山生灵。一群热血青年为了革命的事业聚集在七磊山，沐浴大地之灵气。革命虽然处在低潮，他们的心潮却逐浪高。在他们憧憬革命前景时，突发奇想，七嘴八舌地说，等到革命胜利了，要把湖北省改名为七磊省。"（谭兰芳《叶金波传》）

此时的叶金波只有21岁，吴礼执20岁，阚学增22岁，江福来24岁。阚禹平年长些，也只有36岁。1925年6月，鄂南第一个党支部在通山镇南中学成立。这个支部第一批发展的党员10名，上述5人就是第一批共产党员中的一半。

镇南中学的10名共产党员都是富家子弟，其中9人是学生，只有阚禹平1人是工友。工友是学生对员工的称呼，阚禹平是学校的账务总管，因此支部成立之初他是镇南中学党支部负责人。

吴礼执因为文采好，担任了更多的秘书工作。当然，他的口才同样好，他家就在周步山下的祝家楼严家垴，他以极富影响力的语言，动员爷爷和父亲捐献100担稻谷，作为农军军粮。

石屋洞俗名石壳洞，位于竹家楼村南山腰，洞口如半轮弯月，洞厅博大，面积达3000多平方。洞东侧有千余平方的巨型塌石，像阁楼的楼板，把这里分成上下两层。洞内有雾气涌出，盛夏凉爽宜人。相传此洞通往通羊石航山。

吴世湖是吴礼执的侄孙。祖辈的浪漫情怀好像是遗传给了吴世湖。他在做一件浪漫的事，在七磊山上搞红色文化挖掘的同时，把石屋洞作为旅游景点开发。他联合好几人，已经修了一条简易公路到洞口，还投资了几十万在洞口旁建一座别墅。几十万当然建不起，他们有一点钱就投一点，坚信可以成功。

现在长居周步山的不到10人，八九十岁的老者就有五六人，他们都很硬朗。92岁的阿树爹请喻雪金参观了自己的居室，他睡的床是一架老式雕花木床，床上挂洁白的老式蚊帐，被子叠成豆腐块状。阿树爹介绍，阿水爹82岁了，去年收获了100多担红薯。阿树爹带喻雪金去参观阿水爹的家，阿水爹住坡顶最高处。喻雪金在《灵秀周步山》写道："站在阿水大爷的房前，能看到村庄周围用石块垒墈的层层梯田，那里透射着周步山人的坚毅与顽强。梯田一边，一条古老的石板路执着地向天边延伸，我想，那路的尽头一定有游子的乡愁。站在这里，也能看到被大山裹挟的村庄，村庄上空袅袅轻烟飘忽，古朴宁静里依然充盈着浓浓的烟火气。那是几栋古风古貌的老屋，为外出游子，坚持将故乡这杯清酒温热到生命的极致。"

坎坎坷坷路一条

横石河有一稀有鱼种，名为"阳归"，鱼身圆长。民国《湖北通志》卷二十四云："阳归鱼，惟通山有之，至兴国阳新河即归，故以为名也"。那时又没有大坝拦住，只有两岸青山豁然开朗，河岸由夹山而变远山，富水河在下游的冲积平原上静水深流。阳归鱼在通山境内看到的是一线天，出了阳辛镇看到的是无垠的天。阳归鱼是舍不得离开故乡，还是不敢走出乡门？难道通山的鱼也被重山逼得狭窄的河道宥弱了天性吗？

康熙《武昌府志》卷三："军旅不行，游士不至"。民国《湖北通志》卷二十一："食贫居贱，亦不轻去其乡"。又有民谚说："通山人过不得界水岭"。

这样说来，通山的鱼性和人性契合了。

在通山，有两种鸟的啼叫并不悦耳。一种是布谷鸟的"布谷布谷"，通山少水田，少有谷种可布。再一种就是鹧鸪鸟，它啼着"行不得也哥哥，行不得也哥哥"，听着这样的鸟叫，想着脚下难行的山路，只会让人心酸落泪。

人在通山，你站在任何地点，只要你的视野里没有障碍物，你一睁眼看到的绝对是山。所以，南宋诗人谢枋得在九宫山云关剑劈石上，写下"万山"二字。

山不通，山就是桎梏；山通了，山就是宝藏。

"通"是比千年更长的愿望，公元964年立县之时，从通羊镇和青山镇之名中各取一字，合成通山。建县之前就有的通羊镇，五代十国时，吴武义二年（920）以永兴之一乡置羊山镇，为本县建镇之始。南唐升元三年（939）改为通羊镇，就是取通达羊山之意。羊山那边是崇阳，相对于通山，崇阳是大县，那是个令人向往的地方。

阳归鱼的鱼性，通山人过不得界水岭的人性，其实都是通山性格中很淡的一缕，通山人的生存史，一直就是一部走出大山的奋斗史。更多的是"通羊"的向往，是"通山"的拼搏。

壹

那天，站在西莱寺门前广场，我请教硕士毕业的小尼，周围那些气象万千的大山都叫什么名字。小尼说，西莱寺在西台山上，西台山其实在横石河的东岸，南面是石峰尖，西面那是石壁山。我心中一惊，那就是著名的石壁山啊！那么更著名的石壁下我就知道是哪里了。过去无数次经过，只是不知道它就是石壁下。

著名的石壁下在今天的程许村境内，老县志说这里"为六里诸水出口，吴楚往来要冲"。千百年里，要冲并不畅通。石壁山与西台山，两山之间，危崖倒悬，一水过处，深潭湍急。"每当风雨晦明之时，鹰啼鹃起，其声凄切，如怨如泣"。

横石河劈开两山而行，并没有留下河岸。"壁百丈，河浒容一人行半里许"，半里之外还有一里又无法通行。明正德十四年（1519），当地善人周君同妻罗氏，在河东凿岩修吊桥，多少年后，东桥倾圮。河西渐成吴楚通衢，依然无河岸可行，只得翻越石壁山上千米羊肠小道，行人畏惧。清嘉庆年间，贡生程懋德携子凿山开道，以利行人，结果屡修屡塌。其子大猷、大本，其孙英爵，曾孙才经、才伦，几代继承先人之志，父父子子，子子孙孙，修路不止，倾家荡产，耗资数千金，最终将山路变成坦途。现在还流传着民谣："石壁下有才经哥，卖了良田把路修"。咸丰以来，全姓人居此，全显名率族人屡屡维修，以保畅通。今天的106国道就从石壁下经过。

程懋德父子几代凿山开路事迹载入同治七年《通山县志》，还有许多先贤修路只能由口碑传颂。

由于东牛山（狮子岭）阻隔，东牛山以东的富有、横石一带民众到通山县城只能绕道下郑，来往辗转路长，非常不便。不少乡邻路人为抄近路翻越坡陡路险的狮子岭，常常遭遇不测之祸，住在狮子岭脚下的熊占鳌目睹了很多不堪的场面。

这一日，占鳌正在狮子岭上的坡地里干活，忽然听到一声接一声的呻吟，他走近看去，发现是一过路老人躺在地上不能动弹，额头皮开肉绽，血流不止。占鳌立马出手相救，才知道老人腿脚骨折，一时上路继续行程已是不可能，他将老人背回家中救治养伤，一日三餐端茶供饭，照看无微不至，视如自家父老。三个月后，老人伤愈，意欲启程赶路。临行前夜，老人对占鳌说："我与东家萍水相逢，因一时落难，东家出手相救，待若上宾，老朽深为感激，无以回报。老朽本是江湖之人，对堪舆之术略懂一二，就老朽看来，离东家祖宅西南方向三里的山岭之下，有一处平地，可作开基起宅之所。"

后来，熊占鳌发财了，并建起了熊占鳌大屋，至今还在。熊占鳌发财是不是因为"风水"不得而知，义修道路却成为熊氏家风。致富后，占鳌拿出积蓄劈山修路，并从自家田产中划出义田，用于长年维修养护道路。他用于义学义路而捐出的义田达数十亩，《熊氏家谱》里都有清楚记载。

企业家王定乾在自传《修山传》中记述：祖父王贤柳，经常背一把大挖锄，把自家周边几里远不好走的山路陡坡整修好，方便行人。老人家坚信"修桥补路，广积阴德"。

不管是县志家谱，还是口碑，开路先锋就是通山人的英雄。

贰

凉亭，又叫茶亭、路亭，仁心爱意之所。通山域内凉亭出现于唐宋时期，明清时已相当兴盛。五里一短亭，十里一长亭。"玉阶空伫立，宿鸟归飞急。何处是归程，长亭更短亭。"最为完备者，三里一小亭，五里一中亭，十里一大亭。

明万历进士舒宏绪，年轻时在北山飞龙寺和县衙求学期间，经常翻越朦胧岭。苦于朦胧岭山路之塞，曾发宏愿，他日定将此处山路修缮。他后来果然将这一段山路改好，又于山顶建一凉亭，凉亭边建有朝天寺。亭内置有一户人家烧茶做饭，方便过往行人免费食宿。又出资于山顶置地种茶种粟，山下置田种稻，备作寺、亭资用。寺与亭历代都得到修缮，新中国成立初仍完好，"文革"时遭遇到焚毁，至今遗址尚可寻觅。我到朦胧岭时，在岭顶见到倾圮的砖石。

鸡口山通道曾有两座凉亭，一座在南面的石门处，已不见踪影。一座在北坡的半山腰上，石头垒起的墙壁还屹立在那里。

九宫隘，既是关隘又是凉亭，俗称吴楚雄关，在九宫山一天门东两公里与江西交界处。关西为万丈峭壁，一条古道嵌在悬崖上，绾连两省。雄关上有一泓清泉，古人在此留有妙句"一勺沾吴楚，连峰各雨晴"。明万历十年（1582）建，今残存城门洞。

刘家岭凉亭，1966年由下乡知青提议建于宝石刘家岭山顶，方便往来行人歇脚解渴。当时刘家岭为一片荒山，由当地政府出砖瓦泥沙修建，交付一刘姓人家管理。后来民众围着凉亭建房，逐渐形成现在的刘家岭村。一座凉亭居然催生了一个村落。

据说，通山县最好的凉亭在芭蕉岭上。芭蕉岭凉亭，位于南林桥镇湄港村芭蕉岭上，亭址在与杨芳林乡交界处。凉亭由两地村民初建于明代，设有茶会。此处旧为武汉、咸宁通往江西、崇阳的重要通道。因为它设计合理，基础牢固，结构严密，至今还在。4 根柱子上下左右相连，组成一个整体，既坚固又大方。芭蕉岭凉亭之所以是最好的凉亭，首先是高大，整座凉亭高 5 米，宽 3 米，长 8 米。墙上还写着诗词歌赋，画满花鸟虫鱼。凉亭门框刻着清代杨芳林儒士撰联："景色无边莫道偷闲贪好景，行程不远何妨稍息再向前"。

但是，芭蕉岭已经上不去了。我从杨芳林街后上山，山垅里有路，上山的路就被荆棘完全封死。从南林桥的芭蕉源上山，路还是被荆棘网罗。不只我们这几个外地人走不了这条路，本地人也走不通。程繁扬的爸爸最后一次走是 2015 年，他说现在走不了。我是不听老人言，要自己现场经历，果然只能望山兴叹。

利民茶亭，位于九宫山镇港壩垸村五组，即富有大桥西北岸 106 国道旁。1993 年，由富有村农民蔡正厚夫妻兴建。茶亭内置一联："利在人群去路总崎岖茶能解渴，为民国本前程多锦绣亭更怡情"。后因公路拓宽路基，茶亭被拆除。原以为这是一座建设时间最晚的茶亭，也是停止施茶最晚的茶亭。但是，厦铺藕塘村"桂梅亭"的建设，改写了这个纪录。"桂梅亭"延续了通山县茶亭和施茶的历史。

凉亭也作送别之用，离别者依依惜别，互诉衷肠，所以旧时也把凉亭称作"伤心亭"。

"千山红树万山云，把酒相看日又曛。一曲离歌两行泪，更知何地再逢君。"这是唐诗人韦庄的一首诗，很像是写于山间凉亭的诗。

叁

凉亭之所以被称为"伤心亭"，还是因为行路难，长亭一别，天各一方。

我走过的鸡口山、朦胧岭，很多路段都只能单人行走，挑担走更要小心翼翼，行车就不谈了，连手推车都无法通行。先人翻山越岭只能肩挑背驮，平路的肩挑背驮和山路的肩挑背驮完全是两码事。程繁扬的爷爷年轻时健壮如牛，挑茶叶挑所有东西翻芭蕉岭，都要比别人多挑几十斤，结果积劳成疾，刚 50 岁就病逝了。

不是所有的路段都有茶亭，也不是所有的路段都能修茶亭。抗日战争时期，国军 197 师随军记者方济生在他的随军记里写道："九宫山支脉的五里堡，羊肠险道，行人常有坠崖而死者。197 师驻船埠时，曾派兵雇石匠修之，现时道虽较平，但后山有茶店，前山道更险，无茶店，行人多就山涧饮水，体弱者多有因饮水致病。此处乃由横石潭至江西武宁之通道，大冶鄂城一带担布至江西卖者，必经此路。予常见彼辈行至山半，挥汗如雨，喘气若狂，状至可怜。但因道旁无树，求一荫处坐憩而不可得……"

南宋置县至清末一千年的漫长岁月里，一直只有三条驿道，即从县城经花桥、界首入兴国，经山口入咸宁，经平安入崇阳。清末，能通车马的大道只有四条，就是三条驿道再加一条东南向经蛇岭到兴国的车马大道，其他通道都是难通车马的小道。

通山地处湘鄂赣三省交界山区，峰岭重叠，林深路险，地旷人稀，是九江至长沙、武汉至南昌的间道。南宋至明末，时有大军过境，或有小型战斗。太平军与清军在此拉锯多年。在军阀混战时期，各军以通山为进退的间道或缓冲地带。第二次国内革命战争时期，通山成为重要的军事战地和革命根据地。抗日战争时期，国军与日军在这里相持对峙七年。

清代后期，茶叶等土特产贸易兴起，省县之间、县至各都里的商道也逐渐形成，日益拓宽，可通行独轮小车。从咸宁经南林桥至江西、湖南，从九宫山至江西等地也都有路通行。国民党军为"围剿"苏区，从1933年开始兴建阳新经通山至崇阳、咸宁至南林桥、龙港至燕厦三条简易军用公路，经通山境内78公里。1933年当年修通的咸宁至南林公路，是通山县第一条公路。1937年，县城始设私营汽车公司，本县富商成立私营"利溥转运公司"，有汽车2辆，翌年日军占领县城后停业。后以南林桥为起点，修筑南（林）通（羊）支路，南林桥由此成为县域西部门户，商贸活动也随之发展。抗日战争时期，日军几次进攻长沙，都在南林桥设立后勤兵站。1946年，武昌至崇阳客车途经南林桥。1948年12月，省鄂南运输段在通羊镇设汽车运输业务站。

肆

新中国成立，共产党领导人民战天斗地，一个重要内容就是改变交通面貌。

1956年，开始兴修通羊镇至横石潭公路，那时这条公路是绕道厦铺，到1959年12月，建成通车。

1958年，县委县政府提出"全党全民大办交通"，2年时间，新建公路200公里。当时建成通车的南（林桥）贾（家源）公路，全线均走河道山谷、丘陵低山，所以称之为"望山不走山"，跨越溪涧较多，桥梁、涵管不计其数。

此后，公路建设重点向林区发展，先后开辟东西港、一盆鳅、沙店、高湖等楠竹木材运输路线。正是在修建一盘鳅林场公路时，发现了大理石，从此通山出现了一个支柱产业。

富水水库截流后，淹没县内公路56.5公里。同期，连接武（昌）界（上）、武（昌）全（家源）两条省际干线的南（林桥）贾（家源）、肖（家湾）辛（潭铺）两条公路在本县贯通。此间，汽车运输发展缓慢，运力不足和物资积压的矛盾突出。

1971 年，县委县政府要求"社社队队通公路"，实行"山水林田路综合治理"，公路建设再掀高潮。10 年间，全县新建区乡公路 512 公里，群众集资兴建公路 39 条。1976 年 10 月，黄沙经万家至通羊镇公路建成通车。同时，对老干线进行提档升级，仅望江岭 1 处，先后改造 10 年。

1980 年代，是通山交通格局发生重要突破的时期。1985 年 9 月 15 日，由咸宁白沙经界水岭至通羊镇公路建成通车，这条公路由翻越小岭经南林桥再到县城，改为经界水岭直接到县城。咸通公路是通山最早的省道，是通山和省城间的主要通道。1985 年，以咸通公路建设为契机，拉开新城区开发序幕。1990 年，先后修建新城路、兴业街两条主街道，随着各机关迁入，新城区建设初具规模。1986 年，途经石壁下的 106 国道通车，这也是改变通山公路交通格局的变化，原来的 106 绕道厦铺。到 1985 年，全县共有通车公路 203 条 1279 公里，全县 40 乡（镇）中，通货车的 39 个，通客车的 32 个，只有下泉乡完全不通车。

数据像照片一样，会随着岁月流逝而价值与日俱增。通山交通的一些数据，已经开始散发历史价值的光芒。

公路交通由公路和交通工具构成。1950 年，县人民政府首次从武汉市购买美制万国改装木炭大货车 1 辆。1951 年，武昌客运汽车总站驻崇阳县中心站第六车队，派驻咸宁 1 个班，由 1 辆 30 座硬席客车承担咸宁至通山客运。1954 年，崇阳中心站派 1 个班驻通山县城关从事货运，一般保持汽车 4~5 辆，货运量多时增派至 10 辆左右。1954 年，县内有独轮手推车 93 辆，后渐向胶轮板车、畜力车发展。1957 年，全县有胶轮板车 16 辆，马车 3 辆，手推车 203 辆。1964 年，县农机、水利两局各购进罗马尼亚 45 马力方向盘拖拉机 1 台。1969 年，全县有板车 740 辆，马车牛车 290 辆，手推车 820 辆。1970 年代起，运输工具向机械化发展，手推车、畜力车逐渐消失，但胶轮板车的使用仍很普遍，到 1985 年，全县有胶轮板车 4300 辆。1981 年，湄港公社一社员私人购买 1 辆东风 140 型货车，为全县第一个私人购买汽车者。1979 年，社会及个体运输户增加汽车 84 辆。

1949 年前，农用运输，仅在南林桥一带有少量农民使用"狗头车"，多靠肩挑背驮。1974 年，农用汽车的出现，使部分农民开始从繁重的人力运输中解放出来。1981 年 9 月，通羊镇洋都五队的阮诗二成为第一个拥有拖拉机的农户。至 1985 年，全县拥有农用汽车 93 辆，农用拖拉机 137 辆。

1950 年代末，有部分干部以自行车代步。1975 年，全县约有自行车 500 辆。1985

年，全县约有自行车 2 万辆。1984 年起，一些较富裕的职工、村民开始购置两轮轻骑摩托车。

通山人的很大精力，是在围绕一座山修路，这座山就是通山人心中的泰山——九宫山。从 1973 年开始，由中国人民解放军武汉军区空军投资，本县民工建勤修筑，到 1975 年 4 月，沙龙河至铜鼓包公路建成通车。这是一条到铜鼓包雷达站的军用公路，后来也成为九宫山的第一条旅游专线公路。1985 年，建成九宫山五级电站至凤凰岭公路，是九宫山的第二条旅游专线公路。1994 年 12 月 10 日，全长 88 公里的九宫山风景区环山公路改造工程竣工。

马世永当通山县委书记期间，对九宫山公路进行了一次大修大建。2000 年 6 月，马世永把省委书记和省长同时请上九宫山，请求支持。省领导现场办公，决定由省交通厅负责咸安到九宫山脚下的省道，省政府全额出资；通山负责九宫山的环山公路，省政府给予财政补贴。通山立即组织 10 万劳力，从新桥到横石，劈开八座山头，裁弯取直 20 多处，填平 200 多万立方水塘洼地，一个月时间开出新线路坯，省交通厅路面施工队伍迅速进场。环山公路也仅用两个多月时间达到通旅游大巴和长途客车标准。这次大修，将武汉到九宫山路程由 6 小时缩短到 4 小时。

千年的梦想，并不能一朝一夕就实现，要靠一步步地奋斗，路要一条条地修，一条条积累延伸。

1949 年后，不同时期存在着不同的行路难。

南下干部李化民在燕厦区工作期间，多次步行到县里开会，曾有三次掉进河里的经历。有一次命悬一线，像是到阎王殿走了一遭。"大跃进"时期，万人修建孟垅水库，李化民是指挥部成员，有一天曾三次翻越鸡口山，其中一次还顶着大风大雨。那天走了几百里路，是他一辈子走路最多的一天，比战争年代行军打仗还要多。

1974 年，陈星斗退伍回乡，在横石公社武装基干民兵连当教官。当时，全公社在富有搞围堤大会战，民兵连也拉到富有边劳动边集训。有一天，公社秘书通知他晚上执行一个任务，护送公社书记万维东从富有赶回横石，明早赶到县里参加会议，估计要宣布他升任横石区委书记。当时，106 国道还没有经过石壁下，富有大桥也没有建，只能步行。时值春寒料峭的早春，当天又雨大风急，为安全起见，陈星斗带了一支冲锋枪和几十发子弹。到富有渡口，却不见渡船，船已被洪水冲走。沿河岸寻找，费九牛二虎之力才找到渡船。把船划过河，已经是凌晨 4 点多，步行到横石已经是早上 6 点多。

伍

新世纪，通山交通进入高速公路时代。

通山以"三连跨"的迅猛姿态跨入高速公路时代，连续三年每年开通一条高速公路。

杭瑞高速湖北段，于2011年3月9日建成通车。在通山境内途经慈口、黄沙铺、大畈、通羊、大路、南林桥6个乡镇，在黄沙铺、隐水洞、通羊镇共设置3个互通。杭瑞高速鸡口山隧道，是湖北段全线最长的隧道，接近3公里长。鸡口山隧道的贯通，使通山县大畈镇和黄沙铺镇的车程缩短68公里。

大广高速湖北段，于2012年5月3日正式通车，在通山境内途经燕厦、洪港2个乡镇，在洪港设置互通。大广高速的鄂赣隧道，在通山太平山进洞。鄂赣隧道也是大广高速全线最长隧道，全长6.9公里，属于特长分离隧道。两洞线间距40至60米。大广高速通山段于2008年5月29日动工建设，是通山境内最早开建的高速公路。

咸通高速于2013年12月26日建成通车，在通山南林桥设互通。咸通高速起于京港澳高速，向东跨过京广铁路线、武广高铁、107国道，至咸宁东互通与黄咸高速、武咸快速通道相接，折向南连接杭瑞高速、106国道。杭瑞高速将咸宁境内两条东西向高速（杭瑞和京港澳）连接起来。从此，深处幕阜山腹地的通山至咸宁城区最快只需20分钟，至武汉最快只需80分钟。

2022年，是我密集穿梭通山的一年，我在作《路自通山》的采风采访。我经常遇到宏大的建设场面，那是咸九高速公路的建设工地。在山区建高速公路，那建设工地一定是"宏大"的，动辄要开掘穿山隧道，动辄要架设跨涧高架桥。

咸九高速是经过通山的第四条高速公路。杭瑞高速、大广高速是两条国家大动脉。咸通高速是专为到通山而修建。咸九高速几乎也是专为通山修建，全长69公里，通山段占46.7公里。咸九高速起于南林桥镇，对接咸通高速，连接杭瑞高速，途经厦铺、闯王、杨芳林、九宫山等乡镇，止于江西武宁县，与永武高速相接。咸九高速于2021年1月20日正式开工，建设工期4年，预计2025年建成通车。将在南林桥、厦铺、九宫山设置3个互通。可直达九宫山风景区入口综合服务区，武汉至九宫山3小时可到达。沿线各乡镇正在做好"上路出山"的准备，让更多的特产"借路"销往城里，让更多城里人"顺路"游通山。

咸九高速建成后，通山县将是乡乡都有高速公路。

高速公路时代的通山，当然不是高速公路的一枝独秀，更是多等级公路的异彩纷呈。106 国道、316 国道不断提档升级。幕阜山生态旅游公路串起生态明珠，其通山段全长 144 公里，主线 77 公里，支线 67 公里，主线全部按二级公路标准建设，支线也按国省干线标准建设。不同路段先后于 2014 夏季和秋季动工，到 2016 年全部建成通车。各种扶贫公路，更是像毛细血管一样，布满山山岭岭村村塆塆。

从 2020 年起，通羊镇港口至富水南岸公路，杨芳林乡高桥头至界头塘，进行彩色路面改造。公路变成真正的彩带，为秀美山川锦上添花。

陆

通山人民进入享受交通时代，最突出的表现是城乡公交一体化。

2022 年元旦，县城西站客运站。通山县政府县长刘子恒主持仪式，县委书记陈洪豪宣布：通山县城乡公交一体化项目农村公交正式开通。

当日，大畈镇、慈口乡城乡一体化公交专线正式启动，20 辆崭新的 40 座新能源纯电动公交车投入运营。新成立的通山县联运集团，以公车公营的模式取代原农村个体客运的燃油客车。与过去相比，运营线路布局更优、乘坐舒适度更高，从县城到慈口乡票价 9 元，到大畈镇 5 元，票价下降了 30%，班次也由每小时一趟增至半小时一趟，极大地便利了乡村群众的日常出行。

计划春节再开通 1~2 条农村公交线路，到 2022 年 8 月底所有乡镇开通农村公交，同时正在筹划开通到温泉的城际公交。

7 月 4 日，记者随公交车采访。清晨，慈口乡石印村北山塆村民吴华良，刚从菜园里摘了一蛇皮袋新鲜蔬菜，坐公交进城看孙子。他说，我们这里是最边远的村塆，往东走一点就是阳新县了，我们这里一天也有 17 趟班车，方便极了。我年龄超过了 65 岁，坐车免票，真是个大大的福利！

联运集团奔阳公司总经理吴泗林说，全县共设四条城乡公交线，每一条新线路开通，群众都自发地敲锣打鼓庆祝。

通山县市内公交到城乡公交，发展历程不到 30 年。1994 年 5 月 1 日，通羊城区首开市内公共汽车，时有公汽 8 辆，至 2005 年有中巴公汽 34 辆。2005 年 9 月 16 日，通山万通汽车出租有限公司成立，首批 40 辆轿车投入通羊地区营运。

现在，网约车私家车，难以计数了。

柒

2023 年 1 月 13 日，湖北省第十四届人民代表大会第一次会议在武昌召开。会议期间，省人大代表、通山县政府县长刘子恒提了四个建议，其中三个涉及通山的交通。排列第一的建议是：加快推进武汉至咸宁至南昌高铁项目，有效解决鄂东南通山县、崇阳县无铁路历史。建议是在准备启动项目预可研方案深化研究的形势下提出，是推进项目实施中的一个步骤。

未来可期，通山县即将迎来高铁时代。

水路总比山路诗情画意多

石航山，山形像船，取名石航山，寄托了先人航行的愿望。我在石航山双泉寺门前，看到三条小木船，堆码摆放在院子的一角。山上没有水库，也没有水塘，双泉寺是有两眼泉水的，但也不至于有泉塘，更容不下三条小木船。船，大概是石航山一种由来已久的象征，是一种供奉。

山里人的航行梦，会用一些地名标注梦的痕迹。在九宫山凤凰岭东北的高山上，有个独户人家，那里的地名叫"船窝"。在程许横垱山东南，盘山公路的尽头有个小村垮，垮子名叫"船坞"。

正德三年（1508）二月，文昌帝君生日之前，朱廷立奉父之命前往兴国游学。来到大畈渡口时，遇到很多人都想尽早乘船，众声喧哗，争抢明显紧张的座位。家丁也想跑向前去为他抢一个座位，朱廷立止住家丁，从袖中取出一本书，坐在河岸边沙滩上全神贯注看起来。

山清水秀，春和景明。这个少年超然物外潜心读书的样子，成为一道迷人的风景。岸边酒楼上一个名叫韩本的官员在凭栏小酌，看到这眼前的这一幕，心生怜爱。忙问这是谁家的孩子，认识的人说是广州府推官朱溪南的三公子。韩本说这个孩子神情专注，气度不凡，是个好苗子，不知婚配否。得到否定的回答后，韩本回家与内人商量，随后请人去朱家说和女儿婚事。得知事情原委，又知韩女是广西太平知府孝廉韩廷彧的孙女，父亲韩本现任兴国州指挥，朱溪南欣喜地答应了这门亲事。

渡口，船，河流，是现代以前久远岁月中的重要人生舞台。

朱希敏写的《朱廷立传》无疑是鄂南最好的传记之一，成为我的精读之书。书中写到朱廷立的两次回归故乡之旅，都经长江，经富池口，经富水。

朱廷立在四川巡按御史任上被罢官，这是他第一次被罢官。还乡之旅从成都出发，过简州，走资阳，经永川，从夔州乘船顺江东下，进富池口，溯富水回通山。伴着一江秋水万里长天，沾一身晓风残月冷秋霜，于嘉靖十二年（1533）九月下旬回到阔别五年的家乡。

嘉靖二十八年（1549），朱廷立第二次被罢官，是在工部侍郎任上，这次还家的行程依然水路多于陆路，先走大运河从通州经天津而下，过扬州再转陆路经九江入长江在富池口登岸，然后从陆路回家。回家前，在兴国逗留数日，随处村翁留醉，掌灯乡贤夜陪，被奉为座上宾。这一次，他五月初离京，深秋回到通山，走过大明的半壁江山。

富水，是往昔岁月通山人走向外面世界的主要通道。富池口，几乎是朱廷立每次行旅的必经码头。

富池口也是个令我心生亲切的地名，我的家乡就在富池镇，我在那里度过了少年时光，现在我的很多亲人还在那里，我的父母也长眠在那里。富池口也是我人生的启航处，当我在写作这本与富水有诸多关联的著作时，我的情感常常随着富水的波澜在起伏。

"坐大船，下富池口哇！"这是那时通山人深感豪迈的一件事情，因为富池口上达汉口，下通九江、南京、上海。就像几十年前，人们豪迈地说："坐飞机，去北京啊！"

壹

"富水"之名出自《水经注》，又名"长河""富川"，是阳新、通山两县的母亲河。阳新人更多地称之为"富河"，在富河下游网湖、猪婆湖打鱼的渔民则习惯叫它"大河"。

富水发源于三界尖北麓，收纳通山四条支流以及所有溪流，横贯通山全境，又跨越阳新全域，于富池口流入长江，是长江中游的重要支流。

同治七年（1868）《通山县志》写道："仁厚居县之东，极抵富川，为水陆通衢。每当涨泛桃花，贾客乘小舟，挂轻帆，随溪上下，负贩者四时络绎于途。盖邑中之门户也。""仁厚"即仁厚里，又称三都，地域大体包含今天的通羊镇大部和大畈镇西部的一些乡村。

在通山，官路在山路，商路在水路。通山所产羊山纸、苎麻、茶叶、茶油、桐油、竹木以及薯粉线，非经水路则不能出。这些大宗货物，先用簰筏经燕厦河、横石河、通羊河等支流或厦铺河这条富水河的上游，运到大畈，再装上大船经富池口出长江。

同治七年（1868）《通山县志》："通山县治上游不通河道，下游长溪、沙滩、石濑二百余里，始大江，粮米难于水运。故通山粮饷，素系折征（实物赋税折价征收银钱）。春夏水涨，小船可达城下；秋冬水落，货物惟以竹筏、肩扶运之。"

志书的语言多干巴枯索，民间的生产生活实践则生动而丰富多彩。

有一次，知县邀请全县富绅开会，中午设宴招待，在安排座位时出了扯皮事。知县有意安排李大盛坐首席，可是郑启后不服。他认为李大盛田地万亩，我郑启后也有田地千亩，我的山林更达两万亩，并且，我家房屋的面积是他家的两倍，这首席只能我坐。知县说，山林与田地不好相比。关键是李大盛还有一支全县最大的商业船队，这个实力就强了。还是李大盛坐首席吧。

李大盛的船队到底有多大规模不得而知。我这里有另外一组数据，至咸丰年间，汉口、九江辟为商埠，杨芳林出口精制红、绿茶闻名于国外。横石潭、大畈、燕厦和杨芳林四个市镇有运输船只和竹筏百只以上，从事装卸运输的约两千人。

放簰是辛苦且危险的工作，也是一件浪漫的事情，"小小竹簰江中游，巍巍青山两岸走"。

王定乾放簰技术高超，身怀两项绝技，是非常有名的"簰杆子"。一是会拐弯，在河道急弯处，簰经常与河岸碰撞，把簰撞散，还会碰损竹木。王定乾放簰，从江源河，经郭源河，到留硔河，直接撑到杨林大河，簰会转弯，人从不下簰。二是能直接过堰。杨林河红光大坝是一道六米多高的水泥石砌大坝。王定乾在堰上把竹簰前三节近十五米处用红麻藤捆绑固定好，在下大坝水口时使前三节与堰下水面角度成夹角，十五米长的竹簰或木簰在堰头与堰下水面之间搭成一座斜桥，前三节过后就无风险了。在红光大坝能站在簰上直冲而下的，前无古人，后无来者，只此一人。

程志辉在《放竹簰》里写了他1980年代放竹簰的经历，那时他才十几岁。"每年春夏季，涨水的几天里，河道上很多簰工赶水放竹簰和树簰。放簰是种高危职业，技术含量高，收入也高。途中风险无处不在，失手炸了簰，损失竹子或木材不说，生命也有危险……簰篙又叫挽子篙，选用苗条的五六寸围的小竹子，长五米左右。篙头上由两个铁件装成……到了大屋场小河边，便忙着扎簰……三个人都扎好后，前面的洪哥便跳上排簰，一手拿着挽子篙向岸边一点，一手用刀把揽簰的红藤割断，簰篙一撑，竹簰顺水而下。待前面洪哥的竹簰走了大约半里把水路，我的簰才能出发，后面的依次而行……大水放簰，竹簰快，簰工得眼观六路，首尾相顾而手疾脚快……最惊险莫过于过堰了。过堰时，人一定得往后走，簰头落堰仓时，会沉下去，再浮起来。待簰头刚浮，立马得往前走，不然簰尾又要落堰仓了……一路走过惊险，便到了小源口，选段平缓的河道，把簰揽在河边。找个相识的人家，喝口茶，抽袋烟，闲扯几句家常！……现在，每当回想当年风雨中，头戴斗笠，身披蓑衣，脚穿草鞋，高脚扎裤，手持挽子篙，驾一叶竹簰，走一程惊险的情景，总是思绪万千！"

湖北省博物馆编著的大型摄影图集《百年民俗·湖北记忆》，这部 2022 年 7 月出版的摄影图集，收录了著名摄影家夏勋南作品《放竹簰》，作品 1972 年摄于家乡横石河。那是从横石潭出发时的场面，簰连着簰，并且是五纵列并排，浩浩荡荡，极为壮观。这幅照片在这本图集里出现两次，一次用于章节点题，一次单独成篇。

"归航不是大江船，竹筏载回海味鲜，舟子夜来闲煮酒，轻烟散向吊楼边。"这是通山人从前常有的生活画面。

贰

高歌猛进的 1958 年，湖北省在通山境内修建大型水利工程富水水库，鄂东南 13 县 6 万民工奋战 6 年，1964 年大坝建成。

富水河截流后，减少洪灾之害，增加灌溉之利，几乎由阳新县独享。发电之利惠及更多的人口。水淹之弊，几乎让通山独扛。淹没了良田，淹没了繁华，大畈街、慈口街、燕厦街尽没水中。

清中叶，大畈是鄂南三大名镇之一，另外两个是龙港镇和金牛镇。大畈街长 3 里，东西沿河一、二、三街为正街，南北横街为支街，也称四街。从河对岸眺望，街上房屋宛如一道城墙。矗立于街西的阮氏宗祠，屋顶滚龙屋垛，犀头翘角，气势不凡。店铺临河一面砌有六七米高的石墙。街道每隔 50 米，都有通往河边的巷道，巷道为 60 多级台阶。立于古屋楼台，可遥望青山黛影，可近观帆船霞光。民国初，大畈街商业繁荣，有夏禹门等七股东开办的大型综合商铺"集成义"，有阮琳的"阮长记"文具图书店，有张民义的邮信所。街面有麻行 1 家、鞭炮庄 1 家、粉厂 2 家，油榨坊 9 个、豆腐坊 20 多家、油面铺 21 家、羊山纸行 20 多家，还有 1 个造船厂。大畈名优特产大畈麻饼享誉省内外。鼎盛时，住户达 300 多户，大部分为阮姓。临街 90 多住户，有 80 多个是商铺，仅次于当时的阳新县城。当时的通山县城号称六里街，实际街长 4 里，住户五百多户，商户大概不足 80 户。1950 年 3 月，大畈划归通山，1951 年 1 月，通山县的首个国营日杂百货批发部在大畈设立，而不是通羊镇。

燕厦地处鄂赣两省三县（阳新、武宁、通山）交界处，古名宝塘，系宝塘河中下游商业重镇。因集镇在河堰下方，称堰下。居民口音属赣北方言，下厦同音，文人将该镇与相邻的龙港镇合夸为"龙游之港，燕栖之厦"，在明清前即已雅化为燕厦。燕厦总揽沙店、杨林、畅周、三源等地商品贸易。民国初年，全镇有裕大成等近10家大商户，经营羊山纸、茶叶、贮麻等特产。各家商号均在汉口、九江、常州等地设有分店或货栈，已经有点"总部经济"或"连锁店"的雏形了。抗日战争时期，燕厦处于抗战区与沦陷区边缘地带，成为两区经济往来的重要场所，商户发展到257户，比战前增加122户。富水水库修建后，燕厦镇被淹，居民大部分迁至大塘山，其余后退北门垴山坡上重建小镇，仍名燕厦。

慈口位于慈水与富水交汇处，也是水陆两便的商贸市场。街长2里，依次分为四段街。街道为5米宽的红石板铺就，整个铺面砖木结构，大门为木板制成。全街住家和店铺大约200多家。有几句顺口溜描绘了当年的街景街况："油面豆腐麻花香，糕点豆酱熬谷糖。理发饭铺裁缝店，火纸神香中药房。木篾船工铜铁匠，肉店鱼行日夜忙。匹百杂货样样有，水陆车船联通阳。"

光绪二十九年（1903），在燕厦、大畈、慈口三地开设邮政代办所和信柜。3年后的1906年，通山县城才开办邮政代办所，始为民间递送信件，办理汇兑银钱，托运包裹。这不是三镇先进于县城，而是通山县滞后于阳新县，以上三镇那时属阳新县。

6万富水库区移民，其中5万赤贫了不少年头。直到1985年，富水库区人均产粮不足100公斤，纯收入不到90元，多数人尚未解决温饱。

地委副秘书长刘绍熙主持撰写了深度调研报告《五万移民的疾呼》，从此，他的命运与通山深度契合。组织任命他为通山县县长、通山县委书记。报告也让省政府下定决心，每年从富水发电和水费收入中拿出资金，解决移民生计困难和生产发展。刘绍熙大力推进库区柑橘生产，努力推动九宫山旅游开发，成为通山县最受尊敬的县委书记之一。

就舟楫而言，富水水库既有舟楫之利，亦有舟楫之弊。一方面，一河水变成了一湖水，渡河由易变难；另一方面，水运功能增强。

倪霞在《回望慈口》一文，记叙参加工作后第一出差，搭船渡湖的经历："下车后搭船到下泉一个叫山口的地方下船，再走进下泉。在下泉卫生院中吃中饭，把所要的妇幼资料登记好，谢绝了医院同仁的再三热情挽留。有一个熟人送我到山口搭船，由于没有其他乘客，独自包了一条机船，一路风浪大得怕人，一路祈祷，平安到达慈口。下船后一鼓作气来到慈口卫生院，受到了非常不一般的热情接待……"

富水水库兴建后，截断富水至长江航道，大部分船民转向陆路运输。1966年，随富水水库水位提高，通航行程由过去的53公里增至102公里。1970年，水运基本实现机械拖带化，加之库区煤窑开采，土特产品大幅上升，副业船只也投入长年运输。同年，县交通局成立县造船厂，先后为县内外建造水泥船、木质船、钢质船42艘。1979年，被淹的官塘至慈口库区公路修复，物资运输多转向陆运，县航运公司经营亏损，通过整编，船队驶入长江营运。

叁

"幕阜山生态旅游公路沿幕阜山脉逶迤伸展，流畅、黑亮，如果让无人飞机模仿飞鸟，以一只鸟的眼神与视角观察，公路像极一条轻盈浮动的素色飘带，行驶的车辆是迈着细碎急促步子的甲虫——鸟瞰人间，万物皆飞？到富水湖段，公路与湖岸线胶着难分难解，如果将自己想象为一条鱼，以一双鱼眼探望，公路是否有船舷般的颠簸与荡漾"（徐立帅《与山与水》）。

湖滨公路，或者说绕湖公路是富水湖美丽的花边，那桥就是更美丽的虹了。你站在桥上看风景，看风景人在楼上看你。一旦成为桥梁，就成了风景的中心。

富水湖上有七座大桥，也就有了七个风景中心。

第一座大桥是港背大桥，为全县最大跨径连孔钢筋混凝土钢架拱桥。在县城东郊港背村石港村，横跨富水河。港背河段还处在富水上游，水面还未被抬高，河面还未变宽，桥长166米就横跨了富水河。港背大桥于1999年10月动工，2001年1月18日竣工通车。这是富水河上最早的一座大桥，显得有点老旧，却能看到"衢潭渔棹"的古八景之一。从桥西端的公路前行几百米，就到了崭新的景点港口村现代休闲渔港。建筑时间上它是一座跨世纪的桥梁，现在看来，它在很多方面都是一种跨越。

第二座大桥有一个正宗的名字，直接叫富水大桥。2001年5月动工，2004年竣工。富水上游厦铺河与通羊河在唐家地汇流，此桥就建在汇流水口下百米处，站在桥上就能见到二水汇合的浩浩汤汤。桥的上首是曾经撑起通山经济半边天的唐家地石材工业园，桥的下首正前方就是朱廷立"铜肝铁胆"摩崖石刻。这是富水河最上游的一座大桥，地处通山县城边缘。

第三座是牛鼻孔大桥，2003年4月动工，2006年11月竣工。这是一座最美大桥，美在自身造型，更美在它周边的风光。牛鼻孔两山相对，中间被十余丈湖水隔断。东山形似卧伏的雄狮，称狮子山。西山酷如饮水的大象，称象鼻山。两山尾部高耸，头部伸向湖中，像在较劲斗饮湖水。河东的狮子张着大口，闷在清澈的湖中。河西的大象将鼻子伸进水里，猛烈地吮吸。站在牛鼻孔大桥是西望是著名的崇崖。崇崖最高处约 400 米，长约 800 米，自北向南，由高而低，三段石壁像刀削一样，兀立湖边。崖壁为淡青色，间嵌一块块褐红色的水印，状如猎猎而动的旌旗。山顶上灌木丛丛，仿佛为这面旗帜镶缀了五彩花边。崇崖绝壁下方，怪石嶙峋，多有状如人物、鸟兽之奇石。在距湖面十余米高的崖壁上，不规则地敞开十几个洞口。至 300 米处，有一巨大天然石洞，洞口高 4 米。在土地革命时期，处于革命低潮的红军战士和逃避战难的当地农民，一遇危难，便靠着绳索软梯，入洞躲藏。

富水水库主要蓄洪区有两个，一个是东西向的大畈河，也即富水河的中游，大畈河是富水流经大畈时的叫法，一般指板桥到富水大坝之间河段。另一个是南北向的燕厦河，燕厦河原来是富水支流，现在成为宽水域的主蓄洪区之一。牛鼻孔大桥是燕厦河蓄洪区中段一座跨河大桥。

第四座是板茶大桥，2012 年启动建设，2015 年 3 月建成通车。从前，板桥村是个贫困村，富水水库南岸的茶滩塆更穷。徐立帅在另一篇文章《桥想》里写到了新建的板茶大桥："最先开建和最先建成的是连通村子南北两岸的板茶大桥。当电视上书刊里司空见惯的桥，一下子腰杆直挺地跨过富水湖，村子沸腾了，男女老幼像过年一样，敲着锣打着鼓，涌向宽阔的桥面，唱啊跳啊，唱出眼泪来，跳出笑声来，他们怎么能不高兴呢？一桥飞南北，天堑变通途，几代人陡陡峭峭的日子、崎崎岖岖的生活结束了，舒舒坦坦、自由信步的日子开始了。一座桥，联通一个村庄的过去与未来，是一种生活的结束与另一种生活的开始。"

第五座是和平大桥，桥长 340 米，是富水大桥中第二长的桥。大桥于 2018 年 7 月 1 日通车。它的通车将富水湖南岸到县城的路程缩短了三分之二。桥两端村塆居民，不管谁家来了客人，都会带客人到桥上走一走，很是自豪。和平大桥架设于横石河来水进入富水主河道通道口。此地旧名河坪，后来讹传为和平，殊为拙劣。通山地名之美，美不胜收，仅厦铺一镇就有青山、水秀、黄金、三宝、西湖、翠屏、藕塘、西隅、荆山、林上、冷水坪等美丽诗意的地名。通山向来有雅化地名的美俗，将下铺雅化为厦铺，堰下雅化为燕厦，大墓山雅化为大幕山，花坟雅化为花纹。一个富有地理和历史价值的"河坪"，竟变成了无厘头的"和平"，太遗憾了！

第六座是狮岩大桥，2020 年 5 月通车，连接慈口村与西垅村。狮岩大桥架设于黄沙河临流入富水处。黄沙河又名慈水，发源于大幕山上的慈湖，她汇进富水河的地方叫慈口。慈水有着古老而美丽的传说。狮岩大桥全长 380 米，是富水大桥中最长的一座。桥东端的狮崖位于海拔 400 多米的山顶上，东西各有一块长达 100 多米的巨石。两石相对而立，酷似雄雌两狮。中间还有一个状如绣球，径达百米的大圆石。两狮高扬头颅，对天吼叫，其形逼真。为什么桥都建在风光美好之处？因为人喜欢聚集在美好的地方。

第七座大桥是月山大桥，位于慈口乡老屋村。大桥架设于燕厦河来水进入富水主河道通口。月山大桥于2020年5月动工，目前还在建设中。月山大桥将连通富水湖环湖公路最后一个缺口，实现公路大环湖。站在大桥建设工地上，近看是龙燕峡口，远看是雄伟的富水水库大坝。大坝坝址已经是我的家乡阳新县的地盘了，大坝距通山县边界线大约只有800米。

肆

刚才，站在月山大桥工地上，能看到龙燕峡的第一个村塆月山梅家。月山梅家在入峡口几百米处，是个峭壁上的挂壁塆，很有风味。我想去看看。苏海说："今天太晚了，改天我陪你坐游艇全程游览燕厦河，还找几个文学女青年来陪你！"我说："你这饼画得挺解馋的。"

经过两岸峰连壁峭的龙燕峡，那里有正在建设的南山下顺通生态旅游区，再穿过逼仄的牛鼻孔，来到又一个山水风情村落北冲龙燕湾，然后到一望无际的洪港下湾芦苇荡，最后在岸线曲折的燕厦码头登岸。这一游程真是太令人神往了。

除去拦洪和发电，旅游就是富水湖真正的使命，终极的使命。

第二章
山之磅礴气
钟之于人

通邑负山临水，风气异于大都。然环峰秀丽，川流潆洄，瑰玮磅礴之气，往往钟之于人。

——同治七年《通山县志》

朱廷立三晤王阳明四十年心向心学

朱廷立结婚后，父亲就喜欢唠叨了。

谈得最多的是自己在广东与张东所相处的那段日子，以及对湛若水的推崇。父亲特别交代，白沙之学将会大行于天下，白沙先生去世前一年，他的高足湛若水掌"江门钓台"的衣钵。"这个人小我六岁，是个大才，以后如果有机会见到他，定要行父执之礼！"对于父亲推崇的江门之学，朱廷立还没有入门，但白沙先生的教学箴言，已经使他受益匪浅。他暗暗地记下了父亲的嘱咐。

就在父亲谈到湛若水后不久，就一病不起，很快撒手人寰。朱廷立这才明白，父亲是对自己的大限有所预感，才做出那样的学术交代。

嘉靖二年（1523）癸卯科殿试，朱廷立金榜题名。自己很看好的松江华亭青年举子徐阶夺得探花。京城准备会试期间，在一个偶然的场合，他认识了这位仪容举止都十分得体的青年人，得知他师从聂豹，是王阳明先生的再传弟子。在简短的交谈中，问及考试是否有紧张焦躁之感时，徐阶说身有主宰，人就会不忙不乱。身的主宰是心，心稳定就不会忙乱。朱廷立一听，觉得与自己奉行的"静以修心"之道颇为相似。当时大家都争相传习"王湛之学"，连会试最后一场的"策论"也是对心学进行评论。他虽然没有系统学习心学，却感觉心与之相通，他按照自己的真实感受来完成考试，并且从那以后产生了学习王阳明心学的强烈欲望。

壹

四月中旬，吏部分派有了结果，朱廷立被任命为浙江诸暨县知县。这真是意外之喜，绍兴是文物之邦，更是王阳明故里，并且阳明先生此时正在故里。

朱廷立先到绍兴府报到，向知府南大吉谈职事的同时，也表达了想拜访王阳明先生的愿望。南知府爽快答应引荐，南知府自己也是王阳明弟子。

第二天一早，朱廷立特地带上了门生帖，由南大吉带领去见阳明先生。阳明先生是绍兴府余姚人，52岁，因讨平了宁王宸濠叛乱，刚刚受封新建伯，这时正因父亲逝世丁忧在家。朱廷立见到先生，叙及父亲朱伯骥与白沙先生以及湛若水先生的交往，谈起自己读书所悟的"以静修心"的经历，和用自己的心求古人心的心得。先生很是赞许，当即受帖并接受师礼。因为明天要赴任诸暨县，朱廷立特地请教先生如何理政治民。阳明先生没有具体解说如何理政，反倒跟他谈起了学习心学的一些问题。先生说天下所有的事物和道理都存在于人心，只要人心还没有被个人私欲所蒙蔽，那么心就是理，追求至善的境界，从心里去追寻是一条便捷的道路。又说上古以"亲民"为要，后世治国理政的效果远不如古代，原因就在这两个字上。

先生娓娓而谈，32岁的朱廷立似懂非懂，似悟非悟。告辞先生出来，他还纠结在"心即理"的命题上。心就是理，世上万事万物都有它的理，难道它们的道理都能在心中寻找得到？

贰

年底，朱廷立听说南知府重新整修了稽山书院，邀请阳明先生到那里讲学，他非常希望能再见先生，亲耳聆听先生释疑解惑。

正月下旬，阳明先生已经到了稽山书院，朱廷立立即动身。这次出行的目的，除了向南知府报告灾情，落实"请蠲减"的具体项目和数量外，就是要拜会阳明先生，再聆教诲。一到会稽，南知府不等朱廷立开口，就夸奖他履任半年的政举学治，是学以致用的典范。朱廷立真诚而恭敬地说："完全是受到知府学习事迹的启发。先生说您心镜已开，一尘难落，这是达到知行合一的至高境界了。我只是以您为榜样，不过现在还处在寻找良知的过程中。"

公事一完，朱廷立即刻赶到书院拜见阳明先生。

稽山书院已经是人满为患。新建的尊经阁已经容纳不下听课的学生，据说最多时候有三百多人围着听讲。阳明先生讲学之初，只阐述《大学》"万物向体"的主旨，让学生各求人的本性，寻找良知至于至善，然后根据个人心得分别设教。得知朱廷立到来，先生特地安排时间与他交谈起来。

朱廷立对先生谈起半年来的作为，诚讼、治狱、救灾、筑埂，忙得不可开交。之所以要做这些事情，都是情势使然，不能不做。至于采取何种方式去做，他是遵循着舍弃私利，以公心来推己及人的原则。设想自己厌恶的百姓必定也厌恶，自己喜欢的百姓必定也应该喜欢，这样就等于事先知道了百姓的利益是什么，也就知道了应该怎么做。这样施政求治，成效倒是差强人意，也感受到了修身养性对提高工作效率的作用，就是遗憾没有更多的时间用于学习，以致学业停滞不前，希望得到先生的指点。

阳明先生这次并没有跟他谈心学的学习问题，却跟他谈起了尧、舜，以及夏禹、商汤、周武王三圣的为政之道。圣人说的话做的事能让天下人都相信都高兴，是因为他们的说和做都在"致其良知"之后，依靠德治实现亲民，也就是养育和教化并举。以德服民，则政通人和；以利诱民，则利未尽而民心尽失。

朱廷立从阳明先生的谈话中，领悟到为政的要诀在于德治，应当致力于启发人人心里都存在的良知。

叁

元宵节过后，朱廷立闻听朝中举荐阳明先生的奏疏不断，可先生一直辞谢不赴，知道先生离开越地就职只在迟早之间。现今阳明先生仍然在越城西郭门内光相桥东的阳明书院讲学，朱廷立就趁着节后余暇再往绍兴拜见先生。

前两次拜见先生时，绍兴知府还是南大吉，这次到绍兴，南大吉已经罢官回乡。想起与他的几次相见，想起南大吉在海塘问题上的坦荡襟怀，朱廷立不禁生出蒿云秦树的感叹。

看到朱廷立，阳明先生很是高兴。他已经闻听朱廷立在诸暨的治绩，政通人和，水治灾去，风调雨顺，百姓安居，觉得这是心学在现实中的成功应用。他早已看出来，这个来自楚地偏远之地的学子，是个屈身礼士，谦虚谨慎，勤于政务，恪尽职守的好官。有着一颗张载所言"为天地立心，为生民立命，为往圣继绝学，为万世开太平"的真心，并能为之持续不懈地做出努力。

见到先生行过礼，朱廷立想起前两次受教于先生的情形。他问政先生却言学，他问学先生却言政。通过对先生教诲的参悟和工作中的实践，他理解到"学"，也就是修身对施政的重要帮助，看到了施政反过来又能作用于修身，但是对政与学，也就是工作与修身两者关系的要点，他还是缺乏清晰的认识和准确的把握。

这一次阳明先生没有顾左右而言他，而是直接讲解"政在亲民"的道理，说明"亲民"与"明德""至善"三者之间的关系。说得直接一点，就是修身是为了把官做好，做成好官也就是修身有了成效。修身是体，做好官是用，最终目的是达到"至善"，也就是激发自己本来就存在于心的良知。良知表现出来了，事情也就能做到最好。

王阳明在其文章《书朱子礼卷》中记录了与朱廷立三次谈话的内容：

> 子礼（朱廷立字）为诸暨宰，问政，阳明子与之言学而不及政。子礼退而省其身，惩己之忿，而因以得民之所恶也；窒己之欲，而因以得民之所好也；舍己之利，而因以得民之所趋也；惕己易，而因以得民之所忽也；去己之蠹，而因以得民之所患也；明己之性，而因以得民之所同也；三月而政举。叹曰："吾乃今知学之可以为政矣！"
>
> 他日，又见而问学，阳明子与之言政而不及学。子礼退而修其职，平民之所恶，而因以惩己之忿也；从民之所好，而因以窒己之欲也；顺民之所趋，而因以舍己利也；警民之所忽，而因以惕己之易也；拯民之所患，而因以去己之蠹也；复民之所同，而因以明己之性也；期年而化行。叹曰："吾乃今知政之可以为学也矣！"
>
> 他日，又见而问政与学之要。阳明子曰："明德，亲民，一也。古之人明明德以亲其民，亲民所以明其明德也。是故明明德，体也；亲民，用也。而止至善，其要矣。"子礼退而求至善之说，炯然见其良知焉，曰："吾乃今知学所以为政，而政所以为学，皆不外乎良知焉。信乎，止至善其要也矣！"

阳明先生这篇文章秉持他一贯的心学理念，把理论和实践结合起来，解决了心学的应用问题。不仅自己身体力行，他的学生也有了运用心学于当世的理论指导。"明德，亲民，一也"，实质就是知行合一。省其身，修其职，明德亲民，激发良知，止于至善，不仅影响着朱廷立此后二十余年的宦途，更指导着他今后数十年的人生。

肆

一晃，时间就过去了四年。

治理诸暨的出色业绩，让朱廷立声名鹊起，诸暨民间称他为"慈母"，耆老官吏誉之为"名宦"。在浙江全省的考课中，朱廷立的治行居浙东八府第一。

离别诸暨，离开了一个"百里封疆"的地域，朱廷立将进入到一个更为绚丽广阔的舞台，在不尽的风云变幻中去续写自己的人生华章。

伍

嘉靖七年（1528），朱廷立被任命为巡两淮盐政的专差御史。

朱廷立在开展盐政巡视时，到达射阳，听说总督漕运兼巡抚凤阳都御史唐龙正在射阳检查转漕事务，朱廷立立即前去拜见。朱廷立敬重唐龙，不仅因为他有都御史职衔，是自己的上司，还因为他政绩卓著，更因为他与阳明先生互为挚友，两人曾切磋学问。他还对"致良知"的学说有所补充，推助了学说的形成。在朱廷立心中，唐龙就如同老师一般。

唐龙很高兴地接见了他。唐龙前些时在淮水舟中见过这位曾经的"慈母"知县，如今的巡盐御史，现在又看到他舟车劳顿风尘仆仆行于两淮之间，觉得他确实是一个志诚有节之士。唐龙见他以"两厓"为号，就问何谓两厓。朱廷立恭敬地回答："通山之野有两道山崖拔地而起，中有石洞，盘桓流连其间，心神会充满愉悦快乐，所以就借以为号。"唐龙听了，借机生发说："君子之道，就是节和量。不过，有节无量就狭隘难容居处，有量无节就平和易失原则。两崖特起挺峙，这是有节；中虚能容，这是有量。从任职以来的人品业绩看，你行为端正举止稳重，有壁立之势；心胸谦虚度量空阔，有宽宏之怀。这样看来，你不只是借用了两崖之名，还具备了两崖之实。"听到唐龙对自己的评价如此之高，朱廷立反倒战战兢兢，压力山大。他真诚地说："'两厓'两个字把节和量都显示出来了，它具备了君子所应有的品质，我借此为号，岂敢不持之以终身啊！"

在阳明师新逝后的这番会晤，朱廷立越发感受到唐龙作为师者之亲之爱。

朱廷立结束了对淮北的巡视，离开淮安时，收到了唐龙让人转交给他的文章《两厓记》。认真拜读之后，他深为唐公奖掖后学之心所感动。唐龙在文中保持了前不久交谈中对两厓节与量的分析，并且进一步阐述节与量的关系，说"量以持节则节弥固，节以镇量则量弥光。刚柔相成，同异相因，和敬相须，味有甘苦成和羹之用，音有疏密全至乐之体"。长者的谆谆教诲，如穿石之滴泉，润物之细雨。

陆

这一天，公事毕。

　　盐院僚属徐境明请御史以及亲近同僚数人到维扬南楼小聚。南楼临江而建，广有五丈，高达三层。人在楼上，远眺长天暮色云邈远，俯视眼底湖光水润城。品过蟹粉风鸡干丝鲟鱼，又观看维扬独有的"肩担戏"。席间，徐境明介绍的周盈，频繁地向大家敬酒，热情地讲述维扬风土人情，其中讲到湛尚书若水任南京国子监祭酒道经扬州的盛况，以及扬州士人在城东所建的"甘泉行窝"。这勾起了朱廷立对父亲介绍湛若水的回忆，不由得多问了几句，周盈表示愿在御史得闲时作为向导往一游。

　　过了几日，扬州府儒学教授陈克昌来访，也谈起甘泉行窝的事，讲到湛若水在那里讲学的情形，邀请朱廷立在合适的时间去看看。朱廷立记得父亲叫他见到湛公要行父执之礼，现在虽然湛公不在此地，但观瞻他留下的踪迹，感受他的人品学问，也可以算是遵从父亲嘱咐，表达自己的景仰之情，而且，兴办书院、教书育才、促进地方文化教育事业也是巡盐御史分内职责，于是，接受了陈克昌的邀请，并且定下了时间。

　　到了约定的日子，朱廷立准时前往甘泉行窝。陈克昌和几个儒学生员，还有上次在南楼相识的周盈都等在门前迎候。甘泉行窝在广储门外的甘泉山下，早年扬州贡士葛涧师从湛若水先生，为便于先生讲道，特地承接着甘泉山脉创建了这个场馆。名为"行窝"，也包含着道学的意思。若水先生的门人吕楠，因为湛公号甘泉，与山名不约而同，就书写"甘泉"二字于门，还写了一篇《甘泉行窝记》。行窝周边一道60余丈的围墙，有一段已经出现了裂缝，看起来将要倾倒，距墙较远处竖有警示牌。走过横跨水池的石桥进入正门，门北有一株高大的银杏树，茂密的树冠仿佛触及苍穹。正堂"至止堂"就建在树下。至止堂内，北墙是若水先生画的《心性图》，形象地展示性和心、意、情的相互关系。堂外东厢是"诚明""敬义"二座书斋，堂北为住所，住所左右是厨房库房。葛涧还为行窝添置了20余亩田，用其所出来资助四方到此学习的人。这时，行窝里还有学员40余人。

　　看过行窝景物布局回到至止堂中，朱廷立对着墙上的"心性图"，讲起"王湛之学"，说起当年王、湛二人的友谊。王阳明任兵部主事时，湛若水任翰林院庶吉士，彼此对对方的学问人品都非常敬仰，二人一见定交，共同以倡明圣学为事业。为了方便切磋学问，王阳明还特地搬到与湛若水住处邻近的地方居住。二人在大兴隆寺同时讲学，各立门户，却又经常相聚切磋学问。虽然自己学宗阳明先生，但觉得若水先生"随处体认天理为宗""格物为体认天理"的"甘泉之学"也确实是理学的一大门派。湛若水年长阳明先生六岁，现在还处在学问仕途相长的时候，可阳明先生却已作古。若水先生是父亲所推崇的大儒，又是先师阳明先生的挚友，自己也曾受惠于"白沙之学"的治学之道。朱廷立当即决定，由盐院出资修整行窝，并改题行窝为"甘泉山书馆"。周盈也表示愿意承担修整书院所需的工役费用。这让陈克昌十分高兴，频频表示谢意。朱廷立也对周盈有了好感。

柒

文坛"前七子"之首李梦阳以病弱之躯，泛舟江淮，打算领略过钱江狂涛、平湖秋月之后，便伴秋水长天，回归中原故土。

李梦阳游历到扬州，落脚扬州漕府，唐龙迅速函请朱廷立前往一晤。

老友新朋兴会邗江楼，大家逸兴遄飞，把酒临风，朗吟雅唱。

朱廷立作《邗江逢李空同督学》以纪其事。李梦阳对朱廷立青眼相加，作歌行《两厓行》相赠："君不见两崖万仞并峙，四面皆峨山；窟谷窈窕不可究，乃有书屋两崖之间。昔时侍御独栖此，石窗泉灶深松里。蛟龙虽甘林壑卧，鸿鹄竟逐风云起。扬眉振袂登崖廊，矫如孤凤鸣朝阳。歌谣已传骢马典，风裁岂数埋轮纲。迩来持斧下淮海，六月千里飞清霜。丈夫得志有如此，胡为怀山思故乡？两崖岑巉日在眼，丰稜劲气谁能当？我愿侍御身，坚如两崖石。各如两崖高岌岌，大涛长澜任狂倒，崖为砥柱中流立。"

四个月后，李梦阳在家中去世。

捌

一连完成三项专差后，巡抚顺天右金都御史周期雍特许朱廷立驻府休整一月，以示关爱。

在这略有闲暇的可贵的一个月中，朱廷立得以往来翰林院，加深了与仍然担任翰林院编修的徐阶的交往。对于徐阶，朱廷立一直有一种特殊的感情，这不仅是因为他觉得徐阶是经世之大才，更因为他认定徐阶是把他引入阳明心学的第一人。若非嘉靖二年会试前后的简短交谈，他不一定会正式进入先生门墙，并且在此后学有目标，行有指南，知与行合一并进，为政获取了不错业绩，精神也得到很好陶冶。一个月有限的交往时间，他与徐阶谈论最多的，还是对先生心学的认识和感悟，尽管当时阳明心学为一些权臣所诟病。

在此前数月，繁忙的公务占据了大部分时间，朱廷立几乎无法进入书本，深入思考了。可每当更深人静，借以排遣涌上心头的无边孤寂的，还是内心对理的认知，面对事件探寻良知，理政处事求得无悔无愧，心境也就豁然澄静，如水般空明了。他在《夜坐》诗中描述了这种良知得到启发后的心境：

揽衾坐中宵，明月照我襟。顾影自怡悦，默识前人心。

独行不愧影，独寝不愧衾。衾影亦何知，此心如有临。

君子贵慎独，屋漏罔不钦。我师发良知，千古流徽音。

夜晚独坐，高天一轮明月照人，皎洁的月光照见我的襟怀，它也如月光般洁白无瑕。这是因为我在老师致良知的德音指引下，胸怀坦荡，心有良知，故而能够做到行不愧影，卧不愧衾。如果能够与志同道合的人共度清时，切磋学问，那种乐趣也只有惺惺相惜的人才能够体会。可惜的是，这样的时间太短暂，太匆匆。

玖

参与弹劾汪鋐之后，朱廷立的仕途从此就变得波诡云谲，捉摸不定。

嘉靖十一年（1532）三月，朱廷立被调离北直隶，调到边远的巴蜀地区，担任四川巡按御史。

次年初春，朱廷立有一次春风化雨般的巡行。巡行的重点是督察儒学，整顿学风，推行教化，革新文风。此行反响很是强烈，"朱夫子"的名声也一路传播开来。这时，原工部郎龚笑斋正提学戎州，朱廷立便逗留数日，与龚笑斋同督戎州儒学。一天得闲，两人同游南广洞，坐在洞口旁巨石上饮酒论道。二人俯观潭中鱼跃，仰看林间鸟飞，觉得自己置身于它们之中，与鱼和鸟没有什么不同，也是它们中间的一物，都在顺从天性无拘无束地生活。这种情景触动了朱廷立的内心，引起他对人生更深层次的思考。

朱廷立研习《礼记》多年，觉得《礼记·中庸》中"能尽物之性则可以赞天地之化育，可以赞天地之化育则可以与天地参矣"的说法还是过于笼统，其揭示的"尽物之性""赞天地化育""与天地参"三者的渐进关系还是令人难以理解。现在身处南广洞前的巨石上，人与物同处天地之间，都在自由自在按自己的天性和喜好活动着。人与物都是大自然所化生养育，但只有人才知道礼敬大自然神奇的化育能力，并且给予衷心赞美，表达对万物的喜爱之情。如果能完全掌握万物的本质，能够洞悉天地间成物消长的道理，人就能与万物一体，与天地同在。

这是朱廷立对人生的一次重要思考，他觉得这种思考提升甚至超越了自己以往对生命的认识。同时他又省悟到，这种认识，也就是这个"理"本来就在他的心中存在，只是多年以来没有发现而已，现在在南广洞口的巨石上，在鱼跃鸟飞的启示下，他发现了存于内心的这个理，就如同先师阳明先生的龙场悟道。于是他在巨石上建起飞跃亭并作《飞跃亭记》，愿与游人分享自己在这里生成的对生命对人生的重要感悟。

拾

朱廷立巡按四川，首请圣旨讨伐阻断灌松古道的番蛮，并受命监兵亲进，以一个文职官员身份临险境，设奇谋，冒矢石，奋精兵，大破番兵，荡平诸寨。捷报频传之时，却接到一道晴天霹雳般的圣旨：四川巡按御史朱廷立，对巡抚四川都御史宋沧擅离职守之事知情不举，着令冠带闲住。

"冠带闲住"就是革除现任官职，保留品级回家闲住。

精神遭受巨创，病患乘虚而入。拖着病弱疲惫之躯，嘉靖十二年九月下旬，朱廷立回到阔别五年的家乡。

子侄五人像一片小树林样长成，"溪南一家"这栋老房子不够一大家子居住了。朱廷立和二哥商议，在老屋旁边购半亩宅基建几间茅屋以缓解急需。

一字排开的三间茅屋，芭茅盖顶，竹片为墙，一条小石板路连着老屋的后门，路旁竹篱笆围着一块空地。朱廷立给这三间茅屋取名为"两崖草堂"。

闲居不久，就有人找上门来请教学问之事。朱廷立一直有意开办书院，时机虽然还不成熟，但他还是愿意因材施教，给青年人一些指点。

朱廷立把自己关于学问的想法写成《问学论》，发现自己其实是在阐释老师的心学观点。古代圣贤的书，写的就是他们心中的理，读古人书求古人心，其实就是探求存在于古人心中的那个理。看来与阳明老师三次晤面，已经给自己的学问思想烙上了不可磨灭的印记。他想起先师在《书朱子礼卷》中写给自己的"炯然见其良知焉"，想到这"炯然"二字，不仅是对他目前心境最中肯最准确的概括，更是帮助他走出泥淖，营造洁净心空的至宝。面对坎坷，面对谣言，我心炯然，只存良知。"炯然"的境界是值得永远追求的至高境界。

朱廷立忽然感到，冠带闲住的日子不仅没有躲躲闪闪的必要，相反更应该豁达坦荡，让世人知晓读圣贤书者善致良知，知行合一，心地炯然。他决定筹建两崖书院。首先要在书院内建一座炯然亭，大张阳明心学，大张明德修身致良知的旗帜。拟建的两崖书院就在翠屏山麓，右边高处就是他借以为号的鹤仙崖和会仙崖，炯然亭就建在书院左边稍微偏上的地方。为扩大影响，朱廷立请到湖广提督学政宗鲁题写"炯然亭"篆额，又将早年求得的国子监祭酒、老友邹守益所写的《炯然亭记》勒石刻碑，立于亭侧。炯然亭落成之日，周边有志于王阳明心学的学士，本县知县教谕缙绅学子等人都来致贺受教。此后每年，两厓书院炯然亭的聚会传习，都是一县中的艺文盛事。

朱廷立被挤出直隶远巡四川，又在巡按四川刚刚一年后再遭排挤回乡赋闲，就是汪鋐将权力玩弄于股掌间的杰作。嘉靖十四年九月，被指为"性倾狡，好以智，阴阳人生，外示强真而内以软媚取悦"的吏部尚书汪鋐罢官回乡。也就在这个月，未及上任的浙江道监察御史朱廷立，被改任为北直隶提督学校御史。

朱廷立复官回到京城之前，他在通山老家翠屏山麓兴建炯然亭，兴致良知之学的消息已经传到了京城，这时候阳明心学已经渐渐引起了更多人的兴趣。朱廷立一到京城，在京的诸多老友如康海、邹守益、安磐等人就以庆贺炯然亭落成为名，搞了一个迎接朱廷立的聚会。与会的缙绅士大夫或写记，或为文，或写诗，或作歌来记录这事。聚会行将结束一清点，得到的记、文、诗、歌竟然洋洋洒洒可以编成一本大书。于是大家七嘴八舌商定把这卷书取名为《炯然亭赠言》，又共同推举"前七子"之一的状元康海作《炯然亭赠言叙》刊于卷首。康海欣然领命，写道："余有以叹朱君之好学也。夫既举进士服官政矣，乃挚挚于学如是，宜其行义，文采卓然于时学，有益于人如是哉。"被称为"嘉定四谏"之一的翰林院庶吉士安磐在《炯然亭铭》中写道："人心之灵，其体则虚；为是静专，乃复其初；譬之于火，中虚始法；学而高明，斯为上达；卓哉楚贤，亭名炯然；无替厥修，以践所传。"这些高度肯定朱廷立学术文行的文字，自然影响着专任部门对他的评价任命。

拾壹

朱廷立居然当了个与先师王阳明一样的职务，在履职北直隶提督学政一年有余，被提升为南京太仆寺少卿。

在北直隶提督学政任上，主持保定生员的丙申岁考，给杨继盛的答卷评了一个优等。后来，杨继盛列举严嵩"五奸十大罪"，与大明第一奸臣严嵩战斗至死，成为千古名臣。

告别北畿学子，朱廷立于嘉靖十六年早春二月来到了南京太仆寺所在地南直隶滁州。太仆寺，是掌管天下牧马政令的部门，南北两京都有设置。随着马政重心的北迁，南京太仆寺所辖业务逐渐减少，这样，南京太仆寺几乎成了安置某类官员的特殊部门。

朱廷立惊奇地发现，先师阳明先生也在正德八年（1513）担任过他现在的官职。当时把他安排在这里，大概是要冷落一下他心高气傲、妄议国是的秉性。对于这种巧合，朱廷立暗想，一直以为自己只能望先生的项背，不承想现在却在步其后尘。

职是闲职，品级却大升。他的品秩因为这个职务而得到了多年来最大的一次擢升，官秩一下子升到了正四品。

这是一个消磨意志的岗位。朱廷立却没有消沉，先师阳明先生何曾消沉过？他马上投入《马政志》的编纂。有巡两淮盐政专差御史任上编纂《盐政志》的经验，一年时间大功告成。

朱廷立的顶头上司，南太仆寺卿赵洪洋与他曾是同一战壕战友。赵洪洋曾论劾兵部尚书掌都察院事汪鋐，受到皇上责罚，朱廷立正是在他论劾之后，因弹劾汪鋐受到皇上薄责。两个意气相投、惺惺相惜的人一起来到了这里，于是一道纵情这里的山水人文。

"官曹西接琅琊近，双屐时时印绿苔"。赵洪洋想在太仆寺原来所藏的《醉翁亭集》基础上，采撷断碣残碑和滁州仕宦家藏文集刻印成《南滁会景编》一书。赵洪洋请朱廷立帮助审稿和撰写《后记》，朱廷立以极大的热情参与其中。

《南滁会景编》收集历代名宦在滁州为政或游历时留下的诗文、石刻，记事咏史、描述风物景致、地情民俗以及朝臣寺卿与地方官之间的交游经历。更多记事则体现在太仆寺和地方官员保护文化遗迹、开发滁州风景名胜、修建亭台楼阁的相关诗文中。慕欧（阳修）敬苏（东坡），是《南滁会景编》诗文一脉相承的流风遗韵。朱廷立在后记中对书名涵义作了精辟的阐释，用阳明先生心学中"心外无物"的理念，说明客观的事物没有被心知觉，就处于虚寂的状态。正如这滁州的山水景观，不被人所知，则山水与心同归于寂；既被人看见知晓，山水景观也就一时明白起来。正如阳明先生诗曰：君未看花时，花与君同寂。君来看花日，花色一时明。

朱廷立运用心学理念来认识景与人的关系，渐入佳境。阳明先生任职滁州时，曾为一吴姓朋友的花园题名"西园十景"。这位老先生不知从哪里知道了朱廷立与阳明先生的渊源，拿着《西园十景图》请朱廷立作记。朱廷立笑着说："我知道你这是在谈论心学。你满足于小园，把小园看得如山海之大。"朱廷立为吴家西园写了《西园十景记》，强调"学本诸心，道存乎我"，依据"心外无物"的心学理念，把人与景、心与物的关系概括成"物我一也"。

赵洪洋和朱廷立认识山水景观的观念越来越相近，以《南滁会景编》和琅琊山揽秀亭的新建为标志，在继北宋庆历间以欧阳修知滁州为代表的文学建树之后，他们共同开启了滁州文化史上的再度辉煌。朱廷立作《揽秀亭记》并自书于碑石上。落款为"赐进士出身中顺大夫南京太仆寺少卿提督北畿学校监察御史楚通山两厓朱廷立撰"。揽秀亭今已不存，这块碑却比较完好地保存在琅琊山琅琊寺大雄宝殿后壁，也是目前所知保存于通山之外的、由朱廷立撰文并亲自书写的唯一实物碑刻。

拾贰

任南京太仆寺少卿职满一年，朱廷立辞官回乡，养病故里。

在这次居乡的八年时间里，朱廷立建起了自己的懒谷书院，在这里读书释义，诲人不倦，成为弘扬心学圣地。后来，他既出智又出资，强有力地支持通山知县林金修缮和扩建通山县儒学学宫，从嘉靖二十一年（1542）开始，历经六年完工，耗银一千多两。通山儒学学宫数百年来文运昌盛。

九宫山是通山境内的道教名山。有一次，内弟韩九山对他描述九宫山喷雪崖胜景，他依照内弟的描述想象创造出"玉液风飘千壑润，雪花光闪四时飞"的景致被人称道后，他自感与九宫山有很深的机缘。后来，他两次攀登九宫山，遍历九宫名胜。

在九宫山，他想到的是像前辈圣贤那样，"会须挥洒琼瑶篇，景物文章共驰骋"。他所崇尚的圣人周敦颐、朱熹，都曾隐居名山著书立说，最终跻身圣贤之伍，成就不朽的事业。"君不见周子著书南岳侧，七十二峰皆变色；又不见晦翁鼓楫武夷滨，九曲之水皆精神"。

他甚至仿效前贤，在九宫山建造了"两厓行窝"。说"行窝卜筑诸贤意"，非常清楚地说明了建造行窝的目的。

嘉靖二十三年（1544），诏令两京大臣举荐堪当重任的闲住官员。朱廷立得到时任南京吏部尚书张治的举荐，可他不为所动，依然徜徉于醉云亭和懒谷之间，坐炯然亭赋诗谈道，好像有终老其间的意思。他在《东轩山水歌》中描绘家中一块齐人高的天然异石，放置在一个注水的陶盆里，又专门腾出东轩放置这个陶盆。他把它当作知己，自己看，也带客人看。他看这个盆景，"此中无险自无惧，卷石勺水终堪亲"。他明确地说，"吾心动静此可识，千流万结皆前陈"。他希望的生活，就是这种水波不兴可亲可近的平静生活，他不再追求那种充满着断崖绝壁狂飙巨浪的功名富贵。

因此，他建九宫"行窝"，就是寓居名山矢志学问，最终期待继往圣之绝学，而绝不是借此邀宠，博得喜好道教的皇上的好感。

拾叁

嘉靖二十五年（1546）秋，朱廷立接受朝廷征召，担任都察院右金都御史，并协理院事。由于张治、唐龙、徐阶等人的一再举荐，他在辞官八年后被朝廷重新起用。

临行之前，他和友人泛舟富水，途经石牛潭，看见万仞绝壁上有累累奇石下垂如肝胆，一时豪情勃发，挥毫写下"铜肝铁胆"四个大字，命人镌刻在石壁上。后来担任通山知县的郭允祯写过一首《铜肝铁胆》七律，其中颔联和尾联写道："忠清不让英贤志，耿直当随信石名""仰望题崖仙宦者，云端顾义重平生。"

年底抵京，朱廷立的第一件职事就是培训试御史。在学习了规范准则之后，朱廷立给他们讲了铜肝铁胆的故事。

培训之后，朱廷立接手了一件颇为棘手的政事，处理皇上谕令严办的侯度案。朱廷立从事实出发，为侯度仗义执言，结果为冤死的侯度扳回了正义。此案也为朱廷立赢得"铁胆"声誉。朱廷立想，自己的"铁胆"源于心中的致良知。

一年后，朱廷立被任命为大理寺卿，此为正三品职级，跻身九卿之列。此间，正是严嵩兴风作浪之时，朱廷立不可避免地与严嵩产生正面或侧面的冲突。任职大理寺卿十个月，朱廷立被调整到工部任侍郎，三个月后又调任礼部右侍郎。又过三个月，被严嵩之流以"干进"为由参劾，皇上诏令"革职闲住"。自此，朱廷立开始了长达十七年的闲住生涯，直到去世。

返里途中，经过桐城。行走在宛若东南形胜的峰峦之中，让他觉得恍如回到越地，眼前浮现诸暨那段难忘的日子。他觉得为官越地最值得铭记的是得以师从阳明先生，从此以后，自己在不断浸淫心学的过程中一辈子受益。比如"致良知"，有人问"良知"是什么，先生以诗作答说："良知即是独知时，此知之外更无知。谁人不有良知在，知得良知却是谁？"

拾肆

建成炯然亭的时候，朱廷立就规划了两厓书院，把书院建在炯然亭旁边，使炯然亭成为书院的一个部分。但是，炯然亭建成不久，家事的变故让他感到力不从心，后来起用为提督北直隶学校御史，两厓书院在建起一个简单的连三间后就搁置下来了。嘉靖十六年（1537）辞官乡居八年，精力都放到了通山学宫的修建上面，而两厓书院，还是炯然亭下的那个连三间。乡人在那里办了个私塾，也算是个读书求学的地方，每日有了学童进出，书声飘飞。

致仕在乡的十七年，两厓书院成为朱廷立文学活动和学术活动的主场地，也成为通山一县文人儒士的活动中心。

在发展阳明心学这件事上，一方面，他与官场上的同好保持书信交流，如邹守益、林春、戚贤，还与他的儿女亲家崇阳籍进士汪宗元，多有切磋。另一方面，他在两厓书院讲论阳明之学，相与论道或前来求教者有崇阳饶蕚、饶仁侃、饶曾等，通山郭允桢、熊神谷、陈可斋等，汉阳黄一宁等，休宁陈以贤等。饶仁侃后来考中进士，官至右金都御史、云南巡抚之职，遗有《通山县学敬一亭记》一文，从中可见他所受王阳明、朱廷立思想的影响。

朱廷立的心学思想，散见于《两厓集》中的有关文章。朱廷立几十年的老友、当朝内阁首辅徐阶，在《两厓集序》中充满憧憬地说：如果皇上同意我离开朝廷，我虽然老了，还是愿意追随廷立公悠游于翠屏龙崖之间，与他切磋讨论，来完成我往日的心愿。也许，我们的思想，不能在朝政大事上发挥作用，但应当可以成为学问著述而见重于儒林学界。这样，我也可以同两崖一起永垂不朽了。

朱廷立身故后，陈宗夔的《行状》、刘体乾的《墓志铭》、胡直的《传》，将他的学术思想概括为四个方面：知行合一之论，心性即仁之说，事天事心之旨，正学正道之辩。

当今文史学家王亲贤，在《咸宁文化简史》里将朱廷立定位为"嘉靖年间阳明心学在湖北的代表人物"。

朱廷立博学深思，道德文章卓然名世，为天下所倚重。他待人诚笃，善诱后学，有宗师风范。

通山"御史团"

山里人和山外人肯定不相同。

说话就不同。山外人说话就是说话，山里大多是喊话。

"大声喊，喊吃饭，喊起床，喊干活，喊回家……""山上的对山下喊，山下的对山上喊，门邻对门邻喊，地头干活喊，渔船上喊，荷锄回家的路上喊……""所以，山里的女子没有一个说话是嗲声嗲气的。说话大声，自然，透亮。口一张，有青草、山风、露水的气息。""这喊出来的声音不仅大，而且抑扬顿挫，有腔有调，有场有景，有情有感。早晨从地头或山林中喊出的声音是湿漉漉的，清脆或高亢。黄昏时喊出的声音像炊烟，有些悠长、遥远。在空旷的黑夜喊出的是孤寂中的温暖。"（徐金秋《在乡村的早晨醒来》）

唱歌当然也不同，叫昂颈山歌。

"吃葛粉长大的山里婴儿/声音洪亮/葛藤拉扯大的山娃子/性格柔韧坚强。"（周春泉《大山的葛藤》）

康熙四年《通山县志》云："通邑负山临水，风气攸钟。环峰秀丽，川流潆回。其瑰玮磅礴之气，往往钟之于人。"山里人与山外人最重要的不同是在性格。康熙《湖广武昌府志》卷二《风俗志》称通山"风气刚毅，民多朴野，士尚气节，无绮罗滋味之嗜，无偷懒淫靡之习"。

士尚节气，民多朴直，这是对古代鄂南地区士风的粗略概括。在儒家文化和楚文化浸染下的鄂南士大夫以敢言著称。他们廷争面折，犯颜直谏，有的甚至不惜以身殉道。他们的性格像大山一样屹立，像磐石一样坚韧。

1300 年科举史，通山县登进士第者不足 30 人，他们中的佼佼者几乎都当过御史。换句话说，通山历史上第一方阵的历史名人几乎都当过御史。为什么朝廷喜欢任用通山人当御史？大概是通山人最适合当御史。

壹　历史上实际比包公更著名的御史

他叫吴中复，北宋江南道兴国军永兴县桃溪店人，现通山县洪港镇车田村人，于宋仁宗宝元元年（1038）登进士。

吴中复曾任监察御史里行、殿中侍御史、充言事御史、侍御史杂事、同知谏院御史等御史官职。至和元年（1054），吴中复甫任殿中侍御史，即行弹劾宰相梁适。梁适在一系列内政外交，甚至是皇室内廷之事上，识见卓越，深得仁宗皇帝和皇宫眷属的赏识和倚重。然而，梁适本性贪腐。吴中复面奏仁宗，极力弹劾梁适。仁宗心平气和地劝说吴中复，吴中复却引经据典地回应仁宗。仁宗终于被吴中复说服，罢免了梁适的宰相之职，贬为郑州知州。

人们万万没想到的是，两年后，吴中复又和继任宰相刘沆较上了劲。因刘沆在处理张贵妃生母曹氏案件上不能大公无私，受到御史中丞孙抃、御史范师道等言官弹劾，刘沆将孙抃和范师道排挤出京。比自己官大的孙抃都弹劾不成反遭报复，吴中复却不信邪，知难而进。吴中复不以孙抃、范师道所用事实弹劾，而是弹劾刘沆挟嫌报复，这个理由很好坐实。经过激烈抗辩，仁宗无奈，只好罢免刘沆宰相职务，降为工部尚书知应天府。

扳倒了两任树大根深的宰相，一时直声满朝，吴中复成为朝中清流领袖。为表彰他的刚直不阿、忠君爱国，仁宗以飞白书"铁御史"三字赐给他。这是中国历史上唯一由皇帝敕封的"铁御史"称号，与他同时代的包拯也不曾享有如此殊荣。《宋史》载有《吴中复传》，通山最出名的朱廷立，其事迹未能进入《明史》。

南宋时期，以淮河为界，只剩半壁河山，理宗也曾力图振作，于宝庆元年（1225）为岳飞平反。作为这种政治举措的组成部分，在吴中复青少年读书处敕建龙图书院，以纪念吴中复"峻厉风节"，鼓励仕林，振兴南宋。吴中复最后一任官职是龙图直学士，所以用"龙图"命名书院。

吴中复是受到两朝天子敕封的"铁御史"，在这方面包拯没法与他相比。现如今，包拯的名声比吴中复要大得多，这完全是文学艺术的功劳，一部小说《包公案》和一台《铡美案》大戏，让包拯的名声盖过了吴中复。

吴中复家族，大概要算鄂南最显赫科第之家，一家同时期三个进士。堂兄吴几复、吴嗣复同时于宋仁宗天圣二年（1024）进士及第，算来他们是通山县第一批进士，也就是说，通山县第一批进士是由阳新人考取。如果不算吴几复、吴嗣复，真正的通山第一位进士是235年后的南宋开庆元年（1259）的方宗胜，此人生平事迹不详，寂寂无闻。北宋时期通山没有进士。从隋朝到清朝的1300年的科举史，全国共有进士十万、举人百万，通山县的进士总共是28位。

贰　吴家的第二代御史

吴立礼是吴中复的长子，宋英宗治平二年（1065）进士。这一年，吴立礼只有24岁，是很年轻的进士。吴中复的堂兄几复、嗣复都是进士，这两位堂兄还是同年（1024）登进士第，以至他们的家乡因此改名为双迁里，同年双迁进士。到南宋绍兴十八年（1148）吴彦夔举进士，120年间，这个家族先后共有10人中进士，在鄂南无疑是绝无仅有。

吴立礼，字子初，历任提点两浙刑狱，官至殿中侍御史。《舆地纪胜》卷三十三"人物"载："吴立礼，字子初，中复之子也。为御史，直言不避，有父风烈。"据岳飞之孙岳珂《愧郯录》记载，元祐元年（1086）议南北郊，吴立礼与吕大防、苏轼、范祖禹等主合祭。吴立礼于元祐七年（1092）出使辽国途中，客死邢州（今河北邢台）。

吴家是"三代御史""四代名臣"，吴立礼因为英年早逝，在殿中侍御史的任上也时间不长，我们只知道他"直言不避，有父风烈"的整体形象，身为御史的具体作为，就不得而知了。作为一个历史人物，能使他在时光走廊里的形象更清晰、更丰满，是因为他还是一位书法家。

吴立礼的书法，也有乃父之风，承自盛唐，尤受曹魏书风影响。他存世的书法作品有二，一是西安慈恩寺雁塔西门门楣上的题名"吴立礼克礼再游"八字。二是在范仲淹《道服赞》后的题跋，所题文字为："获观文正公之词翰，淳重清劲如其为人，每展卷讽诵，未尝不想见风采。何名德之重，使人爱慕如此其深也？富川吴立礼题。"此赞刻入明文徵明《停云馆帖》、乾隆朝《三希堂法帖》等法帖。

清人吴升称"吴立礼跋，饶有古趣"。

叁　作为御史的朱廷立

朱廷立是通山历史上知名度最高的名人，他是高官，还是著名的诗人和学者。在他的官宦生涯中，担任的御史职务最多，时间也最长。他先后担任过诸暨知县、都察院御史、河南道监察御史、两淮盐御史、巡按北直隶御史、巡按顺天御史、四川巡按、四川巡按御史、浙江道监察御史、北直隶提督学校御史、南京太仆寺少卿、都察院右佥都御史、大理寺卿、工部右侍郎、礼部右侍郎。他在每一个职位上都能忠于职守，在御史职务上则更能体现通山人的性格。

四的年诸暨知县，政绩卓著，进京重用，当上了名字和意见能直接"上达天听"的御史。

在两淮盐御史任上，朱廷立除旧布新，革除积弊，尤其注重典章制度建设，颁行《盐法疏》《朱廷立禁约》《朱廷立自警九诫》，并主持编写进入《四库全书》的《盐政志》。巡两淮盐政1年，盐课岁增170万，皇上褒奖他"功勤可嘉"，并赐金币羊酒以示慰劳。

在巡按北直隶御史任上，真定府查粮辩冤、永平府平盗、弹劾汪鋐，都惊心动魄，刀刀见血。

朱廷立做御史3年，四次受到皇上亲自颁奖赏赐，但是，在弹劾汪鋐这件事上，他写的奏疏有事实也有偏差，皇上"给予宽宥，免受处分"。汪鋐是掌都察院事右都御史，正是朱廷立的顶头上司，朱廷弹劾汪鋐之时，正值他升任兵部尚书仍兼都察院事右都御史之际。汪鋐纵横宦海30多年，先后担任17个职务。最后一个职务更是显赫，世宗敕他太子太保吏部尚书兼兵部尚书，同时任吏部兵部最重要两部尚书者，明朝唯汪鋐一人。

得罪汪鋐的结果是严重的，正当朱廷立在征剿松潘南路黑虎五寨叛乱凯歌高奏之时，他被令"冠带闲住"，免官了。复职后，朱廷立将他自己写在家乡石牛潭绝壁上的"铜肝铁胆"四字，内化于心外化于行，为蒙冤屈死的河南巡按御史侯度正名，为多起冤案挑战虎狼成群的锦衣卫。

明朝的官场，暗流汹涌，危机四伏。复职仅3年，莫名其妙地被言官以"干进"罪名劾奏，诏令"革职闲住"。这一"闲住"就是17年，最后终老故里。

肆　剑眉铁面，形貌绝伦

陈宗夔与朱廷立同时代，和朱廷立是忘年交，今南林桥镇罗城村大屋陈人。明嘉靖十七年（1538）登进士，时年32岁，初授翰林院庶吉士，转授兵部给事中。

陈宗夔少时随父亲在茅田寺读书，窗外树上有个鸟窝。父亲担心他受"叽叽喳喳"

鸟叫声的影响，要他换个座位。陈宗夔把座位换了，不久就发现，鸟儿也换了窝，就在他新座位旁的树上筑了新窝。陈宗夔大发感慨，于是赋诗一首："暂将书剑此中留，理会先天性命悠。物色尽同春色好，文光高映日光浮。鸟觇征应还归我，鹗表朝阳占断秋。此处知瞻红日近，伊周事业拟同收。"父亲看了儿子豪气冲天的诗，把悬着的心放进了肚子里，一个有鸿鹄之志的人，岂能被几只小麻雀干扰得了。

陈宗夔于嘉靖二十八年（1549）任福建乡试考官时，正值大奸臣严嵩当道，被左迁为浙江兵备副使。嘉靖年间，沿海卫所空虚，军备废弛，倭寇逐渐猖獗。嘉靖三十四年（1555），倭寇大举进犯嘉兴，陈宗夔参与嘉兴府城保卫战，他指挥士兵坚守城池，巧计烧掉倭寇船只，迫使倭寇弃攻嘉兴城，转道乍浦，与驻守在王江泾的闽浙总督张经大军遭遇。张经挥师大破倭寇，斩杀倭寇近两千人，取得东南自倭乱以来最大胜利。当地人民曾建生祠纪念陈宗夔。

陈宗夔后由军职转为文职，任都察院监察御史，福建、广西巡按御史。巡按福建时点校刻印《通志二十略》。

古时有条件的人，到了一定的年龄就会请画师画一幅画像。陈宗夔画像成，朱廷立题陈宗夔像赞曰："剑眉铁面，形貌绝伦；武平两浙，文起八闽；尽心辅国，施泽惠民；为臣若此，纯乎其纯。"朝廷也为陈宗夔敕建了御史坊。

陈宗夔对朱廷立的文章和诗词也有极高的评价："大抵公之文，皆本性术，抒天人，醇粹古雅，自成一家言，《史》《汉》而下勿论也。""诗则写性情，托讽谕，婉丽冲则，有《三百篇》遗风。"朱廷立去世时，陈宗夔为朱廷立撰写《行状》。

在通山历史上，同时期出两位进士，这样的情况很少。朱廷立与陈宗夔两位通山进士，很难得地有缘在历史的长河中相遇。在他们那个时代，两个惺惺相惜的人，最会做的一件事情就是结为儿女亲家。陈宗夔把自己的女儿许配给朱廷立的三子朱之梅，只可惜，还没过门，女儿就死了。两个孩子虽然没有成婚，两个大人却是亲密无间的真亲家，虽然更多的是以书信交往。

朱廷立年长陈宗夔15岁，从现在能找到的资料看，他们的卒年相同。如果真是这样，那就是双星同殒了，那么在当时的通山就是大事件。

伍 徐纲是我心中的"流浪"乡贤

徐纲，字立子，号浴泉，湖广布政使司武昌府兴国州永兴县土塘人，今通山县慈口乡石印村人。明嘉靖十年（1531）中举，嘉靖二十三年（1544）登进士，外放西安府推官，后历任吏科给事中、北京光禄寺卿、应天府丞、顺天府尹、工部侍郎等职。

明世宗崇信道教。嘉靖四十五年（1566），世宗以道装御殿理事，令文武百官戴黄冠参朝。徐纲拒戴黄冠，他认为你皇上再怎么推崇道教，也不能自己并且要满朝文武都穿道士袍上朝。于是，徐纲冒死进谏，受廷杖濒死。他的忠直之举受到朝野一致赞赏。徐纲为人宽和、正直、廉洁，从政24年，官至工部左、右侍郎。隆庆二年（1568），他对当政不满，上疏告归，15年后在家中病故。

我一直视徐纲为"流浪"的乡贤。因为他是阳新人，只是在1950年他的故乡划归到通山，他在通山是没有根的。人们要深刻地了解一县，首先要看的就是县志，徐纲的事迹写在阳新县志里，通山县志里没有。与朱廷立相比，徐纲在通山可以说是身后寂寞、寂寂无闻，其实，他的官和朱廷立一样大。他当工部侍郎时，负责修造皇家陵园世宗陵寝，那是重大信任和重要职责。之前的顺天府尹，是行政司法大权聚一身的京城主官。从当官方面讲，他与朱廷立旗鼓相当。如今，通山有豪华的朱廷立墓，有热闹景点侍郎洞，还有一部后裔朱希敏写的《朱廷立传》，还有常年开展活动的朱廷立文化研究会。这一切，徐纲都没有，只因他是一位"流浪"的乡贤。

类似于徐纲这种"流浪"的乡贤，还有吴中复，他的故乡也由阳新划到通山。吴中复兄弟三人都是进士，他与儿子孙子三代都中进士，他们家族在150年间共有10人登进士，这在通山乃至鄂南再没哪个家族能出其右了。但是，因为他也是一位"流浪"的乡贤，他以及他的家族都没有得到应有的重视。

徐纲殁后葬于兴国陈竹林先贤山，在当地流传着很多关于他的传说故事。在故乡的民间，他是一位被神化的人物。

陆　貌丑命蹇情怀大美的生命

舒弘绪，今闯王王镇宝石乡舒家村人，明万历十一年（1583）登进士。任翰林院庶吉士，改授吏科给事中。"慷慨陈言，务尽其职，弹劾权戚，直声著于当时"。

他没有任御史之职，干的却是御史的活儿。

万历二十年（1592）正月，礼科给事中李献可会同六科给事中，疏请将11岁的朱常洛立为太子，出宫受教，神宗大怒。因神宗帝后无子，王恭妃生子朱常洛，郑贵妃生子朱常洵。朱常洛年长，按立嫡以长不以贤的礼法原则，朱常洛应被立为太子。但万历皇帝宠爱郑贵妃，准备立朱常洵为皇太子，甚至和郑贵妃一起到神殿宣誓。朝臣依据封建王朝"太子立嫡，无嫡立长"之制力争。神宗将李献可等皆处以廷杖，贬官一级，逐出朝廷。舒弘绪不顾神宗盛怒，继续直谏，奏曰"群臣可责，'豫教'必不可不行"。舒弘绪的咸宁老乡、同年进士、兵科给事中孟养浩也奏"五不可"。神宗更怒，斥责这些朝臣"疑君惑众，狂吠激上"，将10个给事中全部廷杖免职。

舒弘绪是个很苦命的人。他出生时，因为相貌奇丑，父亲舒蕴中将他弃之不养，祖父舒彦收养了他。年长一些，祖父赴任四川芦山县训导，他随祖父同往。祖父是个清官，还时不时用自己微薄的薪俸周济贫寒之士，卸职时，居然缺乏盘缠回乡。蜀道之难，难于上青天，在关山险隘跋涉途中，祖孙二人意外走失。舒弘绪一路要饭，历经千难万险，才回到通山。回乡后，祖父一心教他读书。20岁就童子试，知县谯田龙极为欣赏他的文章，拟为第一。

貌虽极丑，心灵和情怀极美。

也是这位谯知县赐其字为"崇孝"。孝祖理所当然，就是弃他不养的父母也一样的孝，再穷再苦，尽孝之心极诚。

他在县衙求学就教谯知县期间，经常翻越朦胧岭，当时他心里就暗暗发誓，将来有能力后一定要在朦胧岭山顶建一座茶亭，服务翻山越岭的行人。后来，他果然在这里建了一座茶亭，还雇请一户人家管理，购置田地供茶亭运行之用。致仕后，他热心公益，修宗祠、建庙宇、立牌坊、办学校，他都积极参与。由他主持和多有出资修建的舒氏宗祠，至今矗立于宝石村。舒氏宗祠三重庭院建筑面积999平方，高门大柱，气度非凡。

故乡与官位，在舒弘绪的心里，故乡常常要重于官位。"拜官后，以答谒过京兆郡治，忽于马上见西山苍翠清爽，顿起故园之思"。当时，他居然动了辞官归里的念头，是挚友的力劝才让他放弃此念。舒宏绪遭削职之后，放志于诗文山水之间。他在家乡宝石村"扫茅斋一区，窗棂四辟，置古书数卷几案间，名之曰行意草堂"。他非常厌恶"同己者好，异己者憎，狡而善官者始跻显荣"的官场风气，自得于"深山夜静，万里无云，月色照人，山光映水，青泉煮茗，绿樽浮白，亭亭物表，皎皎霞外"的恣行其意、自由自在的田园生活。

舒弘绪在朝为官十年，在故乡的行意草堂闲居了二十多年。他于1615年辞世，享年63岁。朝中关于"国本之争"一直并未停止，大臣们经过长达30多年的前仆后继抗争，终神宗皇帝妥协。只是一生倒霉的朱常洛（光宗），登基后一个月就驾崩了。儿子天启皇帝即位后，豫教案才烟消云散。天启感恩，把由此案牵涉的大臣全部平反敕封，追赐舒弘绪为"光禄寺少卿"，授中宪大夫，并赐"天垣补衮"匾一道。"补衮"就是补救规谏帝王的过失。御史郭惟贤到行意草堂瞻仰舒弘绪遗像时，题字"正色立朝"。

今天，在破旧的行意草堂里，还挂着"正色立朝"的匾牌。在舒家村村口，建有高悬"天垣补衮"四字的牌坊。在北山飞龙寺里，还有舒弘绪捐铸的铜质大钟，成为镇寺之宝。他在飞龙寺读过书。在朦胧岭山顶，还有舒弘绪捐建的茶亭遗址。

舒弘绪是通山县唯一在《明史》中有传者。

心有千千结　结结在此山

只有与山共情的人，才真的懂山，也才会真的爱山。

王安石也只有在他登临过人生巅峰，阅尽过岁月河流的千帆竞渡，才能写出那样的《游钟山》："终日看山不厌山，买山终待老山间。山花落尽山长在，山水空流山自闲。"二十八个字中有八个山字，八个山又平均分配在四句诗中，大概是艺术形式上的空前绝后。

在王安石的心中，只有山才能永恒，只有山才能自在。

过去几十年，我对通山的印象都是贫困。最近一年，到通山采风采访达 30 次，每到一次都会增加一些了解，越了解就越喜欢通山。所以，对那些特别喜欢通山的外乡人，我也特别能理解。

壹　三位过客的千年颂诗

蒋之奇对通山的爱是一见钟情的那种。一见钟情的发生，主体一般是多血质者，客体一定自带光芒内蕴美质。

蒋之奇写过一组三首诗《我爱通羊好》："我爱通羊好，青山便是城。白云深处宿，一枕玉泉声。我爱通羊好，烟霞冰玉间。不须乘羽驾，飞入翠屏山。我爱通羊好，山深不染尘。数家原上住，疑是避秦人。"

由于这首诗写得形象生动，把山写活了，把景写神了，清纯脱俗，深得通山山区要义和窍奥，又朗朗上口，不但让读者爱读，更激发了诗人们的创作激情，涌现了不少诗人的"步韵"之作。

接着蒋之奇之后流传下来的是张根"次韵"一组三首："我爱通羊好，楼高如锦城。青山常在眼，洞水不流声。我爱通羊好，双泉咫尺间。不须寻谢屐，步入九宫山。我爱通羊好，宗英迥出尘。文章与政事，今复见何人。"

流传下来的第三组是李传正写的："我爱通羊好，居民山作城。眼前无俗事，枕畔有滩声。我爱通羊好，回环云水间。重峦与叠嶂，真是翠屏山。我爱通羊好，清无一点尘。峭山多洞户，樵牧识仙人。"

蒋之奇，江苏宜兴人，在殿中侍御史任上，曾弹劾欧阳修。康熙四年《通山县志》载，蒋之奇于宋神宗熙宁间以监察御史知通山县。文史学家王亲贤认为，宋史蒋之奇传没有蒋任通山知县的记载，蒋的履历缺乏任通山知县的时间。通山县志的记载是孤证。王亲闲推理，蒋之奇是任江西转运副使期间来过通山，因为那时的通山县隶属兴国军，兴国军属江西路。从北宋乾德二年（964）置县，到南宋祥兴二年（1279）宋亡，其间三百一十五年，有记载的通山知县只有七名，蒋之奇排在第一位。兹事体大，王亲贤不敢擅自推翻，综合推理，即使任过通山知县，也极短暂。这样，蒋之奇也只能算一位通山的匆匆过客。

张根，江西德兴人，元丰五年（1082）进士，官至龙图阁直学士。张根也可能是在提举江西常平司时到过通山。

李传正，江苏溧水人，徽宗大观年间为大理少卿，高宗建炎元年（1127）任淮南转运副使。史志所载李传正生平疏略，与通山的关系更难弄清。

三位过客的《我爱通羊好》，成为通山的文化符号。

因为有了这三组诗，南宋绍兴二十八年（1158）年，通山知县顾立建爱山堂。"爱山堂，在县治西"，取前人"我爱通羊好"诗意。

四百年后的明嘉靖二十六年（1547），福建连江人林金出任通山知县，加上通山朱廷立等文士的唱和，爱山堂的诗酒风流被推上高峰，其文化意味也进一步凸显。

林金是一位政绩卓著的知县。他在通山知县任上七年，修缮并扩建了学宫，也即今天的圣庙，还建了东西两座城楼，改变了盗寇对县城长驱直入的历史，再就是留下一部诗集《爱山堂集》。集中之有不少"爱山"之作，也有不少得于爱山堂雅集之作。林金请文朋诗友朱廷立为《爱山堂集》作序。

《我爱通羊好》是千年来被通山人吟诵最多的诗，没有之一。当通山人吟诵此诗时，比吟诵任何一首唐诗宋词都来得亲切和自豪。

贰　山不会转命运却在转，两个家族的千年传承

东晋时，孟子第二十二世孙孟嘉任永兴（今阳新）县令，到任后就在当地定居下来，由此开启孟氏家族在江南繁衍生息的历史。孟嘉殁后葬永兴，墓地在今富水水库大坝东北的孟嘉山。

孟嘉的轶事典故"孟嘉落帽"成为千古美谈。唐诗人元稹语曰"登楼王粲望，落帽孟嘉情"。明"后七子"之吴国伦为孟嘉赋诗："为问阳新令，谁知孟氏贤，孤坟不可吊，虚识永和年"。孟嘉是二十四孝"孟宗哭笋"中那个孟宗的曾孙。孟嘉第四女嫁陶渊明之父，陶渊明是孟嘉的外孙。明诗人康与之的两句诗则写到他们祖孙两人"落帽孟嘉寻箬笠，休官陶令觅蓑衣"。

孟嘉这一支定居阳新后，子孙于唐宋时期多为武官。

北宋初年，北方契丹族、党项族等游牧民族强大起来，对中原王朝虎视眈眈，大宋边患不断，尚武的孟氏后裔纷纷投身保家卫国的战场。第四十一世孙孟庚因战功累官至西京留守，封咸宁郡王。孟庚生子孟忠厚，因战功封信安郡王。杨家将杨六郎帐下的忠勇干将孟良，其原型大概来源于孟氏族人。

北宋后期，女真族崛起，建立金国，与中原分庭抗礼，战争频发。第四十二世孙孟忠厚之子孟世宁以抗金为业，任大宋卫营司都统制官。第四十三世孙孟世宁生子孟安，跟随名将岳飞抗金，升任武卫大将军。第四十四世孙孟安生子孟立，孟立生子孟林，父子二人在岳飞遇害后驻防随州一带。孟立封安定侯，孟林封武阳侯。第四十六世孙孟林生子孟宗政，任军中都编制，随军镇守荆襄，因军功累赠太师，封永国公，追谥"忠毅王"。第四十七世孙孟宗政生九子，俱从军抗金。其中，第四子孟珙称当世名将，参与了南宋与蒙古联合灭金的战争，厥功至伟，追谥"忠襄王"。第七子孟珠与弟孟延在同一支军队并肩战斗，灭金后又参与抗元斗争，在襄阳汉水之滨鏖战五年，最后双双为国捐躯。

孟珠阵亡时，夫人刘氏已身怀有孕，随流民沿江东下逃亡。后来逃入永兴境内，来到一座大山下，鸡鸣之声此起彼伏，孟夫人产下一子，是为孟级。这座山是吉口里的吉口山，此地距先祖孟嘉生前任职的永兴县城和身故所葬之地都只有30公里。母子二人遂隐居于此，并将吉口山改名为鸡口山。如今这里形成了通山县孟姓人口最多的自然塆，就是今天的黄沙镇孟垅村大屋孟塆。

第二十二世孙孟嘉初来永兴，那时的县城在慈口前面的阳辛镇，孟嘉的坟墓也在

附近。兜兜转转几百年，第四十九世孙孟之级又出生在几十公里外的孟垅。不知是乡情的牵引，还是命运的感应，他们不知不觉回到了先祖之地。

第五十八世世公道、公敬兄弟二人于明成化年间迁居西庄石屋坑，至今繁衍了二十余代，延衍到第七十七代。迁居之初，举步维艰，孟氏先祖以石筑屋，故名石屋坑。石屋坑今属黄沙镇西庄村。

程京，是南宋初年通山知县，是位很憋屈的知县。

程京，字梦龙，浙江金华府人，生于北宋崇宁元年（1102），南宋建炎元年（1127）登进士第，授通山县正堂。两部清朝县志关于他的记载都极简。康熙四年《志》载："建炎丁未，程京，金华人。知县事，因家焉"。同治七年《志》云："金华人。建炎丁未年任，后家于此"。

"因家焉"和"后家于此"，都是说，程京致仕后在通山安了家。据家谱记载，程京把家安在了龟墩黄泥垅。

先说他为什么致仕。宋朝的县分十等。一至四等县为首都、陪都城内及附近的县，依次分为赤、畿、次赤、次畿。五至十等县以户口多少依次是：四千户以上为望县，三千户以上为紧县，二千户以上为上县，一千户以上为中县，五百户以上为中下县，不足五百户为下县。每三年升降一次。

当时通山为中县。因受李成叛军冲击，人口锐减，建炎四年（1130），通山县被废为镇，回到羊山镇建制。当了三年知县的程京，县没了。他的去向朝廷当然会有安排，想当初他一进士出身，只安排通山这样的中县知县，现在县被废了，还会有好安排吗？所以，程京干脆不干了。

放牛伢把牛放丢了，程京的挫败感可想而知。别人大多是三十多岁才考上进士，程京二十五岁就考上进士了。说好的衣锦还乡，却混了个无颜见江东父老，程京不愿回金华老家。

哪里跌倒哪里爬起，那就在通山东山再起吧。有进士的闪光头衔，有满腹经纶的学识，随便办个经馆，学生都会趋之若鹜。下一步就是要找一个山好水好的地方治愈和奋发。

龟墩是一片好山水。

朦胧岭是当时通山境内重要通道。明万历间知县张书绅《朦胧岭》诗云："清风飒飒扫朦胧，万木苍苍一径通。霞绮青霄笼翠壁，琼烟碧汉罩瑶空。白云冉冉思何极，红日昭昭色正昽。忆昔爱山遗胜迹，令人千载挹高风。""爱山"指明嘉靖年间通山知县林金，他也写过一首《朦胧岭诗》，也是极言朦胧岭风光之美。

从朦胧岭猪头尖发源的小河，名叫朦胧源。自北向南在两山间逶迤而行，经朦胧源塆、龟墩源塆，到龟墩，在白土嵛汇入桐港河的中游花纹河，桐港河在汪家畈汇入宝石河，宝石河的前方是横石河，横石河的前方是富水河。

看看张绅的诗，我们就知道龟墩的山有多美。听听这些河流的名字，我们也知道龟墩的水有多美。这里不单河名美，地名也很美。当地民谣唱道："一进岩山猪头尖，一股泉水流万年。向天狮子飞天凤，仙鹅抱蛋蛇溜洞。雾露纷纷朦瞳岭，乓乓乒乒是响洞。"这是娘家在岩下山熊家塆的熊金叶告诉我的民谣段子，在六句话里嵌进了当地的八个地名。熊金叶说，这首民谣是熊家塆宋代读书人熊丹贞创作。如果熊丹贞早于程京或者与程京同时代，那么，程京就有可能听到过这首民谣。

朦胧源全长八公里，自岩下山舒家塆、熊家塆，经龟墩到白土嵛，纵贯龟墩村全境。朦胧源在青翠的山坡中自由流淌着，与一条大道垂直相交，大道以一座石桥诗意地跨河而过。这是一条连贯佛道圣地九宫山和杨芳林瑶山、崇阳白岩山茶山的大道。在大道与小河交界处，就是龟墩，龟墩东一华里处是黄泥垅。程京就是把家安在黄泥垅。

在龟墩，已经沉淀为文化底蕴的东西还有不少。

龟墩东一公里处，是黄泥垅巡检司所在地。《明史志·卷二十地理五》载："通山，州西少南。东南有九宫山，宝石河出焉，下流合于富水。东有黄泥垅巡检司。"志书里的"东有黄泥垅"方位介绍堪称准确，现在黄泥垅在县中南，因有洪港和燕厦在东面顶着，当时通山不含洪港和燕厦，黄泥垅的确在县东。

大概是在程京后裔迁离龟墩后，芭蕉塆焦姓一支迁来龟墩。明弘治二年（1489），龟墩新桥门人焦志策因致力公益，"有司有闻，朝廷随敕"，受封"义民冠""议事大夫"。后世称新桥门为"龟墩义官门"。义官，就是受了皇封，不领俸禄，为朝廷办公差的散官。这个义官门主要为朝廷屯粮、守粮，配士兵一到两人。

程京后来有什么业绩，我们并不知道，因为年代久远，整个通山县志基本没有记载什么宋人的业绩。程京的后裔却在龟墩瓜瓞绵绵，人丁兴旺，繁衍生息了二百六十年。洪武二十五年（1392）程京后裔一支迁往高湖小源村，一支迁杨芳林遂庄村。不含后来迁徙陕甘的后裔，通山县还有程京后裔二千三百多人。

朦胧岭最早叫朦瞳岭，为纪念程京曾经叫过梦龙岭，朦胧源也叫梦龙源。因为程京字梦龙。后来衍化成朦胧岭，倒是合了最初的朦瞳之意。

通山历史上的六都，含今闯王镇全部、九宫山镇大部、厦铺镇花纹村和竹林村。现在的六都人，有句俗话说的是"过了朦胧岭，气也醒"。意思是说翻越朦胧岭要这么长的时间，即使相互间闹了不愉快，气也消了。更深的意思是，过了朦胧岭又是一片新天地了。

地名融进了俗语，这就是一个地名深入到地方文化骨髓的表现。

在今天通山两千多程京后裔中，我认识其中一人，他就是乡土作家程志辉。他搬出家谱，才让县志里寥寥几个字变得稍微丰满些。

叁 两位客籍县官直把通山当家山

古时通山，少有名人踪迹，名宦更稀。明清以来，知县多以举人、贡生充任，少有进士担当。清代却有两位进士出身的知县，都是当世名士，青年才俊，一位是创立了罗峰书院的陈钧，一位是战死通山葬在通山的陈景雍。

陈景雍，河南商丘人。他的家族"自明时为河南大族"，祖上曾出"明末四公子""江左三凤凰"等人中龙凤。陈景雍"少有异才，游江南东西，大河南北，遍交同时知名士"。"君少负才，为诗一日百篇，思汪汪如泉涌火然，坐人皆惊"。乃奇才一位！

陈景雍于咸丰二年（1852）考中进士，时年32岁，于当年底奉委通山知县。

通山是穷县，又当风雨飘摇的时代，他是临危受命，面对的是太平天国运动。有时甚至无米下锅，只好典当衣服买些杂粮果腹。母亲宋太夫人、妻子胡夫人，也将簪珥之类，拿去换钱。婆媳二人，还要日夜缝制寒衣支援前线。

县中一些人士来见他，每每留下喝酒。对酌中谈到民间疾苦，谈到横行乡里的恶人，马上捕来。一面饮酒，一面审讯，罪大恶极者，当面赏他一碗酒，喝了酒就斩掉。社会治安立见成效。

民国郭则沄在《十朝诗乘》中评价陈景雍"可谓以诗酒为政矣"。

陈景雍任通山知县的第一要务是抗击太平军。对内保境安民，对外完成武昌府下达的军粮征集任务。在九宫山、界水岭等关隘构筑堡垒，派人坚守。又劝谕百姓打制武器自防，还派谍报人员四处侦察敌情。

咸丰四年春，太平军发动西征，武昌府所属十县，全都被太平军包围。

陈景雍深感守土有责，决心严防死守。

正月，县境南部蠢蠢欲动，图谋响应太平军。陈景雍率领兵勇出城，驻守太阳山。因为通山县城没有城郭，又无驻军，守也无益。正月二十一日，太平军总制吴如孝"由兴国大畈入境，袭县城，毁公署、常平仓及城乡庙宇、民房"。

陈景雍前往省城求救，省城早就被包围，数日不得入城。欲求邻县支援，邻县县官或死或逃。于是，他从偏僻的小路来到江西修水，借兵百名，派表弟吴超在修水募集一百人，派族弟陈福增到南昌借军械火器，准备反攻县城。

人马军械到位后，陈景雍与县城里的乡绅张铭约为内应，当即率众向县城进发。来到杨芳林，与小股太平军相遇，陈景雍麾兵进击，大败之，生擒数十人，斩于军前。县城里的太平军发现张铭与官兵密谋，将张铭五马分尸。

陈景雍行至藕塘，发现家家门户紧闭，有一家大宅院，外面上了锁，兵勇要做饭，便撬了门进去。只见堂屋摆着十几桌酒席，都冒着热气，却空无一人。从厨房里搜出一老太太，老太太见是县官，大惊道："大人要到哪里去？现在四面都是长毛，官军孤军深入，三岁小孩都知道危险。这些酒菜是为长毛摆的，刚才看见官军来了，他们跑到城里报告去了。您快走吧，再不走就来不及了！"

陈景雍对老太太说："多谢了，老人家！我受命守土，死是分内的事。湖北全省糜烂，没有死节殉志的人，不能振作人心。现在虽说寡不敌众，但偷偷地走了，我无颜面对下属。请老人家劝告乡亲，忍耐些时日，不要受长毛欺骗，白白受其蹂躏。"

于是，取过酒来，独饮数十杯，叫随从士卒饱餐一顿。出门继续前进，在大城山南麓中了埋伏。数千太平军包围过来，锋刃相接，兵多死伤。景雍亲手发炮，弹药用尽，冲入敌阵。太平军攒矛直刺，乱枪齐下，景雍奋力格斗，力竭身死。同时遇难的还有他的伯父陈鳞，堂弟陈福增，表弟吴超，仆从栗寅、张信宗、李廷邦，以及义勇二十七人。时在咸丰四年三月二十七日。

陈景雍死时年仅三十四岁。敛尸时，在他的衣带里发现了《绝命词》和《剿贼节略》。

《绝命词》云："我世贞洁，传烈眇躬。效能一官，逢此百凶。治惠未孚，远往忽诸。生死在予，敢舍而渝？永负君亲，遑恤一己。宜葬两崖，以佑六里。"

陈景雍任通山知县虽有三个年头，实际只有一年多点时间。他忠于职守，以身殉职。中国人向来注重魂归故里，安葬家山，陈景雍却有"宜葬两崖，以佑六里"的遗愿，表明他对通山这片土地和人民的热爱，他要永远和通山在一起。

县城收复后，陈景雍弟弟送来景雍夫人张氏之丧，将夫妇二人合葬于县城枫梓山会仙、望仙两崖之间。他的葬地，系本地绅士陈书绂敬献。通山史上最负盛名的朱廷立号"两崖"，两崖洞是朱侍郎读书处，也是通山人民的精神家园。通山人民众望所归地让陈景雍魂归心宿之地，实现他"以佑六里"的夙愿。

南下干部李化民，河北衡水人，1921年生。

1948年春，李化民随解放大军南下到湖北工作。1951年秋，调通山县公安局，因读过几年私塾，任秘书股长。此后在通山工作几十年。

李化民当过五届县委常委、二十五年宣传部部长。曾主持创建造纸厂、化肥厂，为当时县域经济挑了大梁。

1973年，修筑九宫山公路。那天，李化民和几位同志一起上山巡视建设工地。来到狮子坪，正遇民工挥斧砍伐一棵松树，于是高喊"斧下留松"。他觉得这棵松树形态特异，与众不同，要好好保护，说不定将来会成为九宫山的特殊标志。后来，他还为这棵松树写了一首打油诗："九宫山上一棵松，它与众树不相同；当年开发九宫路，此松险些丧了命。已被路工砍数斧，幸遇上山行路人；劝阻路工留此松，今迎宾客誉神州。"

此松正处在进入核心风景区的入口。她高大挺拔，高逾三丈，主干粗壮笔直，树冠青苍滴翠。树冠一侧却向山下来路的方向深度倾斜，如同向游人鞠躬行礼，后被称为九宫山迎客松。迎客松在狮子坪站立了三百年，游人看到她，就知道转过一道山弯就是核心景区了。迎客松成为游客打卡地，拍照留影优选景观。毛泽东女儿李讷评价："这棵迎客松的造型比黄山的那棵还要好，尤其显得亲切怡人！"

李化民分别给在通山出生的三个儿子取名为：鄂通、鄂山、鄂南。九十四岁时，李化民出版了一本回忆录，书名就叫《我是通山人》。

1983年，李化民离休。衡水老家地委请他回老家安度晚年。在武汉定居的大儿子和大女儿很想他到武汉生活。李化民心中却有一堆的不舍，继续留在交通不便、医疗水平不高的通山。

百岁那年，李化民去世。根据他的遗愿，经县委批准，骨灰的一部分葬在九宫山迎客松下。倪霞参加了葬礼。围着迎客松挖一圈沟道，和着花瓣一起葬下。

肆　两位北方之子的长梦归处

大幕山不但是可以放飞心灵的地方，还是可以安放灵魂的地方。有两个杰出的灵魂就把自己的灵魂安放在这里，安放在大幕山主峰甑背岩下。

他们都是北方人。

李振周，山东临清（今河北临西）人，1920年生。南下干部，从1950年5月起，在通山当县委书记十五个月，离休后在大幕山林场义务植树二十三年。

离任通山县委书记后，李振周历任湖北省统计局副局长、局长，省劳动局局长，1983年退居二线。在家休息几个月后，在大幕山杜鹃花和野樱花漫山开遍的春天，六十四岁的李振周来到大幕山林场，来义务植树。

他在柳杉湾选了一百亩荒地，作为他造林的第一站。让大幕山林场所有职工大惑不解的是，他不住林场招待所，竟请人在柳杉湾搭了个竹屋，就住在这里，为的是和基地近一点。竹屋造价两千六百元，他自费。以后每两三年竹屋翻修一次，也一律自费。进山时，他就和县政府签订一份协议：我上山植树，一切生产资料生活资料自理，不要照顾，不要补助。造林成材后，一切归大幕山林场所有，不计名利，不要宣传。

他一锄接一锄地开垦荒山，一棵接一棵地栽下树苗，他流下的每一滴汗水，他倾注的每一缕心血，都化作树的营养。八年过去，一百亩造林计划完成。1992 年，李振周又提出万亩造林计划，他担任指挥长，从勘察、规划、施工到采种、育苗、垦复、栽树，始终冲锋在前。他拿着一根长木棍，跑遍了所有山头，两百万株树，每栽下一棵，他至少去看三次。二十三年过去，他亲手植树一百亩，带领林场职工植树一万亩。

劳作间隙，李振周偶尔会缓缓登上甑背岩，站在大幕山的主峰深情眺望祖国的北方。李振周的父亲在 1950 年代去世，葬在武汉扁担山公墓。他在大幕山倾注了整整 20 年心血后，将自己的生命完全融进了大幕山，他将父亲生前极喜爱的一个笔筒和一些衣物，埋在了大幕山。那是甑背岩东侧的一个山坳里，一块天然山石的北面，镶嵌着一块小小的大理石，上刻"父之衣冠冢"五个大字，并附有一段清晰的文字："此系大幕之巅，清风明月，白云蓝天，苍松翠竹，山花烂漫，吾父英灵之长息地也。儿亦永久伴随于此。此处山高望远，于此可以遥祭长眠于北国大地之老母，亦可远望生我养我之故乡于千里之外也。呜呼！儿振周，公元二零零四年刊"。

2007 年，李振周告别了大幕山，他已是八十七岁的垂垂老者，连最轻的锄头也举不过头顶了。告别是艰难而不舍的，老人知道，再回大幕山，将是另外一种方式了。不到两年后的 2009 年 1 月，李振周去世。他留下遗嘱："将我的骨灰撒在大幕山，不立碑，不堆坟头，更不能浪费大幕山林场职工的心力！"人们把他的骨灰撒了三处：柳杉湾的竹屋旁、父亲衣冠冢里、上甑背岩的路边。

另一位是曾担任湖北省委书记十二年的关广富。关广富 1931 年生于黑龙江省穆棱县（今穆棱市），1964 年到湖北工作。关广富在职期间，曾在通山县办过农村社会主义教育试点，对通山的柑橘生产、大理石开发、旅游发展，都倾注过大量心血。2007年离休后，多次到过大幕山林场，还到柳杉湾的竹屋去过两三次，凭吊李振周，赞叹李振周了不起，是杰出的造林英雄。

关广富的墓地在甑背岩南面，一个十来平方米的小平地。没有坟头，只有一块圆溜溜的石头上刻着十个鲜红的大字："青山永在，绿水长流。广富"。字是关广富手迹。

墓地也是关广富生前选定。

伍　两位科学家对库区橘农的不了情

那是 1981 年夏天，邓必贵以省农科院果茶专家身份来通山考察柑橘生产。在大畈和慈口等地，他看到一些库区移民居然衣衫褴褛，还有很多人居住在茅屋里，更有甚者还住在窑洞或石洞里。他内心极不平静。库区有柑橘生产的气候小环境，但是，富水库区的两万亩柑橘总产只有四十万公斤，亩产只有二十公斤，每棵大概只结半斤果子。自己作为柑橘专家，有责任帮助库区农民脱贫致富。

邓必贵决定移师富水水库，并动员同是水果专家的妻子罗静一起来。还留在秭归是锦上添花，但通山更需要雪中送炭。

他们在下杨西坑潭驻扎下来，开辟了十二亩柑橘试验园。邓必贵自己都不知道，这一蹲就是三十多年，前二十年每年至少要待十个多月。

下杨村如今 71 岁的吴礼海老人说："当时五个果园分布在下杨不同的山头，两口子每天都要上山查看。一个来回就有十多里路，风雨无阻！"

很长一段时间里，他们点煤油灯，自己挑水吃用，自己开荒种菜。青黄不接时，就吃自己腌制的酸菜。可是，明明长势很好即将收成的蚕豆黄豆禾，却被他们整片地砍倒，然后沤在柑橘苗底下作肥料。当地农民以为这是暴殄天物，有的不解，有的还愤怒。

两位研究员则耐心地为他们讲解，豆类禾苗沤肥，既增强橘树根部营养，又可提高柑橘糖分，可实现丰产优产。不久，橘农们就尝到了邓罗教授种出的橘子，是怎样与他们种的不同。从邓罗教授那里把育苗技术学到手的吴礼海，如今每年还能通过卖柑橘苗收入十多万元。吴礼海不无骄傲地说："生活过得相当富足！"从前，他们大多数库区移民一样"长年住在泥巴房，月月吃着供应粮，天天穿着破衣裳"。

邓罗两位研究员，其实只用三年时间就完成了省科委下达的"柑橘选种优质栽培、柑橘贮藏保鲜、万亩柑橘丰产示范片"系列课题，但是，他们自己已经离不开通山了。他们培育的优质橘苗被橘农争相栽种，他们每次开办培训班都会全场爆满。多年来，经他们课堂培训和橘园现场手把手教的橘农，累计超过十万。早在 1991 年，当时的县委书记龚安邦来到他们的西坑潭小屋，只为送一副对联"十年艰苦传科技，万户橘农赞邓罗"。邓罗培育出了许多柑橘优质新品种，包括获得省、部优质奖的"龟井"一号。十年间，通山柑橘由两万亩发展到六万亩。亩产由二十公斤，提高到亩产一千五百公斤，提高了七十五倍。一则民谚在富水库区流行："靠柑橘娶新娘，靠柑橘换口粮，靠柑橘上学堂，靠柑橘建新房"。

邓罗同年出生，他们来通山的那年才四十八岁，1993 年，他们双双退休。在职时，他们带着项目经费来支农，退休后他们自费来推广技术。他们有限的退休费三分之一过生活、三分之一看病、三分之一扶贫。橘农们看到，他们尊敬的邓罗教授日渐缓慢的身影，背负着略显沉重的行囊在库区山路间行走。2003 年，省农科院党委书记陈德贵，来看望两位退休了十年依然奋斗在科技推广一线的邓罗研究员。当陈德贵看到他们住了二十二年的小瓦房，已经很破旧了，当即表示拨款一万元维修。

罗静于 2011 年因病去世，邓必贵独自一人还在通山忙乎了三年，直到 2014 年才从西坑潭小屋搬出。

1995 年，夫妇俩被省委省政府授予"山区建设劳动模范"，同时获国务院"全国十佳扶贫状元"提名奖。2004 年 11 月，邓必贵被评为"全国先进老干部"。

1996 年，省农科院创建"必贵园"，园内石碑镌刻着这样一句话："学者为天下苍生谋利，则民必以之为贵"。园内还植有五棵高大的桂花树。邓罗当年驻扎西坑潭基地时，亲手栽下十棵桂花树。通山县委县政府得知省农科院创建"必贵园"，从邓罗基地移植转赠其中五棵桂花树，以此纪念和传承"必贵精神"。

他们退休时，移民美国的儿子就请他们去美国生活。妈妈去世后，他们更是一再请孤身一人的爸爸去美国，邓必贵也不为所动。

2021 年 4 月，湖北幕阜山研学营地在西坑潭动工建设。营地占地五百亩，建筑面积三万八千平方米，预计总投资两亿元。规划建设综合实践教育训练区、水陆安全教育区、主题教育场馆区，劳动教育种植养殖区、手工 DIY 制造加工区、积木搭建生存区、亲子教育互动区、国防教育训练区、户外拓展体验区等，具备一次性接待一千五百名中小学生开展学军、学工、学农、研学等一体化综合实践活动能力。

遗憾的是，邓罗的小屋已被拆除，本来应该整体搬迁，在营区内择地原样复建，加以保护。好在，邓罗的柑橘试验园还在。邓罗的科学试验笔记本、各种奖状以及一些富有年代感的生活用品，也移交给营地，拟辟专门场馆展示。

陆　两位才子的前世今生

王致远是天津人，却被公认是"通山通"。通山土著，无人赢得此头衔。

王致远 1925 年生于天津市一个贫民家庭，少年时当过码头苦力、轮船锅炉工。

1949 年 1 月，随国民党部队在华北战场起义，旋即加中国人民解放军，改编后被保送到华北革命大学学习。后参加中国人民志愿军，在 15 军文工团当创作员、编导，兼职战地记者。参加过著名的上甘岭战役，荣立三等功。1954 年 3 月，转业到通山县百货公司工作。两年后，任县文化馆馆员，开启专业从文道路。

1950 年代，王致远所编剧目《血泪宗祠》，在全县巡演一百多场次。他作词的民歌《荒山变成聚宝盆》，在《湖北民歌》发表。1960 年代，主持通山民间文学收集整理，行走通山各地村塆，深入茅屋瓦舍与村民谈天说地，搜集民间文学在《民间文学》《湖北文艺》《布谷鸟》等报刊发表搜集整理成果。"文革"期间，下放到通山县最边远的三源大队，白天接受贫下中农再教育，晚上奋笔疾书。他是个多面手，独幕戏《春笋》1965 年到省汇演，省电视台播放。他的书画作品也登过中国美术院展览厅的大雅之堂。

从 1981 年起，主编《通山地名志》，1983 年 12 月成书。这是通山第一部地名专著。力求对每一个地名的含义、归属和方位都讲清楚。对每一个地方的地形、特征、物产以及历史上的重大事件和人物等，也都简明介绍和反映。

他庆幸自己青年时代就来到通山，吃通山的红薯，喝通山的山泉，古老文化的精神食粮，纯朴的民情风俗，让他对通山有着炽热的爱，对通山文化着了魔的迷。

1982 年，王致远当选县政协副主席。从这年冬开始，主持编纂通山县中华人民共和国成立后首部县志。本志上自 1840 年，下至 1985 年，纵跨一百四十五年时间。编县志，他也是头一回，他先行一步深学精研，自己编写了二十六万字修志辅导讲稿，亲自授课，培训一百五十多名修志人员，打造一支"史知、史识、史德、史方"队伍。八年青灯黄卷，八年呕心沥血，县志于 1991 年由中国文史出版社出版发行，计三十卷，一百万字。

跋涉者脚步永远不会停歇。1990 年代，王致远致力于李自成殉难通山的史料研究。为了求证顺治三年四月二十四日至五月七日这十三天当中李自成的行踪，他多次沿着大顺军在赣北和鄂东南行进路线，进行寻踪访迹。历时三年，写成《李自成至通山路线考》《李自成后期军事行动》等论文，为李自成殉难通山的历史事实提供有力证据，受到姚雪垠、冯天瑜、张国光、王春瑜等史学家赞赏。王致远曾三次赴北京参加"李自成归宿问题学术讨论会"。1994 年，第一次进京初会湖南"石门说"。1997 年，再进京城舌战"出家说"。2001 年，带去《李自成殉难九宫山史证》《李自成归宿研究专辑》等史料，成为中央电视台制作《九宫揽胜》《烟波乙酉》《棒槌岂能当针》等电视专题片的蓝本。

王致远发现，1939 年至 1945 年间，通山境内发生了多次重大抗日战斗，主持编纂《通山文史资料》（抗战史料）第一辑，填补了一段历史空白。接着，他把通山的历史梳理了个遍，共编辑出版《通山文史资料》六辑。

王致远好像无所不能，只要是与文化沾边的事，都由他挂帅。九宫山升格为国家级风景名胜区，也是他挑起申报重担。为通山旅游资源开发编写几十份资料。他又一次办培训班，开讲座，培训导游人员。通山县第一批几十名导游，都是他的学生。

王致远于 2004 年去世，终年七十九岁。

杨华美经常说他是袍哥之后，他的爷爷是哥老会成员。因为他爷爷被人称为杨老爷，所以，他说他自己的人生不如爷爷成功。

抗日战争时期，日军占领武汉后，欲图长沙。中国军队在幕阜山区布兵阻击，以至中国军队和日军在鄂南相持对峙七年。与日军在鄂南展开拉锯战的中国军队主要是川军杨森部。

日军驻兵横石，于寨头后背山修筑了两座炮楼，派兵驻守，小部队驻扎于寨头王氏宗祠内。

一次，川军与日军发生激烈战斗，一枚飞弹击中一名村妇的腹部。村妇的伤口像个小碗口大，肠子都流了出来，情况危急。战斗结束，川军全歼寨头日军。村民找川军求救，随军的杨医官为村妇进行了抢救治疗。后来，杨医官一直治疗至村妇枪伤痊愈。

杨医官的医术和人品，让他与寨头乡亲结下好人缘。日军投降后，川军撤离，杨医官悄悄开了小差，没有随部队回四川老家，而是留在了寨头村。杨医官在寨头一带以行医为业。杨医官中医西医皆通，成为方圆几十里响当当的名医。杨医官与寨头的一位姑娘结婚成家。

杨医官夫妻俩生育一儿一女，儿子就是后来通山县文化名人杨华美。

杨华美创造了通山文化艺术方面的许多第一。他于 1980 年在《芳草》杂志发表短篇小说《宝山行》，这是通山作者在省级报刊发表的第一篇小说。2013 年，通山县第一部微电影《天眼石》拍摄成功。《天眼石》根据"民国第一清官"、南京市市长、通山籍石瑛先生清政拒腐事迹编创。编剧的第一作者就是杨华美。《天眼石》获湖北省检察院一等奖、中国最高检察院优秀奖。

杨华美还创造了一个全省第一。1986 年 9 月 28 日，通山县文联成立。这是全省第一个成立的县级文联，比咸宁地区文联早两年。成立之日，湖北文艺界大咖云集，前来祝贺。文学界的"湖北三老"姚雪垠、徐迟、碧野，戏剧界的汉剧名伶陈伯华、楚剧大师龚啸岚，音乐界的林路、沙莱，书法界的陈东成、徐本一等悉数亲临。省文联前主席、著名作家骆文，省作协党组书记洪洋专门写来贺信，省文联党组书记、著名画家周韶华写来"开拓创新，繁荣文艺"的条幅祝贺。省各文艺家协会都来人或发来贺电。通山县文联成立大会，开成了省文艺界巨头的聚会。如此高规格、大规模在全省仅此一例，在全国也罕见。会议选举王宇富为主席、杨华美为主持工作的驻会副主席。

杨华美总是有超群的智识。2003 年，他在仙崖村驻村时，倡导并指导保护程九伯宗族祠堂。引起强烈争议，程九伯是杀害李自成的刽子手。杨华美坚持，保护不是歌颂，是还原历史保护历史，正面人物有文物，反面人物也有文物。保护有程九伯牌位的祠堂，是对李自成归宿通山的重要印证。最终，程氏宗祠和程九伯坟墓，都得到修缮保护和开发利用。"知县的庄园"——芋园，也是杨华美主持，并成功申报国家级文物保护单位。

退休后，杨华美还一直担任着通山县地方文化研究会会长、通山县李自成研究会会长。

很多老人没能走过 2022 年那个冬天，杨华美也没能，只是，他只有七十三岁，并不老！

第三章

靠山吃山

古代多任知县感叹："惟是山高水浅，叹艘运之维艰；土瘠民贫，虑凶荒之无备。"今日通山儿女，却把通山资源发挥到极致，揽住每一缕风让它发电，截留每一片云霓让它成为旅游风光。

全山全水全域游

多年前，第一次去九宫山，车行途中，一个急拐弯，路边的一汪碧水映入我的眼帘。那水静卧于蓝天之下，水岸是连天的碧草，水面长着绿油油的菖蒲，水满得几乎与岸齐平。这是一汪让我心潮澎湃的静水。

还没到魂牵梦萦的九宫山，就见到这么迷人的景致。那次，通山的好风光就烙进了我心里。

光绪举人朱美燮对家乡通山的热爱，常常在他的诗文中淋漓尽致地展现。"如此山川世有几，除却桃源应无佗"，在朱美燮的笔下，通山风光简直举世无双。

通山地处幕阜山区腹地，又是富水的发源地。域内既有高崖峻岭，也有秀美山峦。既有山环水绕的缠绵，又有山高水长的壮丽。奇石异洞，比比皆是。飞瀑流泉，时入眼帘。嘉树灵花，琳琅满目。古民居老祠堂，随处可见。

明朝嘉靖进士朱廷立，致仕后，流连故乡山水近 20 年。朱廷立游遍本县各地，所著《两崖集》讴歌风光胜景诗作达 26 首之多。朱廷立诗咏九宫山、大城山、观音岩、望江岭、多宝寺、翠屏寺，那时尚在兴国境内的隐水洞，他已做了深度游览探奇。

咸宁市曾有四句旅游业宣传语："沐温泉，观赤壁，游九宫，探隐水洞"。后两句说的是通山景区，通山的旅游业实际上占了咸宁旅游的半壁江山。

21 世纪初，通山县形成"游九宫山、玩富水湖、探隐水洞、漂太阳溪、观古民居、谒闯王陵"的旅游格局。旅游业成为全县经济发展的五大支柱产业之一。

2008 年，通山县成为湖北省旅游强县。2016 年，通山县成为全省乡村旅游及旅游扶贫突出贡献单位。2020 年，通山县成为国家全域旅游示范区。2022 年，通山县成为中国县域旅游发展潜力百强县。

壹 机遇成群结队向九宫山奔涌而来

"住在此地，白云常来作客，飘在窗前，伸手可取，外出散步，就像踏着云朵走来走去。真是'云来山更佳，云去山如画'"。这是九宫山给予《天山景物记》的作者碧野的美好享受。

"湖中央/一朵云屏住呼吸紧贴水面/这个关键时刻/游客不能咳嗽，不能大声喧哗/更不能往湖中扔石子/否则，害羞的云/会像点水的蜻蜓一样跑开"。这是孝感诗人汤秀英对云中湖的描写。

"匡庐天下秀，九宫天下爽"。九宫山只有春秋冬三季，没有夏季。九宫山全年平均气温11℃，七月份日平均气温22.10℃，比北戴河低1℃，比庐山低0.7℃，是中国最好的旅游避暑地之一。

九宫山自唐朝起就是佛教圣地，南宋后则更成为道教第一方阵名山。1980年代起，九宫山渐成旅游名山。经过几十年的发展，九宫山已开发出云中湖、铜鼓包、石龙峡、金鸡谷、中港、闯王陵六大景区。九宫山是通山县旅游产业的擎天支柱。如今，九宫山已经建设成为国家级风景名胜区、国家4A级旅游景区、国家级自然保护区、国家级地质公园。

全球持续变暖，冰川融化。格陵兰岛迪斯科湾著名景点拱门冰川都坍塌了，一个2分29秒的视频，全程记录了这个跨度达50米拱门坍塌的过程，看得人心脏缩紧。既然全球变暖不可逆转，那么避暑就是人们必须选择的生活方式。中国已经进入老龄化社会，休闲康养也是老年人提高生活质量的必然选择。这些人类社会面临的挑战，却给九宫山带来了机遇。

2022年，是中国自1961年有完整气象观测记录以来，高温综合强度最强的一年。高温期间，我给武汉一个单位的领导打电话，隔几天打一次，前后打了三次，每一次她都有一句相同的回答："我在九宫山"。她是把21天年假全部交给了九宫山。把年假交给九宫山的是一种趋势，把养老休闲放在九宫山是一种更大的趋势。更多的老年人把九宫山当作为康养避暑的目的地，很多退休老人每年能在九宫山上住100天。

据说，在2022年的高温季里，长期有10万人在九宫山上避暑。

正在建设中的咸九高速公路，最大的受惠者应该是九宫山。过去从武汉到九宫山车程6个小时，咸九高速开通后，3个小时就能从容到达。有着千万人口又是"火炉"的大都市武汉，最便捷到达的避暑胜地就是九宫山。

2023 年 1 月 13 日，一条短视频刷屏：九宫山打出温泉，水温 50.3℃。温泉资源，可以让九宫山开创出冬季旅游的一片新天地。加上已有的滑雪项目，九宫山的旅游淡季将越来越短。

老话说，运气来了门板都挡不住。这运气有的是必然，也有的是偶然。大广公高速通车后，人们在车上看到洪港下湾有一大片极亮眼的芦苇荡，于是，很多人去看。当地人却说，这里原来并没有芦苇，不知道是什么时候冒出来的。这也是运气，但它的必然性显然是那里的生态环境变好了，才长出了好看的芦苇。

机遇，成群结队向九宫山奔涌而来。

贰　隐水洞带出龙隐山

幕阜洞天，素闻华夏。自古道教有三十六洞天福地，幕阜黄龙为第二十五洞天，名曰玄真元天。

鄂南名士，有许多是从洞府中走出，走向大千世界，走上自己的人生巅峰。唐代"书中圣手"李邕，曾在大幕山桃花尖桃花洞读书。嘉鱼大崖山的七星洞、仙人洞，至少走出了五位进士，李氏家族子弟先后都在这两个石洞里读书。朱廷立年轻时在凤梓山的两崖洞里攻读，以至他的名号都称为"两厓"。通山最著名的武举人程万年，也曾在崇岩山的鼓鸣洞里读过书。

当旅游业兴起，岩洞再次成为极富诱惑力的福地。先有咸安的太乙洞、飞仙洞和赤壁的玄素洞饮誉荆楚，待通山的隐水洞闪亮登场，迅速冠绝华中，成为湖北省第一个地质公园。隐水洞开放，门票收入很快超过九宫山。当然，九宫山不以门票收入为主，而是旅游综合效益稳居榜首。

"十里地下画廊"隐水洞，它最别具一格的是，游洞过程中有步行一段，坐小火车一段，乘游艇一段。这种全方位的体验，很少见，给游客以超值的享受。

如果说游隐水洞是深入地府的感觉，游龙隐山则有空中之旅的感受。龙隐山就是隐水洞所在的那座山上，出了隐水洞，抬腿就能上龙隐山。从龙隐山的景观名称和游乐项目名称，就能获得空中之旅的感受：云海草甸、星空栈道、星空魔幻馆、玻璃天桥、玻璃滑道、悬崖秋千、高空飞索、青龙脊、石林秘境、丛林穿越、九龙鼎广场。而这些，都在海拔 800 多米的突兀高山上，玩的都是心跳。在龙隐山上，意外的惊喜是富水湖美景尽收眼底，那种俯视大山长河获得的视觉效果和心理感觉，妙不可言。

在隐水洞热度 20 年不减的情况下，龙隐山景区开发了出来。这是一个扎堆效应的案例，也是全域旅游的一个范本。

叁　富水水库变身富水湿地公园

"我经过鸡口山往返也在十次以上。有一次因为天热，是夜间过山，由横石潭入梅田。半夜行至大畈，大畈对河竹林长三四里，那时万籁无声，只有清风，明月，山影，河流，衬着这静悄悄的竹林。我们都是骑马，因为竹林数日前有逃兵拦路抢劫，曾杀死军官一人，同行诸人均不敢向前。我因贪看清景，不觉一马当先，行至河边，连声称赞好美景！好美景！顺口念了一首白话诗，题目是《月夜过大畈》：山似老太爷，明月如处女，绿竹似学生，清风如顽童。这滔滔的河流，捉住了山影，捉住了月影，捉住了竹影，只是清风时时撩扰他，河面纹绉绉的好像是怕痒，发出微妙的倩笑，河流！你不要笑，我不能陪着你们玩，我怕公路上的冤魂怨鬼咒骂我，别了！扬鞭前进，我有我的前程！"

这是抗日战争时期，国军第 197 师随军记者方济生在《鄂南随军记》里的一段话。这段话还有这样的背景："大畈为一大站，我们随时将公路（阳新至通山公路）破坏，敌人亦随时修补，近三年我军与敌人在这一段公路上的争夺战，总在十次以上，所以这段公路上敌我的伤亡、民众的牺牲，总计千百数。"

所以，抽离其中关于战争残酷与惨烈的表述，其实是一篇对富水河极尽真情的赞美诗。大畈是日本鬼子的重要据点，方济生的通道离鬼子的据点仅隔两百米，或者说，即使在那么残酷惨烈的战争中，苦难没有击倒他，富水河的美仍然让他沉醉。也正是这祖国的美山河，让抗日军民意志弥坚。

现在的富水湖之美远胜于当年的富水河之美，那是一线水与一泓水的区别。水面更宽广，水体更丰盈了，水面倒映着天空和天空上的云朵，水面还倒映着山体以及山体上的绿树和繁花。水体清澈澄碧，这水是经过无边的植被以及植被的根系千过万滤的水，所以清澈澄碧。水美，山美，水的美和山的美叠加放大，那种美不是相加的和，而是相乘的积，甚至是化学的反应。那些美妙的形状、美妙的线条、美妙的色彩，同时在那一方天地里相遇了，人的心只能化在富水湖的山水间。

"以八千顷青山的绿翠流入，够不够绿？以九万里白云的洁纯融和，够不够清？被挤渗出的是无休无止的蓝。""我兑勾到的是渔舟唱晚，在三五村郭处，舀一勺夕阳，足够一生悠闲自得。有千朵花开的欢欣。也有万吨月光的静谧。鱼是水的种子。岸是船眷恋的臂弯。白鹭飞过。绿的小岛静如处子。亿万年的守望，只为吻入唇边，那抹浅浅的笑。送你十里橘香好不好？每一缕都是乡里乡亲。这沉甸甸的恩赐，你一定得收下。还可送你无限时光。从少年到白头，或从白头到少年。像水，像风，像云，来去自如。想走多远就走多远，想有多美就有多美。从不收你一分光阴的门票。这里本无门。"（徐金秋《诗意富河》）

富水湖，湖面80平方公里，湖泊直线长度50公里，湖岸线180公里，水面最宽处4公里，最窄处50米。山水依偎，碧波万顷，渔村隐隐，金橘连岸，游艇与鸥鹭齐飞，碧水共蓝天一色。

在拦洪与发电功能之外，富水水库历经了水运湖、养殖湖的历史阶段，现在已经进入旅游湖的发展阶段。做一个好的湖湿地公园，应该是富水湖的终极使命。

2017年12月22日，通山县县长陈洪豪与中国林业集团公司全资设立的中林森旅控股有限公司，签订富水湖风景区综合开发项目框架协议。中林森旅计划投资25亿元全面开发富水湖，建设生态旅游、休闲康养目的地。

这个项目有极丰富的开发内容。慈口乡书记金辉对其中的富水湖滨湖旅游度假区项目进行了粗线条描述，就是依托良好的水质风光、岛屿奇观，沿幕阜山旅游公路和南岸公路，将已有的6万亩柑橘园和正在建杨梅基地、药材基地、岛屿等旅游景点与村庄串联起来，形成以岛屿观光为核心、副景点为延伸、美丽乡村为配套，"点——线——面"环状发展的旅游体系。

其中的打造"三个半岛"工程，正在加紧实施。在山口村、老屋村、西垅村、石印村发展文旅农旅项目，一个半岛做停车场、游客中心、旅游码头、湿地科普馆；中间半岛建渔文化商业街，连接白岩山的索道；另一个半岛建青少年研学营地。目前，渔趣乐园分项目已经开业迎宾，颇受欢迎。

白岩山村高山避暑养生基地，利用自然山地资源打造休闲养生基地、特色种植养殖基地、油茶基地、林木基地，形成农旅互促的生态农业发展区。

大开发需大投入，当然要发挥多种积极性。位于老屋村四组南山下塆的顺通生态旅游区，投资人为梅光远，项目占地3700亩。在龙燕峡东岸建设森林度假村，大做丛生怪石文章，依石取景，多个特色怪石园之间，以栈道相连，辅以亭台花树。怪石丛中隙地，间种黄金蜜梨，饲养黄牛。

肆 与九宫山遥遥相对的大幕山

春天，鄂南万山皆为花海。花中最多者是野樱花，赤壁与崇阳的葛仙山，崇阳的金沙、龙泉山，通城的黄袍山、药姑山，通山的大城山、冷水坪，都是野樱花连接到天边的花海。

大幕山也有野樱花，大幕山还有杜鹃花。通山的杜鹃花，在三界尖、太阳山、九宫山、四面山、太平山百里山梁上均有分布，但这一线山高崖陡且无路可行，看杜鹃花最好的地方是在大幕山。

记得我去看杜鹃花时，转过一道山梁，漫山遍野的杜鹃花跃入眼帘。当时，就有一个词蹦进脑海里，那就是一个"堆"字。那些花好像不是天然长成这样，而是从很多别的地方移拢，堆在这里形成的簇拥状。看不见树，看不见叶，只有花，朵朵红花清一色，铺满广阔的一面接一面的山坡。也不能说不见树，不见叶，而是花红的效果太强烈，弱化了树和叶的存在，让人觉得眼里只有花。无数次地用过"花团锦簇"这个词，才发现，这个词只有用在这里才是最恰当。面对如此热烈的花海，再淡定的人也得兴奋，看花人一片喧哗，喊声叫声，歌声笑声，花的海洋成为欢乐的海洋。

我们的车停在大本营。大本营由两部分组成，一是山坳平地上的林场场部，再是山坡上的曾家山塆。两部分都有饭吃，向导阮子胜问我们在哪里吃饭，贪心的我们选在场部吃饭，饭后再游览曾家山。

我们吃饭的地方是场部招待所。两峰夹峙的窄谷间，一股清泉欢畅流出，招待所就建在流泉之上。两层附楼是厨房和餐厅，四层主楼是客房，吃饭睡觉都可听到楼底下的潺潺流水声，眼睛再看着呈80度角陡峭双峰上的葳蕤大树，真是高级享受。省委书记关广富，在职时视察了大幕山林场一次，从此魂牵梦绕，退休后每年都要到大幕山中这个小小的招待所住一住。

曾家山塆是挂在陡峭山坡上的一个村塆。塆里有不少农家乐餐馆，家家门前摆着饭局。还有家庭客栈，有的还是冬暖夏凉的百年土坯房，很有风味。阮子胜带我们看了红军井，井边有一块石刻，上书"彭德怀饮水处"，泉水依然清冽。当年曾家山是红军医院，彭总来山上看望过伤病员。这是一个能够让人的心立即安静下来的山村。从江汉平原调任通山县委书记的曾国平，有一年在曾家山过年。除夕夜在这里住一晚，大年初一挨家挨户去拜年。曾家山能让任何人消除浮躁。

曾家山最让我兴奋的是庄头塆尾的百年古树。这些树干上都挂了县政府制发的牌子，有一百多年树龄的大树，也有四百多年树龄的古树，有资格挂牌子的古树就有十几棵。有一棵大树被雷拦腰击断，伤口上又长出了一棵小树。阮子胜介绍，电影《辣嫂》里有这个场景，辣嫂夫妇吵架就是在这棵断头树旁开吵。曾家山塆是拍过电影的，艾丽娅主演的《辣嫂》，剧组在这里忙乎了一个多月，留下许多痕迹，阮子胜还在这部电影里当过群众演员。如果在曾家山看这部电影，那就更亲切了。

断头树下则躺着一大截粗硕的枯树，就是当初被击倒的树干，多少年了没人动，一直躺在地上烂，要是用来打家具，能打几房家具。但是，没人敢用这树。阮子胜说："一棵大树倒了，方圆几里必有一个厉害的人会死，这个人要么官最大，要么钱最多，要么文化最高"。原来，这里的村民有大树崇拜情结。这是一种宗教，因了这种宗教的庇护，曾家山得以留下这么多大树，形成曾家山的绝美风景和独特价值。

大幕山既有大美自然风光，还有丰富人文景观，有慈湖禅钟、柳泉林海、虎旗佛洞、天地洗砚、大幕三杰、竹楼幽谷、双峰神眺、黄金古寺、桃花洞、黄鹤楼等等。

现代景观有风电场。立于山巅的风电机，像白衣巨人，迎风舞剑，惹人注目，引人遐思。

极富旅游潜力的是在建设中的大幕山抽水蓄能电站，将成为一个新的旅游景观。将来，曾家山脚下就是抽水蓄能电站宽阔的下水库。

大幕山是通山的北部高山，与南部的九宫山互为屏障，护佑着通山人民。大幕山会永无止境地为通山人民提供福祉。

伍　那些旅游明星村

朱廷立《春村》诗云："春村初过雨，万象总森然。草润山容丽，池盈水面圆。开圃蔬堪摘，题诗竹可镌。前村过野叟，相与卜丰年。"古村有古村的风情，新村有新村的韵致。村是乡村旅游的基本单位，是全域旅游的重要组成部分。遍布通山的旅游明星村，像遍布山野的花朵，装点着鄂南的大好河山。

石门村经过几任市委书记和县委书记的挂点联系，由一个古老的村庄变成了崭新的乡村旅游打卡地。2022 年，石门村列入"全国乡村旅游重点村"名录。留砠村，两个山间小盆地，由两道石洞与山外连接，非常神奇，非常罕见。冷水坪村山水风光和人文景观丰富，魅力无穷。西坑村用 20 年时间建成一座远山新村，带火了一座四面山的旅游。湄溪村文化底蕴富积新建景点扎堆。港口村村民自建现代休闲渔港。晨光村村民自建达观山公园。大竹村由一个深度贫困村变成一颗旅游新星。隐水村全民皆是旅游从业人。至于大幕山的大幕山村、源头村，九宫山的中港村、船埠村，更是一些得天独厚的旅游村。龙燕峡两端的老屋村和新屋村，龙燕湾畔的北冲村，都是天生丽质的令人流连忘返之地。郭家岭村 1 个村，拥有 3 个几千亩甚至近 2 万亩的生态园，牛壶山 6000 亩白茶基地，八斗垅忆江南 5000 亩农业生态观光园，山下金竹林风 1.8 万亩生态园、观光园。

一些没有什么基础和没什么特色的村，因政府强力推动，也可以迅速成为旅游明星村，程许村就是这样一个纯农业村变成的农旅融合村。新桥冯村原为纯农业村，政府引进企业打造为"果匠小镇"，迅速成为乡村旅游示范景区。

宝石村有湖北省规模最大的古建筑群落。江源村成为古民居保护最好的村落。还有古民居古建筑古风情保存最完好的坳坪村。通山共有 13 个"中国传统古村落"，每一村都能让人"浪费大把的光阴"。林上村、宋家村、横溪村都有数量众多的古树名木，大树大得令人瞠目结舌，风光好得让人流连忘返。通山县被列入省级绿色示范村多达 60 个村。

乡乡都有旅游项目，旅游村遍布全县。"到石门忆古街驿站，到吴田观古宅花海，到鹿眠塘品水乡烧烤，到港口赏河塘月色，到隐水游龙隐山庄"，是前几年的一条乡村游广告语。这样的广告语要一年一变才能与时俱进。

陆　全民旅游意识

一群叽叽喳喳的靓女，在紫云英盛开的稻田里照相。一个高挑身材，容长脸蛋，眼眸像秋水一样澄澈的靓妹，成为众目焦点。她身穿一件白色绒衣，头戴野花编织的花环，手持相机者让她一张接一张地照。一次，让她取右肘撑起、斜躺花丛姿势，她笑靥如春风，眼里闪动着春阳的光辉，明媚、和煦。一双微翘的嘴角，让人想起"豆蔻梢头二月初""梢头谁把轻黄捻"里的"梢头"，一世界的春色，都挂在了她的嘴角上。当时没有智能手机，如果有，抢拍一张远景照也很不错。

不能抢拍那位靓妹的玉照，但那场景过去了十几年，我依然记得。

这场景，是在一个叫"九宫人家"的农家乐。

"九宫人家"农家乐在湄港村的湄港河畔，河水清澈，山峦叠翠。农家乐占地百亩，建有竹楼和仿古楼，设有水上泛舟、农事体验等游乐项目。"九宫人家"的通山土菜尤其地道，勾人味蕾。这里，每年接待游客 20 万人次。2009 年 12 月，湖北省旅游局在通山召开全省农家乐建设现场会，"九宫人家"在会上被授予全省第一批四星级农家乐称号。

九宫山风景区山门口的船埠村，有个"一家人"农家乐。"一家人"于 2014 年开业，当年就成为湖北省四星级农家乐，第二年成为全国金牌农家乐。这个农家乐还有一个外围组织叫九宫山乡音艺术团。艺术团在农家乐门前唱通山山歌，还到九宫山核心景区去义务为游客唱山歌，他们甚至把通山山歌唱到"中国农民春晚"和"中国原生民歌节"。

两山夹峙中，绿波荡漾的横石河蜿蜒流淌。在青山绿水的环绕下，有一畴几千多亩的蘑菇畈。九宫山生态农业观光园就建在田肥地沃的蘑菇畈上。这是通山最早的农业观光园，2002年就创办了，创办人是全国劳动模范陈志远。陈志远是通山县现代农业的先行者，集约经营、立体养殖、观光农业、体验式农业，都由他先行先试。九宫山生态农业园里有大棚葡萄园、垂钓中心和竹楼餐饮中心。园区内竹楼耸峙，灯笼高悬，旗幡飘拂，暖房大棚如白浪翻卷，垂钓方池如明镜阵列。采摘园内，美国红提、日本粉红亚都蜜、法国美人指等高档葡萄，应有尽有。餐饮竹楼所有陈设均为竹制品，充满返璞归真的农家风味，凭窗观望，可远眺莲花状的石峰尖，可近观稻菽千重、烟村处处。多少年来，从九宫山下来再在这个观光园逗留，都是九宫山之旅的压轴戏。

黄沙铺镇柏树村的桃李人家农庄，老板李相锋流转土地600多亩，遍植4万多株桃树。油桃五月份长成，黄桃七月份成熟，冬桃十一月份收获，外加杨梅、枇杷、桑葚等水果，一年四季都有水果采摘。半山腰建有观赏亭，园中阡陌纵横，桃花盛开季节，游人如织；水果采摘之际，人声鼎沸。桃李人家，已经成为吃喝玩乐住一条龙的乡村旅游示范园。

杨芳林乡寺口村八仙堦农业观光园，园主孔祥主在上海经营大理石多年，把全部积蓄都拿回家乡创业。他流转荒山坡地8000多亩，开山修路，栽种苗木，创建农业观光园。观光园里栽种香榧、红豆杉、油茶、桃、李等经济林，种植有机玉米、花生、南瓜、西瓜等农产品。加上八仙堦固有的八仙奇石景观，这里成为高品质的旅游景点。

通山已建成休闲农业示范点175处，农家乐1200多家。

别地方的老板赚了钱，大多会去做房地产，通山的老板很多选择搞旅游开发。大城山、龙隐山、石航山、天梯，都有本地老板在摆开旅游开发的架势。

扎堆开发，规模化经营，是通山旅游开发的常见现象。一个县拥有四个漂流景区，我不知道是不是最多的县。位于青山村的太阳溪漂流，位于东港村的银河谷漂流，位于下杨村的腾龙溪漂流，位于源头村的盘龙溪漂流，这些漂流线路，大多由本地老板开发。

不仅成功的企业家搞旅游开发，一般稍感殷实的居民也有志于旅游开发。

通羊镇高坑村，宽敞的村庄公路直达长林山水库，全程10公里。沿途村塆、田野、果林、垂钓、青山、溪流、奇石，一路好风光，是自行车、长跑运动的天然宝地。清澈的高坑河两岸，民居整洁漂亮，田园风光如画，这里的果蔬基地就是自由采摘园，这里的稻场就是烧烤或篝火晚会的最佳场所，许多空置的房子都可以改造成乡村民宿，是乡村旅游的好地方。"90后"青年谭品胜，原在南方当老师，就是薪水比内地高些。后来，回到家乡高坑村，建了一座菜根谭书院，办起了远近闻名的国学少年夏令营。

朱必向曾两次向我推荐杨芳林寺口村的龙岩寺，说那是刘伯温族弟刘伯玉创建，建议我去看看。因为忙不过来，我一直没去。后来，得知我没去过白岩山，他又请我去看白岩山。那是真的"请"，是他管的车管的饭。朱必向是通山县邮政局职工，老家在慈口村樊家窝，从工作关系和地缘关系上看，他与龙岩寺和白岩山都不搭界，但是，他是一个关心家乡旅游业发展的人，认为我应该把通山的这些景点都写进书里，好好宣传推介。

通山县政府正式宣布：全县已形成"产业因全域旅游而更旺，城乡因全域旅游而更美，百姓因全域旅游而更富"的全域全业全民发展格局。

我从朱必向的身上，看到了支撑这种"格局"的民众意识和情怀，那种深入骨髓的意识和情怀。

大理石冲击波

乡间农户，通向屋后菜园的小路，居然是由一块块的大理石地砖铺成。尽管这些地砖缺角少边，是次品或废品，依然还是大理石。用大理石地砖铺菜园小路，也只有在通山才看得见。这是大理石冲击波带来的碎片。通山的民居，大理石是最普遍的装饰材料，普遍到连院墙都贴大理石。

在通山吃饭，一桌人当中常常有几个曾是或正是大理石从业者。这也是大理石冲击波带来的社会现象。

壹 修一条公路的意外惊喜

修路，是通山人强烈的愿望和不懈的实践。

1960年代，通山掀起了一波修建林场公路的热潮。当时叫修林业专线，后来还修过矿业专线、水利专线。修林业专线那一波，把所有较大规模的林场公路都修通了，一共有八条。

一盘鳅林场公路，起于杨林铺，经留砠桥、郭源、黄莲洞，达一盘鳅林场场部。1964年3月动工，由县林业部门组织副业工施工，1967年建成通车。这条公路全长只有17公里，但是，是所有林业专线中最长的一条。

这条公路像所有的山区公路一样，曲折坎坷，坡陡弯急。前后修了三年，进度不快也不慢。就这么一条普通的山区公路，本来没什么可说的，可是，修这条路的一个意外发现，却"引爆"了通山的一个百亿级的产业。一盘鳅林场公路的"次生"产品，价值远远高于它的本身。

那个意外的惊喜是发现了大理石。

发现地点在杨林公社胜利大队船坑生产队，船坑现属洪港镇留柤村。民工挖土时，发现了一种奇怪的石头。仔细清理干净土渍，只见那石头颜色翠绿，还有荷花纹一样的纹理。

通山人见得最多的东西就是石头。光绪十九年（1893），通山县城街道换铺新石，有一首民谚流行起来："石头山，石头城，石头铺街好行人。"但是，在船坑现场的人都没见过这种翠绿的荷花纹的石头，于是，就引起了轰动。

修路是林业部门的事情，修路工人也是林业部门的副业工，但地盘是杨林公社的地盘，这被发现的"宝贝"当然也是杨林公社的宝贝。公社革委会马上请来专家，鉴定结果为优质大理石。

当时，鄂东南一片，只有黄石一家大理石厂。黄石大理石厂闻讯捷足先登，组织工人来到船坑，开采出一批石料，运回加工。

黄石大理石厂把加工出的产品取名为"荷花绿"，编号为"041"，拿到省建材产品展览会展出。"荷花绿"惊艳了所有与会者，包括北京来的国家建材局领导和专家。

如此说来，通山大理石甫一亮相，就进入了中国建材行业最高话语权者的法眼。此后几十年，通山大理石在中国建材行业的云端里霞光四射。

追溯这段历史是有意义的，这一发现使通山成为中国起步最早的七个石材发源地之一。

贰　通山大理石进了毛主席纪念堂

说发现，是发现了"大理石"这个概念，或者说是作为现代建筑装饰材料的发现。还可以说，是当时在场的人发现了"荷花绿"这一种，通山的大理石品种实在是太多、储藏量实在是太大。

至少在明朝，通山人就已经在利用大理石了。黄沙柏树村聂家宗祠中，还留存有明代大理石雕刻人物图。洪港江源村现存最著名的三座古建筑的大门门框都是大理石材料。江源老宗屋，始建于明朝隆庆年，二重天井是一个近百平方米的顺长天井，天井台面为长条大理石镶铺。建于清末的江源义筹老屋正面大门也是大理石门框。光绪十七年（1891）十月竣工的迪德堂，大门框为长条大理石镶造，框面经银锭打磨，光可照人。老宗屋二重正门高大的门框，即为惊艳今人的荷花绿大理石经过银锭打磨而成。燕厦乡碧水村新塘塆琳公祠，建于光绪年（1893），正祠大门系宽厚的长条大理石镶成，高大的门框经人工精细打磨，手感舒适，光洁照人。

通山古代墓碑也爱用大理石。通山最后一位进士汪宗翰的墓碑都是大理石，其中一方神道碑，由吴怀清撰文，雕刻在黑色大理石上。大理石也常用来做石雕工艺品，大理石雕的石狮、石象更受人青睐。我到通山木雕国家级传承人"木雕熊"家采访，他就向我展示了一对年代久远的大理石雕大象。

燕厦湖畔人程万年，幼时在狮子崖鼓鸣洞读书，洞中置有一尊大理石神龛，程万年视之为保护神。程万年后来考中武举，因平定西藏叛乱有功，被提拔为御前一级蓝翎侍卫，任乾隆皇帝御前侍卫。乾隆二十一年（1756），程万年将家乡的红花大理石进献朝廷，乾隆皇帝赞之为"宝石"。

船坑的发现，是作为现代建筑装饰材料的发现，也是现代生产方式语境下的发现。这是通山大理石使用机械加工，进行标准化、规模化生产的开端。

自从1964年在船坑发现了大理石后，通山人就对这"宝石"心心念念不能释怀。"抓革命，促生产"的"文革"后期，具体到了1975年初，通山县革委会决定创办大理石厂。由县财政投资，杨林公社提供土地和劳力。筹建专班由12人组成，有公社主任王贤太、副书记华式隆、企管会主任劳金星，还有来自杨林公社各生产队的孙旨钦、王武贤、朱必富、王能建等。公社副书记华式隆任厂长。当年7月，派出30人到黄石市大理石厂学习大理石加工技术。到年底，通山县第一家大理石厂在杨林金鸡窝挂牌成立，厂房宿舍一应俱全，职工达108人。边建厂边生产，当年就生产荒料147立方，全部售给黄石市大理石厂。1976年，又采荒料260立方，还是售给黄石市大理石厂。

1976年的产品，经深加工后，成为"毛主席纪念堂"装饰石材。

此消息传来，杨林大理石厂张灯结彩，鞭炮齐鸣。

由于种种原因，杨林大理石厂经济效益并不理想，到1982年上半年，已经亏损17万元。下半年，当时的县委书记刘绍熙亲自点将，调王赐云任杨林大理石厂厂长。

王赐云是洪港镇蟠田村乔木泉庄人，1949年武昌蘅菁中学高中毕业，当时是中学教师。能跨界的人，往往是天赋异禀的人，褚时健、任正非都是这样的人。王赐云大刀阔斧地改革，实行经营承包责任制，更新设备，还派4名营销人员长驻北京、广州、天津、武汉等大城市，这是今天通山大理石人"买全国卖全国"之滥觞。几板斧下来，当年就扭亏为盈，次年盈利10.9万元。王赐云还组织4名研发人员对南林、黄沙、横石、燕厦等公社石材资源进行勘探，先后推出雪景绿、菊红、龟背、墨玉等11个花色品种。其中荷花绿、彩灰、米黄玉等品种别致清雅，深受国内外用户喜爱，畅销北京、天津、上海、广州、深圳等几十个大中城市，甚至远销海外。

叁 "总厂"是个"总摇篮"

1985 年，县建材局以杨林大理石厂和通羊镇唐家地 105 亩土地为股份，与原铁道部第四勘察设计院合作建设大理石总厂，铁四院注资 780 万元。后来，唐家地成为通山石材工业园，聚集几十家骨干石材加工企业。

王赐云已调任县建材局长，他领导和参与了合作建设总厂的全部过程。

总厂首任厂长是孙旨钦。孙旨钦是筹建杨林大理石厂 12 人之一，当时他是一位高中刚毕业的农村青年。举贤不避亲，孙旨钦要求把他的亲表弟、杨林公社企管会主任王定乾调总厂工作。这个举荐可能是孙旨钦这辈子做得最正确的事情之一。

王定乾在燕厦、洪港一带有"神童"之誉。他 12 岁能解《梅花易数》里的题目。《梅花易数》是中国古代占卜法之一，属现代高中不定方程组的范畴。王定乾初任总厂车间主任，后任总厂副厂长。3 年后，33 岁的王定乾在县委县政府领导的极力动员下，揭榜承包大理石总厂。王定乾担任总厂厂长 5 年，是总厂最辉煌的 5 年。

总厂建厂之初，就成功注册了"九宫山"牌商标。1989 年，总厂纳入全国石材统一编号有 5 个品种，三年后增加到 20 个品种，其中黑白根、金镶玉、橘红、啡网、珊瑚红 5 个品种后来录入《中国石材年鉴》，九宫青、红筋红、中米黄、荷花绿、黑白根 5 个品种收入《中外天然石材标准图鉴》，在国内外市场享有盛誉。

总厂最兴旺时，有 4 个分厂，大小矿山塘口达 100 多个，职工超过 1100 多人。

总厂兴旺之时，也正是全社会的股份制建材企业如雨后春笋般涌现之际，总厂越来越感到"力不从心"。2003 年，总厂依法申请破产，2005 年终结，走过曲折辉煌的 20 年历程。

接近半个世纪以来，通山县大理石从业人员不下 10 万人。总厂是大理石产业的"黄埔军校"，许多大理石精英都是从总厂走出。

舒建国和华玉兰夫妇，原为总厂管理人员。1994 年，总厂实行租赁制，他们租赁承包了总厂下属的圆柱异形石材分厂，赚得第一桶金。2000 年，他们与人合伙成立佳奇石材有限公司，主要从事圆柱、门窗等异形产品的加工和经营，成为国内首家异形石材企业。产品有白网米黄、金镶玉、啡网、玫瑰米黄等大板、薄板、马赛克、复合板。公司有自营出口权，产品出口美国、澳大利亚、日本、韩国及中东多国。

张兰清是通山石材行里的女强人，现为中国石材协会理事、县协会副会长。她原来也是总厂职工，总厂效益下滑时，她租赁总厂车间自主创业。2000 年她与几个合伙人合资注册成立中艺石材公司。产品涉及十几个品种，拥有出口权。

程义最初在张兰清的中艺石材上班，学习做销售，3 年下来，摸清了基本门道。1999 年，他到武汉开办石材经营门店，积累资本。2007 年，到福建南安市水头镇办大理石厂，员工 100 多人，年产值 3000 多万元。创业至今 25 年，他最大的感慨是："石头让很多通山人挣了钱，走出了大山，走向全国"。

成建元老家在大理石发源地杨林，家里兄弟姊妹多，为了缓解父母压力，他 17 岁就辍学到总厂当工人。1997 年，在上海开石材公司的姐夫生意红火，希望他去公司发展。他从业务员做起，第一单是一位港商给的业务。港商在福建做房地产，生意很大，见他实在本分，做事认真，对他很放心。此后，两人有了交情，又给了很多订单，还介绍了不少业务。到 1999 年，他已是姐夫公司的得力销售，手上同时跟进很多项目。2003 年，通过公开招标，公司打入万科集团，成为万科旗下的供应商，直到现在仍然合作良好。2007 年，在取得姐夫的同意后，他开始自主创业，创办上海雅豪石材有限公司。2017 年，公司又在南通如皋购地 51 亩，建起石材加工基地，拥有储存、切割、加工、出厂等多台套先进的大型流水线。目前，公司有员工 170 多人，与国内 20 多家知名地产商有业务合作，年销售额超两个亿，从口碑到市场销售，在上海都名列前茅。成建元现任上海市湖北商会常务副会长。

肆　王赐云的"头羊效应"

1989 年秋，56 岁的王赐云辞去县建材局长职务，回到沙店老家，发动当地农民参与，合资创办通山县石材行业第一家股份制企业沙店大理石厂。他凭 6 台自制的狗头锯、8 台磨光机和 3 台切割机，500 平方米简易厂房，招 50 名旧部，3 个月建成投产。第一批 1200 平方薄板出口美国洛杉矶，第二批 1200 平方薄板出口美国休斯敦，为国家赚取了当时很珍贵的外汇。

王赐云的举动有极大的示范效应，总厂干部职工纷纷回到洪港、燕厦一带合资办厂，获利丰厚。到沙店大理石厂学习取经者络绎不绝，示范效应很快波及全县城乡，形成全民办大理石厂热潮。王赐云毫无保留地为他们提供技术指导，帮忙把关产品质量。

县委县政府适时出台一系列支持发展大理石开发文件政策，提出"大唱石头戏，念好山水经"口号，鼓励各战线各部门各单位各乡镇大力兴办石材实体。1995 年，湖北省委书记关广富到通山考察，看到通山大理石产业的喜人局面，深受感染，鼓励通山搞他个"地动山摇"。

1994 年，县委县政府在洪港镇杨林村办发展私营经济试点。杨林村个体户、私营企业达 304 户，占全村自然户的 95%，成为咸宁地区个体私营经济"第一村"。杨林村的个体私营经济，直接或间接都是石材经济。洪港中苏湖石材小区成为全国最大的金镶玉大理石品种生产地。洪港郭源石材小区，生产规模在全国排名前四位。

孙旨钦的前脚接着王赐云的后脚，辞去大理石总厂厂长职务，创办华磊石材集团。1994 年 11 月，华磊石材集团进入中国私营企业 500 强行列，位居 257 位，是咸宁地区唯一进入 500 强的私营企业。在全省进入 500 强的 20 家私营企业中，排名第八。当时，华磊集团公司有成员企业 28 家，年产大理石薄板 30 万平方，是华中地区最大的石材加工经营企业。

王赐云的"头羊效应"波及全县，也把自己的 3 个儿子都变成了大理石人。长子王少华创办了天宏石材厂。次子王少敏创办天丰石材公司，成为通山几个资产过亿的石材老板之一。三子王少农先办养殖场，后接手父亲的蓝云石材公司。

到 2005 年底，全县共开发大理石黑、红、灰、黄、绿五大系列 40 多个品种。我非常乐意把这些品种的名字写出来，实在是太美了：黑金峰、黑里红、黑木纹、黑白根、墨玉、通山红、红石、橘红、菊红、红筋红、玛瑙红、紫阳红、珊瑚红、橘红玉、彩灰、银灰、蚕清石彩灰、灰米玉、米黄玉、木纹黄、虎皮黄、冰花黄、松香黄、玫瑰米黄、白网米黄、米黄洞石、金镶玉、荷花绿、条纹绿、彩带绿、波浪绿、雪景绿、啡网、金丝啡网、啡网纹、浅啡网、米玉、浅米玉、中米玉、龟背、紫荆花……

啡网是通山储量最大的品种，可开采储量在 2000 万立方以上，通山啡网占到国产市场 70% 左右。

伍　大理石构筑的国际舞台

瑶山红茶，曾是通山历史上最风光的国际市场产品。斗转星移，通山大理石又登上了国际舞台。

通山大理石人都记得，1994 年是通山大理石发展最富春天气息的年份。当时，大大小小的股份制石材加工企业如雨后春笋般遍及城乡，开采方法日趋完善，加工工艺日趋先进，生产规模越来越大。

经德籍通山人蔡波博士引进，通山县首家德国独资石材企业于 1994 年 10 月 29 日成立。德国宝马汽车公司的马·肯尔勒博士投资 100 万马克，创办石通石材公司。当年底，国家电子工业部部长胡启立，视察德国独资企业石通石材有限公司。

1996 年，又有两家外资石材企业创办。

台商卢宪业投资创办卢仕石材公司。这是通山首家生产石材工业品的企业，主要产品是以黑白根为原料的奖杯座，以板岩为原料的喷泉系列工艺品。产品全部销往美国市场。卢仕石材是 1990 年代通山县最大的外资企业。

澳大利亚籍华人黄本亮投资 500 万美元，创办永亮石材公司。在湄港焦颜建设 300 亩永亮石材工业园，开发下泉和畅周 2 个大理石矿山。永亮石材是当时通山生产设备最先进的石材企业。

2004 年创办的大自然石材公司，为加拿大合资企业。公司拥有中国最大的绿板岩矿山，该公司也是行业内首家制定板岩文化石生产标准及检测标准的企业，也是达到欧盟标准的企业。板岩又称页岩、文化石，通山储量达 10 亿立方，是中国板岩最大产区。大自然公司主要产品是板岩工艺品和外墙装饰品。产品有黑流水板、绿流水板、彩条板、平板、蘑菇石，花色有中国锈、黄金锈、森林绿、黑木纹。年产 30 万平方，产品畅销欧美市场。

早在 1985 年，大理石总厂成立时，就引进联邦德国 ADM 公司 K50 型不饱和聚酯混凝土生产线，新建人造大理石车间，形成年产人造大理石 3000 吨的生产能力。

2001 年 10 月，通山县被省石材行业管理办公室、省石材行业协会列为全省石材出口基地，后来发展到共有 10 家石材企业拥有自主出口权。华南石材公司在北京西联国际市场注册成立公司，开设特大号门店，在上海、韩国设立分公司。天丰石材公司产品 90% 销往欧美、东南亚、非洲等国家和地区。

通山天丰石材老板王少敏，于 2008 年任湖北省石材工业协会副会长、湖北省石材工业协会大理石分会（通山石材协会）会长。王少敏的职务表明，湖北的大理石协会就是通山的石材协会，通山的石材协会就是湖北的省级大理石协会。

通山的金镶玉品种，被亚洲最大的石材企业——环球石材集团作为重点推荐产品，大量用于世界各国的五星级宾馆。美国纽约最高建筑帝国大厦一楼大厅装饰材料就是通山彩灰大理石。通山板岩中国锈、森林绿为全国独有花色，以此为原料加工的条板、流水板远销加拿大、澳大利亚。

通山还有几个品种逐步取代了进口石材。通山黑白根取代了意大利黑白根。通山的莎安娜米黄复合板，取代了伊朗进口莎安娜米黄原板，北京西站、郑州火车站等著名建筑物均大量采用。北京中央电视塔装饰中采用了通山红筋红。

现在，许多通山石材企业广泛利用网络销售，加入中国石材网、中国石材之窗网、阿里巴巴网、中国建筑石材网等等。通过互联网促销，年销售板材约在 200 万平方米。

产品销往美国、英国、法国、加拿大、加纳、巴西、阿联酋、沙特、日本、韩国等几十个国家。

陆 古民居之乡的新民居

孙中山在《上李鸿章书》中写道"人能尽其才，地能尽其利，物能尽其用、货能尽其流"之"四尽"。通山的大理石产业就是"四尽"的实践范例。

通山探明大理石储量20亿立方，其中啡网一个品种储量2000万立方。花岗石储量5亿立方、页岩储量10亿立方。大理石的开发利用也带动了花岗石和页岩的开发利用。2006年，通山石材被湖北省列入"重点培育的39个特色产业集群"之一。同年，中国石材协会授予通山为"中国石材之乡"，入围全国石材产业集群，中南六省仅通山一家入围全国石材产业集群。通山集群的资源优势和加工能力列全国县域同行业前六位，仅石材加工企业就有217家，在全国同行业居于第一方阵，延伸至全国各地的石材销售企业更无以数计。石材产业成为通山四大支柱产业的排头兵。

到2005年，全县石材加工企业除了设于县城唐家地的石材工业园，各乡镇都发展到一定规模，如洪港中苏湖石材小区、杨林石材小区、郭源石材小区、柯家石材小区、湖畔石材小区、鸡口山石材小区、南林桥石材小区、厦铺石材小区等等。

大理石为通山积累了大量财富，通山人最热衷的享受财富方式是做房子，从古到今皆然。

你在通山大地上看到那些鳞次栉比的豪华别墅，如果问一问，有一大半是大理石人家的别墅。

湖山村是个移民后靠村，当初移民时，家家户户都盖的土巴屋。如今，这个村绝大部分人家住上了楼房，楼房中又有一大半是漂亮的别墅。湖山村是个别墅密度很高的村。湖山广场的广场灯，那个高端大气上档次，据我目测要比咸宁市人民广场的广场灯稍胜一筹。因为湖山正处于燕厦大理石富集区内。

王定乾1992年卸任大理石总厂厂长后，调武汉铁四院工作。铁四院又派他回总厂担任第一副厂长。王定乾一共在总厂工作12年。2002年，王定乾办理停薪留职手续，下海经商，创办武汉锦林石业公司。经过几十年的发展，通山石材从业者，不但从事加工，更多的是贸易，通山石材人已进入到"买全国卖全国"的良性循环。

原铁道部拟于2006年12月26日，在武汉高铁站举行京广高铁通车剪彩仪式。部门领导提前来现场视察，发现站台花岗石地面青一块白一块，存在返水问题，于是当即取消在武汉站剪彩的计划，改在广州南站举行，并责令中建三局立即返工整改。通过清查，武汉站一层地下室和站台地面花岗石，共有 16 家供货商供货，唯有武汉锦林石业的供货没有返水。在供货商紧急会议上，中建三局东方装饰公司邀请王定乾介绍经验。王定乾毫无保留地告诉大家："白麻花岗石装饰在地面，容易返浆污染。要解决这一问题，做到了六面防护还不够，六面防护前还要在花岗石背面加一道封闭处理。当然，这样做每个平方要增加 8 元成本。为了保证质量，我们不计成本！"返水污染的花岗石全部用铲车铲掉重来。装饰公司给锦林公司增加了 2 万平方订单，每平方定价提高 15 元。

王定乾供货的建筑工程有两个获得"白玉兰奖"、六个获"鲁班奖"。在通山，身家过亿的石材老板据说有三位，王定乾是其中之一，他的财富主要由锦林公司创造。

2010 年，王定乾把锦林公司交给大女儿王芳打理，他自己回通山营造卧牛山庄。卧牛山庄占地 12 亩，一个大院子里建四套小四合院，每套 680 平方。四套四合院都是中式建筑，他自己设计。卧牛山庄大气恢宏，山环水抱，有东牛山西牛山相望。前方明堂开阔，明水河环绕，106 国道从畈中穿过，离县城主城区只有 3 公里，是适合养生的世外桃源。卧牛山庄造价超过千万。这四套四合院是一期工程，还有四套的地基暂时种着花草和蔬菜。

现在，通山最好的古民居是王明璠的芋园，已经成为国家级文物保护单位。卧牛山庄显然是新民宅的顶尖之作。卧牛山庄大门联："小犊勤耕春夏秋冬四季果，雄鸡报晓东南西北太平歌"。卧牛山庄主人是个儒商，旧体诗词和书法达到相当水平，大门楹联就是他自己撰文并书写。王定乾老两口住的那套四合院书房就有两个，小书房侧重读书写作，大书房侧重书法。整个卧牛山庄是个名人书画的博物馆。王定乾热心地方文化建设，既出钱又出力，已经主编出版了 58 万字的《鄂南锹溪王氏》。这是一部鄂南王姓文化书籍，鄂南王氏先祖，是北宋著名军事家、枢密副使王韶。

卧牛山庄已然是一座乡村文化中心。

柒　容量极大的人才库

大理石产业，极大地吸引了优秀人才，同时也造就了许多优秀人才。

王赐云当年到外地考察，引进了一台小型破料机。他成立攻关小组，对破料机进行研究改进，很快制造出操作技术简单的狗头锯。后来，狗头锯成为通山大理石薄板加工的重要工具。

通山大理石人，在石料开采方式上，从原始的"爬坡式"发展"台阶式"开采，提高了开采效益和资源利用率。

通山大理石人还创造了两项国家发明专利。

陈兆喜，祖籍浙江，1962 年 12 月生于通羊镇。1979 年在通山县标志服装厂参加工作，1992 年下岗。下岗后，带领姐弟共同创办华南大理石厂。他们于 1998 年研制石材双合板，次年获得国家知识产权局颁发的"大理石双合板"实用新型专利证书，主要产品是莎安娜米黄复合板。揽瓷器活儿要有金刚钻，做大理石复合板首先要金刚锯。陈兆喜和弟弟陈兆龙首先研制了生产设备对破机，对破机就是金刚锯。仿照木工锯工作原理，将钢锯改为金刚石锯。用对破机将进口莎安娜米黄厚板分切成五毫米的超薄板，用作表层板，再把通山本地低品位石材用作底层板，双板进行高强度黏合。通过磨光、切边，复合板有着同伊朗进口莎安娜原板相同的装饰效果，可以大幅度降低装修成本。莎安娜米黄复合板价格只有进口产品的四分之一。表层板最薄可薄至两毫米，性价比独步天下。

2000 年，城南石材厂老板李传富，开发出大理石压力胶合板，获得国家知识产权局专利。

通山的华南、城南、蓝天、佳奇等石材公司生产复合板，占有国内大理石复合板 90% 的市场份额。

陈兆喜 2009 年获湖北省"首届十大创业之星"称号。

近半个世纪以来，曾经从事和正在从事石材业的通山人，不下 10 万。其中的大老板或小老板，数以万计。

朱丽萍在朋友圈里转发她发表在湖北日报客户端的《邂逅一片湖畔》，文章里有这么一句话："村支书叫程强……在西安创业发了财，作为人才请回村里当支书"。我就跟了一帖："他在西安做什么生意？大理石吗？"朱丽萍回复："是的"。

我一蒙就对了。因为这是个技术含量不高的"蒙"，此类情况很多。

我到过的村并不多，但见了不少村干部曾经从事过大理石产业，比例很高。留咀村支部书记程平英、村委会副主任孙典加，都曾卖过大理石。通羊镇岭下村支部书记许英敏，接触过大理石经营。湖山村支部书记张成芳很豪爽："我有钱，存款一两百万，衣食无忧了，现在全部心思只想把村里的工作搞好！"他曾经办过大理石厂。

大理石产业造就培养了许多人才，各种各样的经营人才，各行各业的管理干部。

从前，大理石是通山石料的一种，后来却成为一个支柱产业。它的支柱支撑作用无处不在。

木雕江湖的通山流派

有一年，我上九宫山，车到横石街头，看到一女子提着菜篮子刚从菜市场出来。那可真是个大美女，我坐的车往前走，她的人往车后走，她在我视野里大概只有几秒钟，多少年了，我都在为她的美丽而惊艳。

据说，横石是个美人"窝子"。你在通山县城里看到的美女，你去问问，大致有一半会是横石人。

所谓"窝子"，的确是一种客观存在。横石还是木雕艺术"窝子"，本文提到五位木雕师，其中三人是横石人，两人是洪港人。洪港与横石又是相邻乡镇，都在九宫山脚下，横石镇现改名九宫山镇。

通山木雕的起源，与雕塑宗教的菩萨和盛产木材关系最大，九宫山自然成为通山木雕的发源地。

"通山木雕"是个专有名词，是以地域命名的木雕流派名称。

通山木雕艺人在建筑上的精湛技艺享誉全国，被朝廷征用修建宫殿庙宇，同治七年（1868）《通山县志》载："顺治十四年（1657）……班匠启运南京，除逃绝开除外，在纳班匠十人"。

作为中国木雕谱系中一个流派，通山木雕的地域特色和地域文化渊源主要体现在雕刻用材、雕刻技法以及表面处理三个方面。独特的地理环境是形成通山木雕特用材的基础，用材面相对较宽，但香樟木是首选用材。以浮雕为基本技法的通山木雕是通山人文环境和建筑文化的产物，实用性和坚固性放在首位，加上建筑雕饰视角上的单向性，平面浮雕无疑是自然而然的选择。通山木雕体现出了通山土生土长的布衣文化，格调清新淡雅，实用与欣赏完美结合，充分利用雕材本身纹理色彩的自然美，采用不上色或少上色的白木雕也即素色表面处理艺术。

庙宇和祠堂为大制作，设计比雕刻更为重要。看橱这样的木雕极品，功在精雕细刻。

1985年，在北京的中国民间美术展览会上，通山木雕看橱被专家们誉为"木雕珍品""记载着通山灿烂的历史文化和古老纯朴的民情风俗""具有很高研究价值"。

看橱共分上、中、下三层。底下一层为柜状，可储物件。第二层五屉并列横排，可放随手取用的小物品。最上部为雕刻装饰区，也分三层。正面中心部位向内凹成"八"字形，两边伸拱，呈四柱半露亭台，各层有雕刻栏杆相隔。滴水十垂，花篮十吊，柱头十个，坐神十尊，花草山水，间以流云，云窗板扇，亭台楼阁间，各种戏曲人物、故事场景、林园花鸟等交相辉映。整个橱面共有98幅图案，有《拾玉镯》《黛玉葬花》《太白醉酒》《美猴王》《扒窗记》《三顾茅庐》《三娘教子》《梁山伯与祝英台》等戏曲人物故事39组计86人；有牡丹花、兰花、荷花、梅花、菊花、清溪、流云等26组；各种飞鸟走兽41只；有菱形、瓶形、圆形、六角形、荷包形等各种几何图案33种。橱面由浮雕与镂雕相结合，采取多块木板分别雕刻，雕好后再行总拼装。

第一次在资料上看到"看橱"二字，我不懂，我想通山以外的其他人也不懂，我就问能不能翻译为"雕花衣橱"。通山人斩钉截铁地说，不可。看橱最重要的功能是看，而不是用来装什么。这是一种艺人炫技、富人炫富的物件，应该说是一种纯粹的工艺装饰品。

从明清两代到民国早期，是通山木雕艺术空前发展的辉煌时期。特别是明末，商业的繁荣促进了手工业兴盛。当时通山境内，兴建了大量以木结构为主的庙宇、祠堂、高档民居。木结构，必以木雕为装饰。

壹

熊应华20岁那年，家里就给他张罗对象。那是1971年，20来岁结婚是普遍现象。

熊应华是有意中人的，她是横石街上外婆邻居家的陈琼仙，二人从小就认识，长大就相爱了。于是，请人保媒，姑娘家里带口信，要开亲，必须跟姑娘的大哥学雕花。

雕花不就是做木匠吗？儿子是个高中毕业生，迟早要成为吃商品粮的公家人，熊应华的父母都不同意。高中生学木匠，那不是要笑煞先人？

陈琼仙有两个哥哥和两个弟弟，两个哥哥都跟父亲学了雕花手艺，两个弟弟将来也学。陈家父亲和大哥，要求熊应华学手艺的态度都很坚决。那时雕花虽然不吃香了，庙里的菩萨都被烧了，老房子老祠堂里的雕花也被铲了，但是，细心的陈家大哥发现，放电影之前放的纪录片里，中国出口国外的商品中，就有木雕工艺品。

陈家人都有坚定的信念："家有万贯家财，不如一技傍身""家无木雕不富，人无木雕不贵"。并且，事实也证明，他们的生活要比纯粹种田人好一些。

熊应华当然舍不得放弃陈琼仙，对于雕花，他也有自己的想法。读小学和初中时，当教师的姐姐每月给自己两块零花钱，他从来没买零食，都攒下来买了书。买书要去县城，来去100多里，每回都是走去走回，为了节约两块钱的车费。买的书中有不少是连环画，看完了连环画书就照着临摹，其实自己从小就喜欢画画。熊应华当时并不知道木雕就叫"木板上的刺绣"，但他喜欢在纸上画画，也喜欢在木板上雕花的感觉。

最后是，熊应华找了一个妻子，得了三位木雕师傅。

手艺人以造房子为大手艺。造房子又以泥水、木匠为主，木匠又细分为大木（造房子）、细木（家具和雕花）。最后，雕花匠从细木中细分出来。生活不只是眼前的苟且，还有诗和远方。养家糊口是"苟且"，雕花是"诗和远方"。

"三年徒弟，四年半作"，半作是师傅还不能完全放手的意思，这是木雕行里的一般规律。木匠行里，初中就是高学历了，高中毕业的熊应华就是"大知识分子"了，再加上岳父和舅兄的真心传授，别人"三年徒弟，四年半作"才能学会的技艺，熊应华用两年时间全部掌握。他谙熟留底雕和无底雕中的线雕、圆雕、浮雕、镂雕、透雕、阴雕、阳雕，还有浮雕中的浅浮雕和深浮雕，透雕中的双面透雕等等全部手法。当时，有一身本事的熊应华，并不能靠雕花挣钱，养家糊口还得靠在生产队里挣工分和农闲时做木匠活。但是，每天晚上，就着昏暗的油灯，他完全沉浸在木雕的世界里。他就像一个"卧龙"，当气候适宜之时，他就横空出世了。

终于，他被江南家具厂聘为雕刻车间总工。终于，他到县城马槽桥办了全县第一家木雕作坊。终于，他到西安办起仿古家具厂。终于，他的大本营横石熊氏木雕作坊，成为省级非遗生产性保护示范基地，成为中央工艺美术学院实践基地，成为国家级非遗传承基地。

《吕氏春秋》载：每祭祀时，"入山行木，无或斩伐"。通山的先民当然也无出例外。先民所崇拜的神灵，就是利用木材雕刻，这种雕刻可以认为是通山木雕的雏形。早期的通山木雕造型粗犷古朴、线条挺拔简练。熊应华非常珍视从汉末就有的、已经传承了两千多年的通山木雕技艺。他认为，不能把木雕完全作为赚钱的工具，还要传承传统文化。他花了许多精力和金钱，收购、收藏木雕以及木雕物件，以他个人之力抵制文物贩子对通山木雕珍品的掠夺。他家的两层楼塞满了他自己的作品和收来的藏品，将来，他要办一个奉献给社会的木雕博物馆。

环顾左右，少有人能雕看橱。为了恢复最能代表通山木雕水平的看橱，他寻觅收藏了 100 多件看橱的精美配件，把玩琢磨。胸有成竹后，自己雕起，花了整整 1 年时间，终于完成自己的看橱作品。如今，他已经累计完成 4 个看橱，武汉的藏家收藏 2 个，市非遗中心收藏 1 个，自己家里保存 1 个。他的看橱，既保留了以戏剧故事和人物为主的雕刻题材，也注意山水、花鸟虫草和各种器物图案的搭配，整体内容更为丰富，结构更加精巧，雕刻更为精细。看橱就是为了看嘛，那就让它更好看。

木雕师的家都很凌乱，到处是木料、半成品、成品，还有收藏品、刨花、锯木屑，灰尘。木雕师的家同时异香盈鼻，质坚、纹细、色浅、易雕易刻的香樟木是每个雕刻师的首选。一块香樟木板放在家里就满室生香，何况，许多的香樟木料、香樟木雕、香樟木刨花、香樟木锯屑。

2018 年，熊应华成为通山木雕的国家级传承人，以"木雕熊"的品牌名世。

"木雕熊"满头纯白的头发。白发是勤于思考的旗帜。

作为国家级传承人，显然不能只埋头雕刻，他要思考很多问题，也要总结很多问题，还要谋划许多。他对通山木雕艺术特征的表述，比其他木雕师更为清晰且富条理：清淡素雅的雕刻用材、以浮雕为主的雕刻技法、利用雕材本身纹理色彩进行简约朴素处理，是通山木雕的三大地域特色，构成通山木雕自成一家的技艺体系。简约并不简单，艺术风格为：构图饱满大气，层次丰富细腻，图像写实传神，做工精雕细刻，格调清秀淡雅。在整体艺术效果上，达到构图形式多样，虚实交错，画面线条清晰，层次分明。

我到熊应华家采访，有诗人秦凤同行。她填词《鹧鸪天·访通山木雕有感》："岁月摩挲蕴宝光，兼怀烟火并风霜。悲欢演义融镌凿，花鸟秾华饰琐窗。天着色，地包浆，木纹隐隐记行藏。山乡幸有传承脉，斗拱飞云挑大梁。"

贰

我们来到洪港镇三贤村万家畈时，正是太阳像火球的大暑时节，千万道阳光直射在身上，像钢针一样扎得皮肤生痛。但是，天空格外蓝，云朵格外白，绿树极葳蕤。这个 80 多户并不算小的村坞，我却没有看到多少人家，只因人家都掩映在绿树之中。百米开外，就是江西的地界。

我们的小车刚进村口，就有一位老人在引导我们停车。老人身材单薄，走路好像摇摇晃晃，那就是现年 72 岁的叶瑞祥。他其实并没有摇晃，造成我的视觉摇晃效果的是因为他的右肩高左肩低，那是 60 多年高抬右手雕刻造成的身体畸形。60 年的职业姿势，也造就了当今的木雕大师形象。

通山木雕传承人谱系表记载，叶瑞祥 8 岁开始学艺。他生于一个百年木雕世家，曾祖叶明钟就是名师，祖父叶正江和父亲叶贵发都是木雕之乡的佼佼者。说他几岁开始学艺还真不好说。他开始带徒弟的时间却很明确，那是 1969 年，他 19 岁。徒弟拜师有仪式，喝了拜师酒，还有见证人。因为那年他结婚了，结婚就表示成人了，也就可以带徒弟了。

叶瑞祥深得祖上真传，尤长于三教神像、戏剧脸谱、看柜雕柜、神龛门窗、屏风座椅等木雕技术。1978 年雕刻作品"三英战吕布"在咸宁地区工艺木雕展览中获二等奖。1989 年木雕工艺品"蟠桃会"和"醉八仙"在天津参展，被韩国、日本、加拿大友人收藏。他在县城马槽桥开办"叶氏木雕"门店，经常门庭若市，产品销往黄石、大冶、武汉、九江等地。应朋友之邀，1998 年至 2002 年，他在天津的木雕加工厂负责仿古龙椅系列，产品远销亚、欧、美多个国家。其间，在参加加拿大中式家具大赛中，获得龙椅产品系列二等奖。

叶瑞祥在选材上不求名贵，一般取自本地的樟、杨、梨、枣、梓、椿等木材。他的特殊之处就是"巧雕"用得巧。依据材料本身的天然形状或纹理走向，然后巧加雕凿，随形就像，带来意外惊喜，把祖传的"七分天成，三分雕刻"用到了极致。所以，他善于量形取材，因材施艺，凸现通山木雕古拙朴实、浑然天成的艺术风格。木雕技艺和与之相关的文化早已融进他的血液，"图必有意，意必吉祥"，民间耳熟能详的历史故事、戏曲人物、神话传说、珍禽瑞兽、灵花异卉、吉祥器物，都是他创作的题材。

叶瑞祥是木雕的多面手，建筑雕刻、家具雕刻、工艺雕刻三大类样样精通。建筑雕刻代表作有慈口贺氏祠堂、高湖朱氏宗祠、横石刘氏祠堂。

让我最不可思议的是，叶瑞祥 66 岁那年，学会了电脑建模，让自己从事了半个世纪的木雕实现了产业化。一个八岁就开始学艺的人，虽然有初中文凭，那是边学艺边上学的初中毕业。从学习新知识新技术来说，66 岁年龄真算是高龄了。怪不得他儿子叶鹏飞说他聪明。

由于天太热，那天他给三名工人放了假。他家三层楼的别墅旁就是简陋的木雕作坊，此时电脑刻机还在工作。他大儿子在县城开木雕厂，小儿子在海南开木雕公司。他和老伴在家里生活，他一个人在开着小作坊，轻轻松松一年就能挣个五六十万元。

叶瑞祥不无自豪地说："'木雕熊'年轻时跟我做过。""木雕熊"大部分时间跟舅兄一起做，舅兄偶尔也会跟叶瑞祥一起做。在九宫山一带，叶家是最强的木雕家族。

109

当年的叶师傅当然比熊师傅傲。

从熊应华和叶瑞祥两人身上，表现出传统手艺人的为人处世方式。联系采访熊应华时，他第一句话就说要请我们吃饭。联系叶瑞祥，他第一句话也这样说。那天，我们在熊应华家吃过午饭再去他家，见没机会在他家吃饭，他就非要送我一件木雕作品。

大理石产业是个更大的产业，从业人数比木雕从业者不知道要多多少。我总想采访几个大理石人，但很难找到，事先联系好的临时也不来见面。

叁

叶鹏飞是叶瑞祥的大儿子。他外表冷淡，只有谈起木雕时才滔滔不绝。

最能让他滔滔不绝的是祠堂。

"团团四面白粉墙，屋上架的紫檀梁，屋柱根根松柏木，好个担梁广木香，雕龙画凤玉满堂"。从古到今，通山民众都热衷建祠堂。祠堂属大型建筑物，从第一重的戏台，第二重的中厅立柱、顶棚鼓壁，到第三重的祖堂神龛及前后两旁的厢房门窗、厢楼栏杆，都是木雕师展露才华的地方。大型建筑配大幅雕刻，在祠堂第二重的鼓壁（木制内墙）上多有整版精雕细刻的山水花鸟和历史典故图案。中型建筑物的横梁、穿梁或立柱上，也多雕刻"龙飞凤舞""登科耀祖""渔樵耕读"及花草虫鸟和历史名人典故图案。小型木雕则在大、中、小各类建筑中起补白点缀作用，在挑头、扒、抓、托塞上，雕刻着鳌鱼头、狮子头等图案及福、禄、寿字。

叶鹏飞喜欢大结构大制作，一丈多高的观音像雕过好几尊，祠堂更是主持建筑了十几座。

做泉港许氏宗祠时，有8个团队竞争。他用一夜时间画出图纸，工程就交给了他。他的理论功底如一碗清水，一眼望到底。他只在地区艺校上过2年夜校，学了一些美术基础知识。他的后盾就是他父亲，一切不懂的问题都从父亲那里得到答案。

泉港许氏宗祠最初的预算是，祖堂（享堂）做全木结构，其他全部为钢筋混凝土结构。钢混结构寿命大几十年，全木结构寿命小几百年，造价也有数倍之隔。叶鹏飞把全木结构的祖堂建成后，许氏全族人都说太漂亮了，他们都愿意再捐一回款，把戏台也做成全木结构。一座预算200万的祠堂，让他们自己追加成300万。置身在这样的祠堂里，有温馨、舒适的感觉，能感受团结的气氛，似乎亲情都充溢在那个空间里。

叶鹏飞是个能分清雀替与花牙子区别的年轻人，更是个熟练掌握了四水归堂与响雨堂奥的木雕建筑师。

只有在看他的作品谈他的作品时，才能够与他互通有无，除此之外他就是个沉默寡言的人。

为了让他多掏点东西给我，我请他带我看他建的祠堂。

下泉孔氏宗祠，富丽堂皇，奢华大气。下泉是全县最晚通汽车的地方，以偏僻贫困著称，当你看到这座富丽奢华的祠堂，只叫你感慨万千。在祠堂门口左侧，有一座黑白灰色调的民居，徽派建筑风格十分经典。它的门楣上写着"毓秀尼山"四字，两重连三间，带四水归堂天井。它的体量并不大，只有130平方米。显然经过修缮翻新。叶鹏飞说，就是他翻新的，这是一幢晚清建筑。翻新时，他把这幢房子整体升高了两尺。把房子"整体升高了两尺"，这话把我震惊得目瞪口呆。

焦夏埆夏氏祠堂大门两根大理石柱子，柱础柱顶除外，整石柱4.8米高。大石柱支撑的是大建筑，祠堂内则是全木结构。柏树下焦氏祠堂，地基面积只有350平方米，前后左右都不能拓展一寸。业主却要求祠堂内必须能摆40桌酒席。叶鹏飞说那就做个两层楼吧，于是，叶鹏飞就做了一座两层楼的祠堂。这是全县第一座两层楼的祠堂，祠堂的基本功能全部具备。与时俱进，是叶鹏飞的拿手好戏。

叶鹏飞在县城旁的吴田村，建了幢四层半楼房，1200平方米，居家与生产同一楼，具备车间、仓库、展厅多种功能。他两条腿走路，电脑雕刻和手工雕刻都有。

他还在王明璠大夫第景区开了家精品店。热爱大结构大制作的叶鹏飞，内心里还珍藏着对精雕细刻小件的热爱。他指着小品《娃娃乐》给我们讲故事。这件作品的木料为紫崖柏树蔸，紫崖柏极少见，一般是红的。他在农户的柴火堆里发现这个树蔸，与户主谈价，敲定60元成交。他准备用微信付款，户主是老者，无微信。车上只有15元现金，老者说就15元吧。叶鹏飞精心构思，精雕细刻，完成这件《娃娃乐》，表现一个小孩在放鞭。如果出售，2万元起步。

浸淫其间多年，叶鹏飞深知艺术的无上价值。泉港祠堂是拆旧建新，旧祠堂还可再利用的有八个石柱础和一副石门框。曾有一位老板与业主谈条件，把这些石件给他，他送给业主一整座祠堂。因为这些石件上都有蝙蝠争舞、鹿鹤同春、断鳌立极以及福禄寿喜财等字，价值在于前辈石匠的创作。业主要保留的也正是这些石件，那里有关于祖先的记忆。

叶鹏飞深感欣慰的是，他18岁的儿子在学美术专业，对木雕有兴趣。

肆

熊宝杏是熊应华的大女儿，大家喊她阿杏。以"阿"称呼，鄂南仅通山一县，只与千里之外的广东相同。

木雕师的家都很凌乱，到处是木料、半成品、成品，还有收藏品、锯木屑、刨花、灰尘，永无整洁日。家庭成员如果不热爱木雕，这一切只能使人厌烦。孩子多，有的就经常生气要摔父亲的东西。好在，四个女儿中有一个爱上了木雕。

阿杏说，爷爷弟兄二人，各生五个儿子。父亲兄弟五人，和他们的堂兄弟共十人，也就是十家同住在同一幢房子里。那是一幢大而老的房子，现在想来，房子结构合理，功能齐全，木雕、石雕、砖雕虽然不奢华，但一样不缺。阿杏后来回忆，小时候就喜欢这些东西，这大概就是后来姊妹四人只有自己一人走上木雕之路的原因吧。

阿杏的艺术感觉相当好。她曾三言两语给我勾勒了一个有画面有情节的故事。同塆的一个姑娘，嫁到雄狮崖山顶的人家。姑娘想妈了，就站在山顶上喊一声："妈，我想家了！"妈妈马上回答："那你快回来吧！"妈妈立即上山去迎接女儿。相见的期待变成甜蜜之旅，她们在半道上汇合，再一起往家走，有说不完的体己话。

去年的大暑时节，我听阿杏这么一讲，就一直惦记着那个"山顶"。直到今年惊蛰时节，才找机会爬了一趟雄狮崖。"看见屋，走到哭"。只走一小半，崖路完全被荆棘封堵，只得绕道背面横垱山盘山公路上去。车到船坞塆，再步行三华里奇石林立的山路，上到雄狮崖顶。阿杏早就说过，山顶人家已搬迁，我们看到的是一些老油茶树，还有更多新栽的油茶树。这里正是著名的青山油茶的产地，青山（横档山）大队是当时全县的油茶专业生产大队，该大队的横垱山、鲍家塘、船坞三个生产队不种庄稼只种油茶。站在雄狮崖顶，可看到横石街，还能看到九宫山的铜鼓包。没人喊山了，内熊塆防火护林的高音喇叭声在这里还能清晰听到。

一个女孩子，要干木雕，终究是有一些障碍。首先有观念障碍，但是，阿杏带我去看了老家内熊新屋祠堂，我在那里找到了好像是答案的东西。那祠堂叫隐峰公祠，面阔五开，通深三进，二进与三进的正堂是祠堂，两侧是居家，居家与祠堂同在一幢大房子里。祠堂在雄狮崖下，从祠堂天井可以仰视雄狮崖山顶，山顶绿树满目。祠堂第二进的大梁上挂着一副镀金的"萱草长春"匾牌，新屋第一代女主人60岁生日时娘家后辈赠送。在别的祠堂，女性只能从边门侧道进出，不能在正堂活动，夫家居然把这块匾牌高悬在正堂的大梁上。

2022年清明节，内熊塆把所有嫁出去的姑娘请回来，大张旗鼓地搞了一个"凤归巢"谒祖省亲大典。120多位出嫁女从各地赶回娘家探亲聚会，感恩父母养育之恩。几十年没回娘家的也回来了，101岁的老奶奶也回来了。出嫁女载歌载舞尽情展现才艺，娘家的太婆们也不甘示弱尽情欢唱，一个个节目轮番上演，台上台下一片欢腾。

由此可见，这里的女性一直享有与男性平等的人格地位。在这样的文化环境里长大的阿杏，观念的障碍在她自己的头脑里微乎其微。

通山木雕以境内硬质木材为制作材料，注重"三分下料七分做"，工序复杂，工具有斧、刀、凿、锤达三四百种，绝大部分是铁家伙。这些"硬质"这些"铁家伙"，都是让女孩发怵的东西。这样的障碍，只能靠她自己克服了。

樟树是通山所有木雕师的首选用材，阿杏更是对樟木情有独钟。她说，樟是江南四大名木（樟、楠、梓、桐）之首。依《本草纲目》解释："其木理多文章，故谓之樟"。樟木纹理排列工整，因而古人认为樟树是文章才学的象征。比如它开花，就默默地开花，也许很多人都没有见过樟树的花，细细弱弱的白绿色小花，常常被阔大的叶片遮盖，但是很精致。然后她香，默默地香，那种香法，提神醒脑，又明心见性，既不会过于微渺也不会过于盛大。阿杏的绝大多数作品，都由香樟雕成。

阿杏有不少高光时刻。她考上过中央工艺美术学院的进修班，在通山木雕行里是头一个，也是目前唯一一个。在2014年的"中俄情·荆楚风"非遗展上，她代表湖北木雕界在俄罗斯现场雕刻《闹元宵》。

一块木料拿到手上，最终会雕成什么样子，其实雕者也不知道。这只是一个彼此不断倾听对方心底声音的过程。把腐朽凿掉，把伤痛凿掉，把背叛凿掉，重拾爱意与欢欣，从此平淡中带点倔强地活着。阿杏很享受这种工艺的体验和生命的体验。

我手头有一份通山木雕传承人谱系，上有24位传承人名单，女性唯熊宝杏一人。阿杏的儿子21岁了，已经准备做木雕。阿杏的女儿只有7岁，阿杏内心里也想她将来能够做木雕，成为另一个女性木雕传承人。女木雕师太珍稀了。

伍

看到那几个孩子在全神贯注地做木雕，我心里有一种踏实安定感。有了木雕，这些孩子就不会时不时地看手机打游戏。

走进通山县职教中心的成希木雕传承中心，正有5个孩子在雕刻。他们捶的捶，凿的凿，雕的雕，刻的刻，没有一个人抬头望我们，可能要望也是用眼角的余光瞥了一瞥。3个男孩2个女孩，2个15岁3个16岁。他们学习的专业分别是财会、计算机、园林、幼教，以兴趣班的形式参加木雕传承中心的活动。陈希木雕传承中心，平常共有20多个学生参加木雕兴趣班，这5个孩子暑假期间还在学木雕。他们在雕刻一些简洁的图案，但都有模有样，很好看。他们或许终身爱好木雕，甚至终身从事木雕。

当我一个月后见到成希本人，交谈不多就发现他太腼腆了。如果直视他的眼睛，他马上就会慌乱地移开眼，让你不忍心直视。

他是个完全活在自己世界里的人，他的世界就是木雕世界。

初三只读了半年他就跟父亲去学木雕，那年他14岁。20岁自己也带徒弟了，不下跪不叩头，拜师酒一定要喝的。如今36岁的他已经是22年工龄的老师傅了。

越做越喜欢，越做越感觉有意义。陈希对我说这句话时，眼中闪着光芒。

金顶挑介绍，陈希原来更不会说话，这些年"非遗中心"安排他参加不少活动，还练出来了一些。2016年6月，成希赴新西兰参加文化交流。2018年，成希被湖北省总工会授予"荆楚工匠"称号，曾到成都、泉州、长沙参展，到安徽、江西做项目。成希的木雕作品通山看橱，参加了2021年上海"百年百艺薪火相传"展览。成希是通山最年轻的已雕成看橱的木雕师。

成希是个讷于言而敏于行的人，一到木雕场他就活起来了。湖北卫视2022年国庆档期，推出七集特别策划节目《桥见十年》，全网霸屏。第一集《桥与城的双向奔赴》开头是一连串动感十足的镜头。木雕工具袋是一块一米多的长条帆布，帆布上布满小袋子，工具就插在密布的小袋子里，然后，内卷成筒，捆紧。成希用极豪放的抛抖动作，展开工具袋。然后，画面展示成希潇洒的雕刻动作，紧接着行云流水的雕刻动作之后是成希向观众展示他的作品：木雕《武汉杨泗港长江大桥》。精湛的技艺在推拉摇移的流变中动起来，在光影的渲染中炫起来，在慢镜头的铺陈中美起来，在特定镜头的强化中活起来。之后，主持人出场站在杨泗港长江大桥解说。以木雕制作桥梁的开篇，为节目注入了厚重的历史和深邃的文化，那巧夺天工的技艺，更是赋予画面精致唯美的美学特质。成希把通山木雕很好地炫了一把。

九宫山瑞庆宫有一件石雕《百戏图》，考证为元至元年间（1271—1340）冲隐大师封太本重建宫殿时所镌。石雕《百戏图》原嵌于通明殿之西庑墙上，长136厘米，高75厘米。石雕左上角和右上角，分别为九宫山的标志真君殿和卧龙松，是为背景。画面主体分左右两部分。左边，上为凤凰来仪，下为麒麟送子，一童子骑麒麟踏八宝，幻出书册。右边，上为一表演者空中走索，一女伎手执平衡担，从容走于悬索之上；下为小戏表演，一生角头戴生巾执扇起舞，一旦角腰系鼓手执锤，亦作舞姿。地上放着两只戏箱，右一箱侧有一条玉带，左箱上有一人站着敲锣，兼顾上下，既为走索喝彩，又为小戏伴奏。右有一人击钹。画面构图严谨，情景逼真，工艺精湛，是元代小戏和杂耍的反映。此石雕十分珍贵，也很著名，现存县博物馆。

世上已无石匠，已经无法再雕一个石雕《百戏图》，有关部门求助木雕师，留一幅木雕《百戏图》。找到了成希，于是，成希完成了一幅木雕《百戏图》。"画中有戏，百看不腻"。多少年后，木雕《百戏图》无疑也是文物。

陆

民国以前，邻县崇阳的木雕师很受通山人尊敬，他们木雕的整体水平，比通山木雕师要稍胜一筹。通山的一些大型建筑总要请崇阳师傅来主持或加持。如今，木雕江湖，再无崇阳身影。通山木雕，且行且远。2014 年 12 月，通山县因享有盛誉的特色传统工艺木雕，被国家文化和旅游部命名为"中国民间文化（木雕）艺术之乡"。

崇阳与通山木雕的此消彼长，完全取决于人。熊应华先后带出 60 多个徒弟。叶瑞祥则记不清自己带过多少徒弟。叶鹏飞、熊宝杏的孩子们，还将从事木雕。成希的学生，至少也有一部分会从事木雕。

瑶山红茶并不遥远

"由船埠塘而入，山盘路曲，林谷葱蒨，染人衣袂。越郭家岭，达杨芳林，则平畴壤接，到处烟村。南北山高，芙蓉嶂列，虬松凤竹，苍翠欲流；双双白鹭，散于田间，如绿盘点雪。真绝境也！"这是同治七年（1868）《通山县志》对杨芳林的环境描写。

2022年10月20日，我们在杨芳林乡株林村黄少华家吃午餐。黄宅是漂亮的别墅，席设客厅，门外远山近畴尽入眼帘。吃着杨芳包坨等美食，看着丽日晴岚下的美景，美食给美景添彩，悦目赏心；美景给美食加味，心花与味蕾齐绽放。真是无与伦比的享受！

杨芳林位于县域西南部，原为江西与崇阳通衢途中小镇。明末清初年间，江西巨石巷人杨芳林来此开饭铺，他把饭铺开得深入人心，来往客商以其姓名代地名，久而久之，"芳名"流布。

在全通山的乡镇中，杨芳林的名字最美。它是未经雅化的天然美，不像燕厦从堰下雅化而来，不像厦铺从下铺雅化而来。由人名衍化成地名，这个人名首先要好，不能阿猫阿狗地随意叫。因此，我们要感激杨芳林的父母以及与杨芳林同时代的先人。1998年大规模机构改革，杨芳林是全县唯一未被撤并的乡镇。

所有的美名都不能孤立成就，而要有众多的美好元素共同加持。加持杨芳林美名的至少有牛肝豆酱品，当然，更有瑶山红茶。

杨芳林地处通山九宫山至崇阳龙泉山两百里茶园通道中段，又有富水船筏可直接运茶出长江，因而在清后期近百年间，成为富水上游茶庄林立的茶叶重镇。

壹

鄂南茶事甚古。

陶渊明在《续搜神记》中写道："晋武帝宣城人秦精，常入武昌山采茗"。晋代鄂南各县均属武昌郡，"武昌山"当指鄂南所在的幕阜山区的大山。陆羽《茶经·八之出》有"江南茶，出鄂州"之语。今鄂南是唐鄂州的主体，也是当时的主要产茶区。唐代书法家李邕品过钟台山桃花绝品茶。鄂南无疑是我国古老茶区之一。

"茶道一味，茶禅一味"。九宫山自晋代即为道教圣地，南宋则成为中国四大道教名山，道士茶也兴盛起来，宋代山上便有"茶寮观"。《九宫山志》载："稚三峰高地，有茶一顷。……道徒拾柴采茶，锅炒之，手搓之，阳干之"。

唐代李肇《唐国史补》："三界尖……煎片茶入贡"。宋代《宋会要·食货记》"进宝、双胜、宝山名片茶入贡，以杨芳之茶为名"。元代马端临《文献通考》："片茶皆出兴国军，……近则蒲圻、崇阳，通山为最"。《湖广通志》："武昌茶出通山者上，崇阳、蒲圻次之"。《康熙通志》曰："茶出通山者上，……而杨芳林为最"。

宋代，通山三界贡茶，一箱重四十五斤，价值五十银圆。当时三块银圆可建一栋民房。宋代，通山所产茶砖以商品形式在内蒙古易马，一块茶砖换上等马一匹。

综上文献之意，鄂南是湖广的大茶区，质量上乘，质量最优者则是通山，通山茶名气最高者是杨芳林茶。

鄂南茶事之古，还事涉一个古老的民族。北宋范致民《岳阳风土记》说："龙窖山，在（临湘）东南，接鄂州崇阳之雷家洞、石门洞。山极深远，其间居民谓之鸟乡。语言侏离，以耕畲为业，非市盐茶不入城市。邑亦无贡赋，盖山徭人也。"

山徭也称莫徭，意为不负担徭役赋税的民族。因瑶人祖先为朝廷（汉朝）征战有功，又因为瑶民占据的是山间瘠地，所以能免徭役赋税。明洪武二十四年（1391）制定的《天下郡县赋役黄册成》规定，龙窖山也即今天临湘、通城、崇阳、赤壁四县交界的药姑山一带，人均负担一石粮，而瑶民精制的茶叶另被列为贡品，户平"岁贡芽茶十六斤"。既要纳粮，又要贡茶，瑶民不服，朝廷则严刑重罚，官逼民反。《明史》记载，自洪武五年至三十一年（1372~1388），"蛮叛""讨蛮""平蛮"事件就有三十三起。最后"蒋大官人发大兵"，镇压瑶民。瑶民被迫又一次南迁，迁离他们的幕阜山故里。

瑶民的先祖是蚩尤部落的山地民族。黄帝和炎帝联合大战蚩尤，蚩尤部落战败南迁。他们在鄱阳湖与洞庭湖之间的幕阜山区生活约十个世纪，在这千年时光里，由族群概念不明到形成了瑶族。鄂南今天已经没有一个瑶族人了，但中国民间文艺家协会却授予咸宁市"中国古瑶文化之乡"。瑶族，正是以茶为"支柱"产业的民族。瑶人常居的海拔八百米以上的山地，正是优质茶叶的产地。鄂南至今还有漫山遍野的野茶，或许就有瑶人所植。

最富瑶族特色的地名有峒和排。鄂南现有雷家峒、羊楼峒等。排则更多，崇阳雨山上有一、二、三等三个排。在通城小小的大柱山周边就有古铜排、大垅排、佘家排、余家排、杨家排、姜家排六个排。通山杨芳林这座小山直呼为"瑶山"还真少见，但是，她绝对是广西大瑶山的祖先。广西大瑶山的北端起自金秀瑶族自治县的一头排断裂谷。一头排属于头排镇，而头排镇与相邻的荔浦市一片共有十个叫排的地名。

生活在幕阜山区的瑶人和汉人，多有种茶能手。

贰

通山茶最响亮的品牌是瑶山红茶。

瑶山红茶的发源地在杨芳林乡晓泉村瑶山。瑶山首先是一座美丽的山，山不高，一条长形山上有三个小山头，形成了那种典型的笔架山形状。瑶山紧邻杨芳林街市，山顶森林覆盖，山腰坡缓平坦，山脚下有一条叫晓泉的山泉环绕。瑶山虽然不高，因有晓泉环绕，常年云雾弥漫，所产茶叶色泽乌润、汤色红亮、滋味醇厚甜润。

把瑶山红茶推上国际舞台的重要人物是黄贻中。

道光二十八年（1848），杨芳林商人黄贻中将红茶运往牛庄，卖给英商怡和洋行，通山红茶从此进入英国伦敦。至咸丰四年（1854）黄贻中的资本由原来的纹银数百两增至三千余两。这一年，他干了人生中最大的一件事，与九江英商代办方春源在杨芳林合资开办"春源和"茶庄，制作并销售红茶。当时局势动荡不安，太平天国运动正风起云涌，本地商人只想捂紧自己的钱袋子。当年二月，太平军石祥祯部攻占通山县城，藕塘一役，全歼知县陈景雍所率团练兵勇。可谓兵荒马乱。知县的命都丢了，黄贻中却敢大手笔投资。

黄贻中素来敢冒风险，因为老婆的一句吉言如吉星高照着他。

黄贻中原是杨芳林株林坳下塆的穷汉，挖过煤、卖过柴火、卖过鸡蛋。妻子陈氏在村头开个小杂货店。两口子积累了一些本钱后，就想到杨芳街做生意。一段插曲给了他积极的心理暗示。那天吃过早饭，他挑一副担子出门，一头是衣物用品，一头是一桶米。刚迈出门槛，米桶的底掉了，米撒了一地。他当时就傻了眼，这个兆头真不妙呀，他马上就打起了退堂鼓。他的妻子心里也着急，但是，气可鼓不可泄，妻子马上圆场："你这是发财无底（底：止境）啊！最好的兆头了！"

于是，黄贻中又迎着朝阳出发了，来到了杨芳林街上先从杂货铺开起，兼收茶叶。此后，虽不能说是一片坦途，但在披荆斩棘中前行，他还是脱颖而出了，成为杨芳林有头有脸的茶商。有一回，他在九江卖完了茶叶，为了不让船放空，他把没什么人要的泥巴脚盐买了一船运回。盐太次，无人买，一直囤在仓库。咸丰二年（1852），太平军东征，在九宫山一带驻扎，烧了九宫大殿，断了南北交通，食盐奇缺。他的泥巴脚盐成了宝贝，一下涨价 10 倍，他成了杨芳林的首富。

"春源和"是通山历史上第一个中外合资企业。"春源和"茶庄一进六重，两侧有耳房，面积达 2400 平方，可同时容纳 500 多人制茶。制茶设备齐全，有大杆 13 把，广车（风车）30 部，烘笼 50 个，炒锅 100 口，捆袋 500 条，茶盘 1000 个。黄贻中一年获利上万银洋。

"春源和"的建成，直接效果是瑶山红茶可以直销英国伦敦。

道光四年（1824），广州茶商钧大福到杨芳林收购茶叶，他请来从江西修水以制"宁红"出名的茶工，将红茶技术带到了杨芳林。这是杨芳林制作红茶之始，也是通山县制作红茶之始。从杨芳林制红茶以来，到直接出口，其间整整经历了 30 年。机遇到来之时，黄贻中紧紧地抓住了。杨芳林乃至通山县的茶业，不断走向辉煌。

黄贻中时代，杨芳林一镇茶庄达"十个半"。它们是：春源和、协和祥、同生、人大唐、先人大、先顺兴、唐德大、乾得祥、郑常大、永丰祥，还有一家小庄，旺年开淡年停，故称"半个茶庄"。在杨芳林镇，仅制茶工人就有 2000 多人。每逢茶季，家家户户，男男女女，老老少少都上山采茶；山山岭岭，村村塆塆都飘荡着欢乐的采茶歌。茶庄人来人往，收茶的、制茶的、拣茶的、装茶的忙忙碌碌，进进出出，到处都幽香四溢。

在中英合资的"春源和"成立的第二年，清政府在通山县设立茶税分局，茶税分局延伸到杨芳林，设立专门茶税办事处。

杨芳林以外，富水两岸和支流上的横石、湄港、燕厦、厦铺等地也有茶庄。横石的"同太和"、燕厦的"洽和隆"规格最大。

瑶山红茶，成为英国人的宠儿。英国皇室和贵族争饮。英国的报刊，经常写到杨芳林的瑶山红茶。后来一份英国出版的世界地图，上面没标通山县却只标了杨芳林。英国人对瑶山红茶达到了迷信的程度。光绪二十九年（1903），英商在杨芳林购买带土茶苑 500 株，准备运回欧洲栽培，并请知县押运。秀才金济清率茶农数百人，在杨芳河蔡坪打桩设障，制止了茶苑外流。

黄家发财不发人。黄贻中英年早逝，独子也青年早夭。上天对黄家还是有所眷顾，这家摊上了个好儿媳谢氏。谢氏请了贞节表，立志守寡保住茶庄，全心捐抚养遗腹子黄健纯长大成人。黄健纯后来成长为远胜其祖父的商业奇才。黄健纯生育了 7 个儿子，第四个儿子更是将茶庄开到上海大都市。

宣统二年（1910），英商协和洋行代办关乾风与黄贻中的孙子黄健纯合资开办"协和祥"茶庄。"协和祥"茶庄大门镌刻了一副楹联"协心协力利从协出，和中和外祥以和生"。雇请制茶工人 600 余人。此后，英、德、意、法、美、日、萄、俄八国茶商的资本，与本地茶商合作。黄健纯时代，杨芳有十二个半茶庄。上街有黄健纯的"协和祥"茶庄，朱运碧的"同丰"茶庄；中街有唐德大的"德大"茶庄，郑常泰的"常泰"茶庄，谢宝成的"宝成"茶庄，吉涌祖的"涌祖"茶庄；下街有谢儒海的"仁大堂"茶庄，郑其祥的"乾德祥"茶庄，舒正煌父亲所设的"永福祥"茶庄。因"永福祥"茶庄规模最小，被称半个茶庄。汉口茶商在遂庄设立"福太祥"，在晓泉设立"福兴和"，在株林设立"永太源"，在大平庄设立"义富祥"。

茶庄在每年清明前开业，接洽茶商，招收工人，维护机器，整理厂房。清明后开秤收购。每到这时，杨芳林两里长的街道就到处人头攒动，川流不息。茶庄里机声隆隆，人声鼎沸。江西修水、武宁的，湖南平江、岳阳的，湖北通城、崇阳的，采茶制茶男女成群结队，甚是热闹。

瑶茶红茶，马上迎来了它的最高光时刻。

宣统二年（1910），汉口"厚生祥"茶庄以通山红茶参加南洋赛会，获二等镶金银牌奖。1911 年 8 月出版的《最近汉口工商业一斑》统计：杨芳林这时年产头春红茶 22214 箱，二春红茶 1433 箱，合 23647 箱。杨芳林茶区的茶叶经济成了那时通山一县的支柱产业，使通山达到"民以茶为业"的盛况。

民国四年（1915），汉口"同太和"茶庄以通山杨芳林红茶参加巴拿马赛会获一等金奖。此后，通山红茶价格大涨，每箱值白银 63.5 两。

第一次世界大战，对通山茶业有直接冲击。但通山茶业"树大根深"，顶住了最初的冲击，并且逆势上扬。巴拿马金奖的 1915 年正是开战的第二年。不过，巅峰过后开始走下坡路了。

第一次世界大战从 1914 年打到 1918 年，期间，外商撤回资本，中国红茶业受到严重打击。以红茶著名的通山杨芳林茶区茶事渐衰，茶庄渐少，红茶渐减，所剩的茶叶逐渐转制老青茶边销。繁荣景象维持到了民国初期，1917 年，全县有茶农 3500 余户、制茶技工 3000 余人，输出茶叶 20000 箱。至民国 9 年（1920），通山茶庄由最多时的 35 家降为 5 家，杨芳林还有"福泰祥""福兴和""永泰源""义昌祥"四家茶庄，这四家茶商销售各类茶叶箱装 5830 箱，包装 1880 包，价值 81210 元。其他一家是横石的"同太和"茶庄。此时，全县的产茶量不足 5 年前杨芳林一镇的四分之一。

叁

给通山茶业造成毁灭性打击的是日本侵华战争。

日军侵占通山后，著名的茶镇杨芳林，遭遇一次日机轰炸和一次日军部队抢劫，茶庄停业，熟练制茶工人被迫另谋生路，茶园大面积荒芜。直到中华人民共和国成立前夕，全县茶庄无一幸存。

1948 年，通山种茶面积仅存 1 万余亩，产量 3 万公斤。1949 年，年产茶叶 2 万多公斤，出口转为内销。

茶园不管如何荒芜，通山人的茶叶梦从未破灭过，心中永远有一棵绿色的茶树。

1966 年 1 月，将南林土桥园艺场改为茶场，建茶园 1100 亩。同时在土桥茶场创办土桥茶叶学校，招生两个班，学生 80 人。1967 年新招两个班，学生 80 人。学生毕业后"社来社去"，不做分配。教学课程有语文、数学等文化基础课和茶叶栽培、茶叶管理等专业课。1968 年停办。1969 年 12 月，国营土桥茶场购进"东方红-20"型轮式拖拉机 1 台，是本县引进的首台轮式拖拉机。可见，土桥茶场是当时县里的明星企业。

1979 年，杨芳产茶 15 万公斤，居全县首位。1981 年，杨芳林茶场恢复毛尖茶生产，仿制"龙井""碧螺春"，其中，"杨芳毛尖"被评为咸宁地区优质产品。1985 年，杨芳林镇建立砖茶厂，当年制砖茶 50 吨，远销边疆少数民族地区。1988 年，应广交会邀请，送 50 公斤瑶山红茶参展，受到英国茶商青睐。1991 年开始逐渐萧条，2005 年杨芳茶场停产。

1992 年 7 月，英国学者史密斯到杨芳林乡考察茶文化。史密斯是一位经济学者，被咸宁市专门请来讲学。他在国内史册上发现 19 世纪英国商人来杨芳林开办茶庄的记载，实地考察茶庄遗址和新建茶厂后，表示愿为杨芳林茶叶打入国际市场出力。

通山的茶业历史上很长的时间处于鄂南的翘楚，战争之祸结束后多年，通山有识之士深感不能再怨天尤人了。

肆

我在曹可俊的茶山上"生活"了半天，就有了一个想法，想写一本名叫《幕阜山茶事》的书。

那半天，真的是"生活"。

浩瀚无边的群山，连绵辽阔的茶园，任目光饕餮。茶园边的杂树林里，有一些人在摘板栗。那是野生板栗，随便摘，生吃熟吃皆味美。我讨了一把离树时间不超过半小时的新鲜板栗，细品美味。老曹的两位孙辈，女孩是小学生模样，男孩大约是幼儿园大班的小朋友，他们攀树摘花，呼姐唤弟，不亦乐乎。女主人郑银织大姐，与两位帮厨的嫂子热气腾腾地准备午餐。老曹自己在向记者讲述他的创业史，老曹的两个儿子曹茂洋、曹茂建在一旁做些补充。

老曹的茶园在冷水坪的上王山。上王山海拔高度千米，东可望九宫山，西能眺三界尖。茶园学名为九宫山有机茶基地。一片片茶树，开着一朵朵白色的小花，一排排的蜂箱散落摆放在茶林间，一只只蜜蜂嗡嗡地唱着歌，忙进忙出。

1977 年，通山县被列为全省 15 个主要产茶县和全国 100 个重点产茶县之一。

这一年正是恢复高考的第一年，曹可俊考上了浙江农业大学（现并入浙江大学）茶学系。毕业后，老曹在县特产局上了 18 年班，虚岁 50 那年，突然要"下海"上山办茶园。感到突然的是家人和同事，老曹自己知道这当然是深思熟虑的谋定而动。

当年见证了老曹签约仪式的袁玉开，在一篇文章中写道："2003 年初春，上王山薄雾轻纱，笼罩着杂木林和腊梅花。老曹在合同上郑重签下自己的名字，合同内容为承包冷水坪村上王山荒地 26836 亩，经营权 70 年。老曹从此在上王山上铺开种茶的人生画卷。他们一家住在林场废弃的几间旧房里，一边变卖自家县城唯一的住房，一边找亲朋好友借钱，开荒种茶。高山不通车，米面油盐全靠肩挑背驮。没有电，点煤油灯。没有水，引山泉水。头五年，开垦茶园 600 亩。后来边受益边开垦，现在累计开垦茶园 2863 亩。"

老曹是茶人中的科班出身，农大茶学系毕业，讲究高起点和规范化。上王山上的茶树还没完全长好，老曹就先注册了茶叶商标"九宫山"，在咸宁市同行业首家通过国际质量体系认证。如今，"九宫山"有机茶是全国农产品地理标志产品，全国百佳标准化农产品。2011 年 5 月，被国家工商总局认定为"中国驰名商标"。湖北省九宫山茶叶有限公司，也成为国家级农业产业化重点龙头企业。

上王山自古出产野甜茶。老曹反复试验，精心培育，科学加工，研制出独具特色的高山绿色新饮品"九宫山"野甜茶。中国科学院植物研究所鉴定，"九宫山"野甜茶为蔷薇科可食性新品种，对"三高"有明显抑制作用。老曹因此获湖北省重大科技成果奖，得到50万元科技奖励资金。

"九宫山"系列茶产品销遍全国29个省、市、自治区，并通过经销商转销出口到外国。于是，老曹申请了外贸自营进出口权，直接把茶叶卖到美国、英国、捷克、哈萨克斯坦、韩国、日本等多个国家。

老曹累计投资达5000万元，但老曹自豪地向我们说，一不欠银行一分钱贷款，二不欠工人一分钱工资。他的合作社有当地192个农户加入，季节采茶工则更多。长年用工中有几十个残疾人。对于残疾人，对他们的工作质量马虎一点，对他们的报酬倾斜一点，就是要给他们关心多一点。

老曹的布局能力令我很是佩服。选择上王山就是一着妙棋，这里山高路远，但生态极好，种茶的优势众多。再看他的两个儿子，上的都是农业大学，大儿子曹茂洋在安徽农业大学，小儿子曹茂建在湖南农业大学，都学茶学专业，并且，两个儿子都跟着他种茶制茶卖茶。曹茂建任公司总经理，曹茂洋任公司副总经理，他自己当董事长。我们上山的那天是周末，老曹让两个孙子到茶园来玩，那其实也是在他们幼小的心灵播撒爱茶的种子，他们很容易选择茶业，很容易当茶人。

在曹可俊的茶园里生活了半天，压轴戏也精彩，午餐吃的是山珍野味，临走，每人还有一提"九宫山"野甜茶相送。

伍

陈从拼在通山太平山建起中国最冷的高山茶园。

他是个半路出家的茶人。在浙江办了多年的工厂，工厂被一场电火烧毁。由身家千万，到不名一文，他想到了故乡。第五天，他回到故乡。

在商海游走中，他到过台湾，喝过台湾的冻顶乌龙茶。喝茶时，他就想到了故乡的太平山。台湾的雪顶乌龙，产地在海拔千米的高山上，太平山也是海拔千米，主峰大垴尖海拔1329米。太平山在北纬30度，台湾在北纬20度，纬度相隔10度，这让陈从拼吃尽了苦头。

第一年，他从台湾引进高山茶树种软枝乌龙，一场大雪，树苗全被冻死。茶树，在低于零下十度的环境下，一般难以成活，而太平山冬季最低温度在零下18度。这些，当时他都不懂。

第二年，又一次引种，并请来台湾高山乌龙茶种植专家。专家说，温度太低；用上防冻措施，成活率可达到40%。如种植成功，品质一定会高过台湾高山乌龙茶。陈从拼给茶树苗套上塑料袋，还给地垄盖上茅草，终于保住了40%的成活率。

第三年，再次引种，他给茶树苗搭上薄膜小拱棚，成活率又提高了两成。

第四年，继续引种，他去了一趟日本，引进了即时化雪的高密度黑网。黑网叫遮阳网，保温性能特别好。茶苗终于百分之百成活。

前后四年，仅仅为了种活茶树苗，他就付出了1000多个日日夜夜和500万元的代价。回乡创业的12年，他共投入3000多万元。上山下山，开坏了4辆车。有一次翻车，命差点交给了太平山。

1000多亩生态有机高山茶园，含乌龙茶、红茶、抹茶在内，年产总量也不过区区2000公斤。唯有如此，才能让茶的品质得到充分保证。红梗粗壮肥嫩，叶片细长柔软。

太平山高山雪顶乌龙茶，色泽墨绿，外形整洁，在木盘中泛着幽幽的光泽。投茶入壶，叮咚作响。开水高冲，茶粒激荡，一股馥郁的花果香立刻扑鼻而来。斟茶入杯，汤色橙黄，轻抿一口，舌底生津，满口生香。

陈从拼品牌运营意识强，注重与媒体融合。太平山雪顶高山红茶上市不久，就上了湖北广播电视台城市之声《一杯茶的时光》栏目，主播茶先生林木倾情推介。太平山高冷品牌，通过了欧盟有机证，还是CCTV信用中国栏目合作伙伴。

在通山县城，有一款"雪顶抹茶牛肉面"成为人们追捧的早餐，面条掺进了高山雪顶优质茶粉。这是陈从拼开发的雪顶高山茶周边产品。还没喝过雪顶茶的人，先吃上了牛肉面。吃过牛肉面的人，终究会去喝茶。此外，还有掺高山雪顶茶粉末的奶茶、雪糕，都是美团上线。在通山县开发区里，有个抹茶牛肉面工厂，产品销往北上广深和日本。

陆

白茶，素有"一年茶，三年药，七年宝"之说。宋徽宗在《大观茶记》赞曰："表里昭彻如玉之在璞，无与伦比也"。宋徽宗赞的就是作为贡品的白茶。

一片树叶落入水中改变了水的味道，从此有了茶。茶是等待唤醒生命的树叶。我国是世界唯一的白茶产地。白茶工艺只有萎凋一个环节，因为人工参与环节少，无添加，所以最大化地保留了茶叶本身的天然营养价值。故而，造就了白茶这种最原始、最古老、最自然、最健康的茶类。

白茶多产福建，浙江安吉白茶，实为白化茶，是绿茶的高山低温敏感型变异品种。春季，因叶绿素缺失，在清明前萌发的嫩芽为白色。在谷雨前，色渐淡，多数呈玉白色。谷雨后至夏至，逐渐转为白绿相间的花叶。至夏，芽叶恢复为全绿，与一般绿茶无异。白化茶的制作工艺也是绿茶工艺，但为绿茶中的精品。

通山居然有两个在建的万亩白茶基地。

2021 年深秋，陈学文陪我到杨芳林采风，他带我去看了郭家岭村牛壶山的白茶基地。茶园所在的山岭不是很高，但坡度较大。因为比较陡峭，那种层层叠叠的葳蕤茶树，极为壮观。

一年的采茶制茶售茶工作基本告罄，茶场里只有寥寥几人。在制茶车间，一位女士给我们各泡了一杯当年的白茶。过去很少喝白茶，这茶汤色清雅，口味淡雅，比较特别。

2022 年春天采茶季节，我在网上看到一篇关于这个茶场的报道。总经理丁海锦介绍，当时每天有三四百名茶工采茶，一共有白茶、黄金芽、黄金叶三个品种。每天可以制成干茶 300 多斤，前期茶叶每斤可以卖到 3000 多元。

这个茶场由湖北钱锦世纪茶业有限公司投资建设。茶场总面积接近万亩，规划分三期建设种植基地、加工园区、休闲体验区、露营场地四大板块，打造成集有机茶生产和旅游观光于一体的生态茶业观光园。2017 年开始建设，已经定植"喆白"白茶 2000 多亩。

总经理丁海锦是上海商人，杨芳林的女婿。他选择到杨芳林来投资茶场，就是看好瑶山红茶这个响亮的品牌。

初冬时节，我到燕厦乡畅周村去看一座老房子，路边的一块牌子突然映入眼帘：畅周万亩白茶基地。这是个闻所未闻的白茶基地，但真实地摆在我的面前。

畅周白茶基地为白化茶基地，由安吉老板投资，2018 年开始建设，已定植白茶 3000 亩。为白茶一号、水晶白茶、洁白、金镶玉、黄金芽等高端品种，注册商标"富水白茶"。2022 年春天产出首批茶叶，全部销往江浙沪市场。

畅周白茶基地二期继续开发种植 3000 亩，三期带动周边群众种植 4000 亩。

燕厦乡长肖燕在微信里告诉我：打造"滨湖康养小镇"是燕厦乡的目标定位，核心竞争力在于绿色体验和生态康养，所以茶旅融合是重要途径。

茶园总有好景色，就是那变幻的色彩也够迷人了。

柒

程繁杨四兄弟名字分别为：盛杨、茂杨、繁杨、衍杨。因为他们是杨芳林人，父母希望他们热爱杨芳林服务杨芳林。

赋予繁荣杨芳林使命的程繁杨，把自己的梦想锁定在瑶红茶上，要让百年瑶红重现江湖。

春季的茶园，是一幅美丽的画。采茶姑娘的倩影，是茶园的标配。

采茶能手大多是心灵手巧的姑娘。当然，也有另外。读小学时，学校组织在乡办茶场勤工俭学一周，每人每天交茶叶 15 斤。大多数男孩子完成不了这个任务，但是，程繁杨可以超额完成，能拿到难得的奖金。记不清从几岁开始，妈妈在地里干农活，程繁杨跟着去玩。如果是采茶季节，他不白玩，小不点的他就在田边地头摘野茶。所谓野茶，就是没人采的茶，过去茶盛时遗留下来的三三两两的茶树。

程繁杨后来上大学学的茶叶专业，毕业后在农科院从事茶叶科研及开发工作，并且在职创业建立了自己的茶场，创立了自己的茶叶品牌"瑶红"。他现在是有教授级专业职称的茶叶大师，像他这种集产学研一身的茶叶大师，全国也不多见。

杨芳林自唐宋以来便盛产绿茶、黑茶，独特的地理环境和气候条件使茶叶品质极佳。1850 年前后，瑶山红茶进入盛期，比祁红、滇红都要早得多。

1915 年，瑶山红茶获巴拿马万国博览会一等金牌奖，与国酒茅台同获殊荣。"当时通山茶庄 36 户，年经营红茶 2.5 万箱，商品流通额 4.25 万两白银。"当时 2 斤红茶价值可比 3 间瓦房。

曾经茶庄云集的古街，而今只空留下破败的房屋和青石板，让人感叹世事难料，兴衰无常。

2012 年，梅雨季节，杨芳河水涨流急，程繁扬的心情就像杨芳河的水流激荡澎湃。此番回到家乡，他是特意去拜访瑶山红茶目前唯一在世的传人、黄贻中的重孙媳郑清娴阿婆。

虽然生长在杨芳林，程繁扬此前并不熟悉瑶山红茶辉煌的历史，也不知道幼年经常去玩耍的郑阿婆家就是瑶山红茶世家。

在历史变革中，黄家屡屡受创，甚至被抄家，不愿再从事红茶生意，也绝口不提瑶山红茶。

2007 年，金骏眉红茶横空出世，使得红茶受到广泛关注。国内红茶消费市场逐渐成长起来。于是，瑶山红茶的历史也被挖掘出来，程繁杨这才知道，黄家阁楼里落满灰尘的茶风车，原来见证了杨芳林茶庄的过往；被细心收藏的奖章，原来镌刻着瑶山红茶的辉煌。"我当时就欣喜若狂，决心一定要复兴瑶山红茶。"

当他找到郑清娴阿婆时，老人已经百岁高龄。她依然精神矍铄，对程繁杨传授制茶技艺的请求欣然应允，手把手地将技艺传授给了程繁杨。程繁杨本来就是有 20 多年从业经历的制茶高手，又创办了逸思园茶业公司，一点就通。他把传统工艺与现代化的机械设备有机结合，进行了科学的工艺调整，经过上百次的试验之后，新的红茶终于诞生。程繁杨制作的瑶山红茶口感绵甜，花香浓郁，滋味醇厚，汤色红亮。

在 1915 年巴拿马博览会举办 100 周年之际，上海国际茶业博览会特组织当年获奖名茶进行再次评比，瑶山红茶与西湖龙井、信阳毛尖、黄山毛峰、坦洋功夫、大红袍、宁红、太平猴魁等顶级名茶齐聚一堂，并荣获"百年荣耀，世纪名茶"金品牌奖。程繁杨终于让"百年瑶红重出江湖"了！瑶山红茶后来还在多届国际名茶评比中荣获"国际金奖"，咸宁市首届"十大名茶"评比中获第一名。

咸宁种植桂花历史悠久，是全国闻名的桂花之乡，桂花面积、产量和品质均居全国第一。咸安区拥有全国 92% 的古桂资源及 60 多个名目的已知桂花品种资源。

李纲是两宋之交的著名政治家，坚定的抗金名相，《宋史》用了整整两卷的篇幅为他立传，把他比作诸葛亮。因为抗金，他成一人之下万人之上的宰相；也因为抗金，他屡遭贬谪，成为迁客骚人。南宋建炎二年（1128），在谪往鄂州途中，他经过通城、崇阳、蒲圻，盘桓 3 个多月。在崇阳，他寓居定林院僧寺。定林院是一处佛寺，在崇阳西门之外两里处。中秋过后，山中桂花绽放，芳香四溢，山僧折几枝桂花送给李纲。李纲插入水瓶，供于案头。作《岩桂》二首，其中一首："汲水养岩桂，最怜风露香。黄花金琐碎，碧叶玉光芒。却忆七闽路，有怀中隐堂。相看两不厌，气味自难忘。"李纲在定林院写的另一首《蜜蜂》诗，也提到桂花："秋风渐渐桂花香，花底山蜂采撷忙。但得蜜成功用足，不辞辛苦与君尝。"李纲诗中桂花，是能确认的名人诗词中最早的咸宁桂花。

中医认为桂花性温无毒，健胃、化痰、生津，具有温中散寒、平肝健脾的功效，可用于治疗胃痛、食欲不振、咳嗽多痰、风湿麻木和妇女闭经腹痛等疾病。桂花是药食同源食品，桂花茶保健功效更佳，咸宁桂花茶生产历史悠久。

研制瑶红桂花茶是程繁杨开辟的新天地。传统工艺的桂花红茶，通过鲜桂花窨制成品红茶。程繁杨的创新工艺则利用桂花花型细小的优势，在红茶加工的揉捻阶段加入适当比例的鲜桂花，利用茶叶与鲜桂花同时揉捻，使茶叶内含物与桂花内含物充分融合并进行生化反应，综合了红茶和桂花的香气类型并兼具两者的保健功效。程繁杨研制的桂花红茶，茶叶与桂花的香气、滋味达到了完美融合。香气鲜灵度好且花香浓郁持久，滋味醇爽。

2012年，程繁杨将"瑶山红茶"简化注册为"瑶红"商标，这样商标名与商品名达到一致，更有利于市场宣传推广。2014年，"瑶红"被认定为"湖北省著名商标"。2016年，瑶山红茶传统加工技艺被认定为"湖北省非物质文化遗产"。"瑶红"茶入选中国茶叶学会编写的《中国名茶大系·红茶传》，是被权威机构认可的国家级名茶。

如今，咸宁生产的瑶山红茶外形条索紧细苗秀、金毫显露、色泽乌润，花香浓郁持久，滋味鲜醇，汤色橙红明亮，叶底红匀明亮。瑶红被称为"茶中闺秀"。

瑶山红茶，再展辉煌会有时。

古老的山水盛产新型能源

这里是一片古老的土地。早在新石器时代，就有人类在这里刀耕火种，繁衍生息。

在横石墩头山凸新石器时代古村落遗址，曾出土石斧、穿孔石刀、陶鼎、陶豆足、陶纺轮及绳纹布纹陶片等许多文物。在湖家畈出土了铜甬钟，在杨芳郭家岭出土了青铜剑，在燕厦雕楼包、大畈磨盘山、大畈西坑潭下、黄沙阮家墩出土了新石器时代文物。这些都表明，在这片土地上，已经演绎了上万年的人类活动史。

同时，通山自古地广人稀。北宋治平元年（1064），始有全县人口记载，时为15135人，妥妥的只有现在一个小型乡镇就拥有的人口数。

直到清朝初期，历经600年的漫长岁月，县域人口始终在1.5万至2万之间徘徊。康熙二年（1663），全县人口15807人，还精确到男女，男8165人，女7642人。从清初到清末，人口逐年增长，到光绪三十四年（1908），人口已有33543户，118338人，男70275人，女48063人。此间，人口突破10万大关。但是，男女比例严重失调。

延至民国十七年（1928），人口增至131996人。此后，历经战争，人口锐减至民国三十五年（1946）的59740人。到1949年，人口达9.9万人。1950年3月，阳新的燕厦、洪港、慈口、黄沙、大畈划归通山，划来人口6.2万，通山总人口达16.1万。1962年末，通山人口达20.12万人，首超20万大关。

因为人口少，通山县经历过几次"撤县"的尴尬。由于受李成叛军冲击，通山人口锐减，南宋朝廷于建炎四年（1130），将通山县降为镇，回到通羊镇建制。后经地方官从江西、湖南招集流民，才于绍兴五年（1135）恢复通山县建制。1958年10月，通山县被撤并到崇阳县，12月份又恢复。撤并得轻率，恢复得也快捷，都因为通山的分量不够重。

1950年，从阳新划入几个乡镇面积共有1000多平方公里，又经修建富水水库微调后，通山县总面积稳定在 2680 平方公里，成为鄂南版图面积最大的县。每平方公里人口密度，比全省全市平均都要少 100 多人。

在地老天荒的漫长岁月里，通山都是好山好水好寂寞。

壹

山有多高，水有多长，山高水长常相伴。

朱廷立未上九宫山之前，听内弟韩九山描述九宫山喷雪崖胜景，便写下一首《泉崖喷雪诗》："仙人巧凿苍龙口，喷瀑孤悬何所依。玉液风飘千壑润，雪花光映四时飞。乱峰积翠迷仙迹，异草浮香染客衣。我欲扶筇一相访，真从绝顶濯缨归。"这表明诗人有超凡的想象力，也表明他见过太多的故乡悬崖飞瀑的景观。

清人朱奎斗《太平山》诗云："太平胜景最悠悠，吴楚山川一望收。人在下方衔月上，泉从高处破云流。古松影落禅关静，春草香生佛国幽。浴识蓬莱今便是，神仙舍此更何求。"这首诗里写得最好的句子应该是"泉从高处破云流"，也是看得多了才日久生情，终得灵感。说不定就是因为先有了这个句子，才有了这首诗。

通山水能蕴藏量，居鄂南之最。

太阳山的东隅竹林，有一股泉水涌出，泉眼地处海拔 1467 米，是全县海拔最高的泉水。仙岩村的大崖头瀑布飞流直下 420 米，是全国落差第二大的瀑布。太阳山 20 多条瀑布此起彼伏高潮迭起，其中最长的一条叠瀑长达 200 多米。20 多条瀑布共形成大大小小的瀑潭 100 多个。

羊山纸自古以来是通山名产。乡民造纸，必于急涧之滨盖一小屋，安自流水碓。中用横木轴，造一双轮，周围安枫板为齿，如风车之叶。于上游筑堰，开圳引水，倾泻入车，其轮侧用拨寻踏碓，则碓自舂，臼中竹麻，粉碎矣。羊山纸就是土纸，或称火纸。明末自清，年产土纸 20 多万担。民国二十五年（1936），全县土纸产量达 25.5 万担，占年总收入 34%，是一业独大的支柱产业，已经超过茶叶的收入。通山羊山纸的兴盛，是古人直接利用水能的典范。羊山纸加工主要分布在闯王镇的高潮、界牌，九宫山镇的船埠、富有，黄沙镇的梅田、孟垅，厦铺镇的三界、花纹，洪港镇的沙店、杨林等地。这些地方在不同的历史时期都是造纸重地。鄂东南苏维埃政府在沙店建立鄂东南第一造纸厂，在黄沙建立鄂东南第二造纸厂，在大畈建立大畈造纸厂。抗日战争时期，国民县政府在冷水坪和沙店办过造纸厂。通山有不少的大屋，传说是挖到了金银财宝建成。但是，更多的大屋明确是造纸发财后所建，比如芭蕉垴的古建筑、中港的周家大屋、孟垅的孟家大屋、新屋乐的乐家老屋。

这些天造地设的势能动能，现代通山人更热衷于把它们变成电能。

太阳山溪流都是宝石河的上游支流。山高水急，落差很大，是兴建小型水电站的有利地带，现已建成小水电站 16 座。

九宫山上的云中湖，诗人徐迟叫她"吻天湖"，也是所有游客的开心湖。只有到了云中湖，才算游了九宫山。云中湖海拔 1230 米，一路汇流山泉溪流，至山下的界牌，流程 15 公里，垂直落差 1090 米。从 1973 年到 1982 年，通山人在这 15 公里流程中建成了 7 座梯级水电站。同时，又耗时 8 年，打通两处隧道，在一天门到五级水电站之间修通公路 17 公里，将一到七级电站串联起来。近水楼台先得月，这一级级小水电站，成了当地千家万户煤油灯、松节灯照明历史的终结者。

很多的生产设施，同时又是旅游观光景点，比如都江堰、红旗渠。所有水力发电设施，都有观赏性。联结梯级电站的公路，与其他三条九宫山公路联通，形成九宫山旅游循环线。

如今，通山县已建成水电站 50 座，总装机容量 4.6 万千瓦，年发电量 1.3 亿度。当然，这些水电站大多都是小水电，通山人已经不满足了。黄荆口水库项目已获批，总投资 10 亿元，依库而建的水电站年发电量可达 3000 万度。水库位于厦铺镇青山村茶王塆茶园塘上游约 150 米处，总库容 4000 万立方米，属中型水库。这里山青水绿，环境优美，前景诱人。

贰

群山有多浩瀚，山风也有多浩瀚，山风懂得山的心事。

周春泉《神雾岭》写到："幕阜山挡不住山风/翻过黄龙坳/一个马虎眼/烟雨就漫过岳阳楼"。幕阜山不但不挡山风，还形成了许多大风口，风的千军万马长年不断地奔向幕阜山脉的风道。

电业人有一种简称，叫"风光"电，即风力发电和光伏发电。这是无限风光的事业，也是可欣赏的"风光"。

九宫山、太平山、太阳山、大幕山、白岩山等山脉，地处华北平原与鄱阳湖平原间的季风道上。这些山系海拔高，落差大，风位好，是优良的风电场址。通山可以用于发电的风电场规模约 50 万亿千瓦。

在九宫山铜鼓包上，不知何时出现了一队白衣巨人，他们手执大刀，像做精妙的刀法表演，又像在吟诗放歌。那是诗意浪漫的人化自然景观。

铜鼓包是九宫山的主峰，峰顶的形状像一个巨大的铜鼓，山体中富含云母，在阳光的照射下呈铜色，故名铜鼓包。1959 年，武汉军区在这里建雷达站，1985 年撤销。铜鼓包是九宫山六大景区之一，这里南吴北楚，极目千里，在秋高气爽之夜，可以遥望九江和武汉的灯火。2007 年 9 月，中国内陆第一座风力发电场在这里建成投产，形成新的旅游景观。"发电是主业/它们还利用业余时间做兼职/如遇游客不小心迷路/热心充当指南针/如遇白云找不到回家的方向/第一时间开启导航模式"。（汤秀英《九宫山风电场》）

九宫山风电场，采用 16 台西班牙产风力发电机组。每根发电桩上各有 3 个叶片，48 个巨大的叶片不分昼夜地运转。山巅之上的浩荡长风，似乎把每一点心事一览无余地写在风叶上，欢快了转速就快起来，郁闷了转速就慢起来。

风电机有没有人陪伴，有没有人维护？这是很多游客想知道的事情。通山县发改局干部林绪雍上山去探究过一回。林绪雍发现，守候在九宫山风电场的一共有 8 个人，8 个人都是"90 后"。这风电真是朝阳产业啊！他们长年累月驻守在寂寞的山巅上，守护着各种数据变化，守护着安全运转。微信名叫"风中少年"的袁宝君，大学毕业后一直驻扎在这高山上，一守就是 8 年。他最盼望的是"风调雨顺"。他们对风调雨顺的理解可能与常人有所不同吧。

大幕山风电场是通山境内的第二座风电场。这里山没九宫山高，这里的发电桩比九宫山多，三叶片比九宫山长，发电量比九宫山大。大幕山风电场，一共有 29 根发电桩，每根发电桩都有 30 层楼那么高。那次，我在老屋乐塆看古民居，一抬头，发现陡峭高耸的山上竖着高大的发电桩，因为近在咫尺，那种视觉冲击力顿时让人有眩晕之感。

林绪雍也到过大幕山风电场。"90 后"的电场负责人周万长自豪地对他讲："每根电桩塔管高度为 85 米，夏天炎热时，里面温度达 60 多度。一般人上去要半个小时，我们每次从井底爬上去检修仅需十几分钟。""你也爬吗？""当然。我们这里全是'90后'，共有 8 人，个个既是运营能手，又是维修好手。"

大幕山风电场于 2018 年 5 月 6 日破土动工，进山公路就修了 23 公里，2018 当年 12 月 26 日就装机建成，只用了 230 天。这里的每一座风轮，转一圈就能产生 2.6 度电。2021 年，实际发电 1.25 亿度。

叁

风可开发，阳光亦可"变现"。

2014年国庆长假，我去了趟宁夏，游览了当时比较火爆的沙坡头，得知腾格里沙漠的东南部分就在中卫市，于是又去看这个中国的第四大沙漠。回来写了篇游记《怯怯地穿过腾格里沙漠》，里面有这样的话："刚进入沙漠不久，就看到光伏发电的太阳电池板方阵，铺天盖地，无边无际，极壮观，极震撼。这么壮观的场景也只有在这里才看得到。"

没想到的是，仅仅过了几年，这种"铺天盖地，无边无际，极壮观，极震撼"的电池板方阵就能在通山见到，并且，不止一处，而是多处。

通山的第一座光伏发电站在燕厦乡理畈村，由中电电气集团投资建设，是当时华中地区最大的光伏电站。租用3125亩荒山，铺设150万平方太阳能光伏面板进行光伏发电。2016年3月开工建设，2017年4月28日正式并网发电。2021年发电量接近1亿度电。

在富水湖西南方向支流的一端，密密麻麻的电板整齐划一地架设在湖面上，犹如一个蓝色海湾。这是理畈光电二期，地点在九宫山镇富有围垸，又叫"渔光互补"项目，占用富水水库水域面积815亩。2019年6月开工建设，当年12月投产并网发电。"渔光互补"是指渔业养殖与光伏发电相结合，在鱼塘水面架设光伏板，水下进行鱼虾养殖。光伏板可以为养鱼提供良好的遮挡作用，形成"上发电，下养鱼"的开发模式。

光伏发电成为精准脱贫的短平快项目。已在97个贫困村建成103座分散式光伏扶贫电站，多村联建扶贫电站2座。大畈镇长滩村村民程爱华在屋顶擦拭光伏板，她对记者说："每隔一个月上来擦一回，越干净发电效率越高！"程爱华有3个儿子，老二因病致贫，每月需服药，自己和老伴种着柑橘，根本不够开销。2016年，村干部和供电所工作人员上门，动员她家安装分散式光伏发电站，自家用电不花钱，用不完的电还可以卖给供电公司，每年都有稳定收入。银行给她免息贷款2万元，电工上门安装12块光伏板，发电并网后政府分批再补贴9000元，仅1年时间，她便将贷款还完："减去自家用电，每年还有约2000元收益。后边收益会更可观。"除了她家，长滩村72户村民相继都建起分散式光伏发电站。像长滩村这样的光伏发电示范村，全县还有一批。

遮风挡雨是屋顶的固有功能，通山人却把屋顶作为光伏资源开发，启动一个叫作

"整县屋顶分布式光伏发电"项目。利用现有党政机关、学校、医院、村委会、工商业、农村居民等建筑物闲置屋顶，建设光伏发电。项目由中广核新能源湖北分公司作为开发主体投资建设，运行模式为"自发自用，余电上网"。

通山县是全国首个启动内陆核电的县市。首个内陆核电站位于大畈镇大墈村，由中广核集团和湖北省能源集团共同出资建设，计划投资 1000 亿元。大畈核电站于 2008 年 9 月启动前期建设，2011 年完成征地移民、场平工程、核电临时生活区等前期工作，完成投资 50 亿元，具备开工建设的前置条件。

因日本福岛核电泄漏，大畈核电项目暂缓。核电道路已修通，场地也平整好，不能白白浪费了场地，于是，在核电厂址先建地面光伏电站。这个光伏电站占地 2800 亩，50 万块光伏板计 80 万平方。这是地势最平坦的一个光伏电站，聚能光伏电板一排排整齐有序，给人以铺天盖地的震撼。阳光之下，蓝色光伏电板静默伫立，正在源源不断向国家电网输送动能。2018 年 9 月动工建设，短短 3 个月时间就建成投运。2021 年，大畈光伏电厂发电量 1.67 亿度。项目经理吴勇介绍："与相同发电量的火电相比，相当于每年可节约标煤五万吨，是真正的绿色能源。"

肆

大幕山曾有过大磨山、大木山、大墓山、太母山等名字。其中，大墓山和太母山是为了纪念唐卫国公李靖母亲，山中的泉流因之称为慈水，溪流汇集而成的湖泊叫慈湖。"慈湖荡碧"是"大幕十景"之一。慈湖是个百亩面积的山中湖泊。四周青峰拥抱，湖水清澈晶莹，水中游鱼戏白云。

慈湖在杜鹃花海的边缘。我第一次见到慈湖是那年春天去看杜鹃花时，绿山一望无边，杜鹃花漫山红遍，红绿包围之中一方碧湖幽然如翡翠，那样的景致把心都化掉了。如今，要在这里建一个大型的水电工程——大幕山抽水蓄能电站。慈湖是电站的上水库，溜沙水库为电站的下水库。

2023 年 2 月 16 日上午，抽水蓄能电站开工仪式在黄沙铺镇达观山公园广场举行。咸宁市市长杨军讲话，市委书记孟祥伟宣布项目开工。大幕山抽水蓄能电站总投资 102 亿元，是通山迄今为止单体投资额最大的能源项目。项目建成后，可承担华中地区电力系统调峰、填谷、调频、调相、储能、紧急事故备用等任务，对于完善供电布局、调整能源结构、提高电网运行安全、促进地方节能减排、推动绿色崛起都具有重大意义。

大幕山抽水蓄能电站梦想，一梦三十年。

1994 年，大幕山作为湖北省抽水蓄能电站备选地址之一，后来落选。梦想从此点燃，并一直不曾熄灭。从此，通山人孜孜以求，谋划跟进。

陈洪豪于 2013 年 4 月到通山工作，历任县委副书记、县长、县委书记，他参与和见证了最关键的十年跟进。大幕山抽水蓄能电站开工的当天，他接受记者采访时说："几十年的风雨兼程，多届政府的不懈努力，49 万人民翘首企盼，百亿项目终于九转功成。这个项目是真正支撑县域经济发展的'四梁八柱'项目。通山县紧扣打造'国家新型能源之都''百万千瓦级清洁能源大县'的目标定位，始终坚持'项目为王、项目为大、项目为先'理念，举全县人民之力、集全县人民之智，围绕项目建设提供全方位保姆式服务，全力保障项目无障碍推进、高质量建设，全面推动项目建设提速、提质、提效，保质保量打造精品工程。"

县长刘子恒充满期待地说："这是个富民强县项目。综合投资 102 亿元，装机容量140 万千瓦，年发电量 15.6 亿度，全国人民每人平均 1 度还多。年发电收入 12 亿元，税收 1.5 亿元。即使在建设期，平均每年可增加地方财政收入 4000 万元。项目可提供各类就业岗位约 4000 个。"

抽水蓄能电站就像一个"巨型充电宝"，在用电高峰时作为电源放电，在用电低谷时将多余的电储藏起来。用电高峰时，从上水库放水，利用水的势能发电。用电低谷时，将下水库的水抽到上水库，储藏电能。大幕山蓄能抽水电站，是省内距离负荷中心最近的抽水蓄能电站。它的优势在于既能抽水又能发电，既相当于一个发电机，又相当于一个负荷开关，所以，140 万千瓦相当于调节空间有 280 万千瓦。实际上，是双倍于常规基础的电站。项目建成后，每年可节省标煤消耗 53 万吨，减排二氧化碳 140万吨。

作上水库库址的慈湖和下水库库址的溜沙水库、盘龙溪漂流，原来都是游客喜爱的景点。建成抽水电站后，上下水库的水体面积较之原先，都扩大了几十倍。高山上出现了两个平湖，以及电站的抽水系统、发电系统，必将成为游人看稀奇的景点。大幕山抽水蓄能电站，将成为新的旅游打卡地。

新型能源建设，通山人永远吃着碗里的、看着锅里的，还觉得锅里的比碗里的香。2021 年 4 月 22 日，通山已与国网新能源公司签订了总投资 120 亿元的洪港抽水蓄能电站项目，就是在大幕山抽水蓄能电站即将建成之时，已在谋划另一个抽水蓄能电站。

伍

能称之为"新型能源之都",不但要有大项目支撑,还要有全民的新能源意识支撑。

通山县森林覆盖率高,林业资源丰富,森林面积156万亩,总蓄积量180万方,林业剩余物堆积如山,柴火更是漫山遍野,伸手可得。通山本来是一个不缺家庭生活用能的山区县,但是,通山人的新能源意识浓,新能源建设起步早。九宫山镇成新明等七位农民从河南焦作引进技术,共同投资310万元开发秸秆气化站。2005年6月10日,这个秸秆气站点火成功,成为湖北省首家秸秆气化,年消耗各种农作物秸秆400余吨,可供千余农户用气。

全县农村生活用能中,可再生能源比重超过一半,八成以上农户的生活能源主要由清洁能源提供,七成畜禽养殖户建有沼气池,八成中小型畜禽养殖场建了沼气工程。

2010年,通山县被国家能源局、财政部、农业农村部联合授予"国家首批绿色能源示范县"称号。目前,已经形成的小水电、抽水蓄能电、风电、光伏发电、农村清洁能源于一体的新型产业集群,把"国家首批绿色能源示范县"的牌子做得金光灿烂。

之于小鱼的拜物和红薯幻化的精灵

通山民国才子余六鳌，在他那部著名的《通山县乡土志》里写道："按本境迫狭崎岖，水浅土薄，土产无多，制造亦拙"。这话里有叹家乡没有得天独厚的自然条件、哀民生多艰的情怀，现在看来，更多的是"时代的局限"。

通山少平畴沃野，稻谷、小麦等细粮不多，但红薯、玉米等粗粮还是很丰产。抗日战争时期，国军197师随军记者方济生听当地绅士讲，就一座太平山就可以养活十万难民，办法是在山上开荒种红薯和玉米。当时通山人口不足十万，十万难民是指外地涌入的战争难民。方济生当时还观察到，竹笋成为通山人全年的主菜。通山竹笋有楠竹笋和小竹笋两大类。楠竹笋又有冬笋和春笋之分，小竹笋有实心笋、水竹笋、麦竹笋、苦竹笋、金竹笋之别。楠竹笋的冬笋只有一点笋尖冒出地面，粗大大的主体埋在土里，大的一棵会有十来斤。竹笋可炒、可焖、可炖、可煮、可拼冷盘、可做汤料。鲜竹笋与咸腌菜是绝配。春冬吃鲜笋，夏秋吃干笋，所以一年四季有笋吃，军事记者方济生观察民众生活，可谓细致入微。

在余六鳌的眼里，显然没把漫山遍野竹笋当作"土产"，当然，他所说的"土产"是指粮棉油麻等主要农作物。问题是，被余六鳌忽视的许多东西，现在都成了山珍美味。

壹

去年秋天，我们到文友庞希华的家乡林上村去看古树，临别，他的老母亲给我们每人送了一小袋炒熟的香榧果。这里的山上有很多野生香榧树，香榧果被深秋的冷风一吹，就纷纷从树上落下，树下就铺满了密密麻麻的一层。老人平常在山上捡拾这些果子，炒熟了自己当零食吃，来了客人就送一点，主客各得其乐。我们去看的林上古树群中，就有古香榧树，树龄几百年甚至上千年，通山县最古老的树龄达 1500 年的香榧树就在林上村。

那次，到三界上王山有机茶基地，看到几个山民在茶园旁的杂树林中捡拾板栗。板栗成熟后，也是直接掉到树下，捡起来很方便，只要戴手套就行。捡板栗是捡栗球。栗球有一层外壳，外壳上有刺。成熟的栗球一般都会炸裂，掰开栗球的刺壳，里面就会有在一起的三颗板栗。我们在市场上见到的板栗，是去了刺外壳的板栗。当时，我向一位捡板栗的小伙子问这问那，他就送了一把板栗给我，说很好吃的。这板栗又叫毛栗，是野生板栗，当时剥开来吃，又鲜又甜又脆。我想找他买几斤，他不卖。

那年，我为通山钢笔画家毛才奇帮了点小忙，事后他托人给我送来一袋杨桃，就是野生猕猴桃。通山野生猕猴桃，个头较小，比土鸡蛋还略小一点，果肉黄软，味美无比。在超市里买过无数种的猕猴桃，要么不熟，要么熟了也就烂了，从来没有遇见哪种猕猴桃超过了通山的野生猕猴桃。通山的野生猕猴桃，也是漫山遍野。那次，我们到一盘鳅林场，路边的一棵野生猕猴桃，郑安国目测，可摘 200 斤果子。通山的太阳山、太平山、九宫山、四面山、大幕山都盛产野猕猴桃。有一位通山人，每年把通山的野猕猴桃运到温泉的一个小区门口卖，每次都是一抢而空。以三界尖野生猕猴桃作为母本选育而成中华猕猴桃"通山五号"品种，具有抗寒、抗热、抗旱、速生等特点，当年繁殖栽植当年结果，每株可产 200 多斤，盛果期可达五六十年。果实呈长圆形，果肉绿黄色，汁多籽小，酸甜适中，香味纯正。单果平均重约 130 克，皮薄耐贮藏，可用作多种加工食品原料，被誉为"果中人参""水果金矿"。1987 年参与农业农村部评比荣获全国第一名。

八月灿是芳名可餐的野果子。它的学名叫三叶木通，通山人因为喜欢，又赋予了它许多美妙的名字：八月绽、八月炸、燕布，只有喜欢才会取很多美丽的名字。它有两端浑圆的长条形荚壳，剥开后是一层香蕉似的果肉，但颜色雪白，果肉里面是如石榴籽一样粑结在一起的籽实。味道怎么样，我没吃过，有一首通山的民谣做了描述："八月灿，九月黄，十月当得蜂蜜糖"。

映山红花也能吃，酸溜溜的很符合一些人的味蕾选择，当然更多的是小孩子的味蕾。通山民俗，只能吃花瓣，不能吃花蕊。吃了花蕊鼻子永远长不高，就成为一个不好看的塌鼻子。这不知是为了保护花的安全，还是保护食者的安全，我隐约感到那是一种保护。

朱丽平在《冬临石航山》里写道："茶花或刚打苞，或半开，多半大开，小妖精一般的媚、娇、俏、巧，自是那欲说还休的柔婉意儿在。还含着露水的，暗香冉冉浮动，风往哪吹香往哪飘，人是无酒自醉了。"这说的是茶花外在的美。

寒露节那天，袁丽明发朋友圈："捡山茶，喝山茶花的蜂蜜。小时候，到了寒露这天，就像开闸一样，家家户户背着篓提着篮浩浩荡荡出发捡山茶。就像采清明茶一样隆重。"

阮子胜的朋友圈则像一篇文章了："我想谈谈油茶花的花蜜与其他。黄白色的花朵，酿就心头一捧蜜，色似黄金香似桂。黄香开最早，与菊为朋。小时候的秋天，折一根苞茅秆，取其中一小截，在晴天的早晨，爬上山茶树，把中空的苞茅秆插入黄色的花蕊中间，嘴巴靠近一嘬，一团甜入心脾的花蜜涌入喉间，味道简直不能太爽。清朗的秋天早晨，山间的雾气和露水比较重，雾气笼罩着树秒，我们活脱脱就是一群仙山上的小毛猴。当然，事实上我们也是真正见过小毛猴这样吮吸花蜜的，我们只不过是模仿而已。阿爸养过蜂，他说蜂王曾告诫蜂子臣民，不要采茶花，茶花蜜太多，蜂子们一旦沾惹上山茶花，就会沉溺其中，带不回去又吃不完，一贪就会死于花间。不过我们也看过有许多蜂蝶还是在花间飞舞，阿爸说，那些都是没有受过管教的野蜂。的确，山茶花间是有许多死去的野蜜蜂。"

阮子胜说完喝山茶花蜜刹不住车，接着又说起关于山茶的其他："山茶花是在采摘过山茶之后开放的，我每年都会和阿爸到山上捡山茶。山茶树上一层厚厚的粉，掉到身上会很痒，比夏天的麦芒刺到身上还要难受，但我们都知道这个山茶油的宝贵，这点小的不舒服都能忍受。用山茶油炸的豆腐块和麻花，松脆蓬酥，金黄透亮，香嫩可口，晒干了都不会塌陷下去，和菜油煎炸的就不是一个味。我读四年级以前，老师都会在秋末冬初让我们每人上交十斤山茶到学校，学校还会放一到两天摘山茶假，就像割谷插秧会放农忙假一样。我们一般都会自己到山上寻找大人们没有摘光的遗漏之物，不会直接从家里采摘好的像小山似的山茶堆里偷拿。据说向老师交山茶是古礼，从孔子时就开始有了。但是，到了五年级老师开始改革了，也许是有家长反映老师都是吃供应粮的，又不是私塾，不该让学生交山茶。以至于我后来当老师也就没有人向我交山茶了。我的印象中，晒秋的内容有一大部分是晒山茶球山茶籽的，其次才是晒干菜。那时候的秋末冬初，我们有好多暖阳下的日子就是坐在缠篮篾垫上择山茶籽剥山茶球。"

当年在大幕山打游击的红军将领方步舟，找曾家山的曾胜意借钱。曾胜意送去500大洋，并赠诗一首："本山矸竹本山造，就在本山摘洋桃。送你一船毛糙纸，不抵黄牛一根毛。"洋桃就是野猕猴桃，可以当作劳动的餐食。毛糙纸就是用山上嫩竹子加工的羊山纸，一大船纸大概就可以卖 500 大洋。这一首诗说的就是大幕山物产的丰富。

周良铎在《鄂南专署抗日游击数事》里，记述了他的大幕山印象："森林茂密，竹草丛生，溪涧纵横，山路崎岖，山坡溪边遍种五谷杂粮。纸厂、碾坊都是利用水力转动。人户虽少，但富饶特甚，确具有游击根据地条件。"

贰

通山出产一种黑豆，因颜色褐红如牛肝而得名牛肝豆。牛肝豆也不是全通山都产，只有杨芳林乡才产。杨芳林乡也不是全乡都能产，而是塘头、遂庄、圣帝、晓泉等部分村才出优质的牛肝豆。并且，是那种套种在茶园里的牛肝豆最好。产地的狭窄性，就决定了它的珍稀性。

牛肝豆呈圆卵形，比黄豆略小，比绿豆略大。魏晋时期开始种植，清乾隆年间曾被当作贡品进献朝廷，远销广东、贵州和南洋等地。杨芳牛肝豆种子，一直采用自繁自育自留种的选育方法传承至今。牛肝豆种植技术一直采用"等距穴播栽培法"和"两垄一沟栽培法"。牛肝豆味甘甜，醇厚且营养丰富，蛋白质含量是牛奶的 12 倍，富含 18 种氨基酸，19 种油酸，还有多种微量元素和维生素。

杨芳酱干就是牛肝豆打的豆腐再做成的酱干子，又名"隔夜翘"。隔夜后，干子两头翘起，色泽金黄，质地细嫩，香高味醇，回味绵长，冷吃热食皆宜。

牛肝豆做得最多的是酱油和豆豉。

清光绪十一年（1885），江西谭兴发来杨芳林镇开办酱油作坊，参照北魏贾思勰《齐民要术》卷八"豉豆篇"中所介绍的酿造方法，以当地牛肝豆为原料，取本地泉水，酌放青矾、麦芽，经固态低盐发酵等十多道工序制成"杨芳酱油"。产品分固态和液态两种，固态酱油，这也是通山的独有。烹调汤菜时酌放少许，菜色鲜亮，汤色厚爽，香浓味醇。清末民初酱制品业鼎盛时期，杨芳林一地有酱品作坊 17 家。

民国初年，谭兴发的第二代传人吉志言，在谭兴发工艺基础上加以改进，总结固化工序为"手工选料，溪泉浸泡，烈火蒸豆，温室发酵，文火煎熬"。吉志言酿制杨芳酱油味道更上一层楼。他的后裔继承祖传技艺，今在杨芳林仍办有四家酱油作坊，年产杨芳酱油及豆豉各万余斤，畅销湘鄂赣边区各县。

21 世纪初，杨芳林乡有常年酱品生产企业、作坊 10 余家，季节性个体户酱油、豆豉作坊 160 余家。杨芳固体酱油获"98 北京国际食品博览会金质奖"称号和"中国市场名牌产品"称号。

产地狭窄的特产还有宝石花红，基本上是 20 个一斤。果把短而歪，皮薄肉多，核小无渣，清爽脆嫩，沙甜不酸。盛夏成熟时，受太阳照射的部位呈胭脂红，果家在采摘时为显示新鲜，常在蒂把带一两片叶子，果红叶绿，分外可爱。

话说宝石村举人舒道宏，在江西德安当知县。他是富二代，经常找父亲要钱去补贴办公经费和周济寒士。他以德安特产花红回馈父母。母亲双目失明，吃了德安花红居然双目复明了。于是，舒道宏大量引种德安花红到自己的家乡宝石村。德安花红移栽到宝石后，其品质比原产地的更好，成为通山一大特产。

宝石花红被通山人民神化了。方如良告诉我一条民谚："毛桃吃了致病，苦李吃了要命，不是花红来得快，要死一挂拉。"廖双河也接着贡献了一条："苦李要人死，毛桃要人命，不是花红要得快，一起要完蛋。"这些谚语用通山方言加上声调处理，句句押韵。

叁

通山水浅鱼小，土脊薯多，而通山人把这两种食材都利用到极致。

通山通山，通通是山。八山一水一分田，这一水就是富水。

像所有的河流一样，富水河当然也产鱼。相对于水乡来说，通山产鱼的数量肯定要少些，这不多的鱼，让通山人格外珍惜。

通山熏鱼烤，名字就很特别。原料是麻钩、船钉、红尾梢、翘鱼白等富水河特色鱼种，制成熏鱼烤。

制作熏鱼烤的工序特别讲究，主要有四道工序：洗，蒸、晒，熏。一洗。将鱼破肚，掏尽内脏，尤其要轻轻刮掉鱼肚里的那一层黑膜，以去腥气，然后用清水冲洗，反复几次。二蒸。将洗净的鱼撒一些盐，入笼用火清蒸，蒸熟。三晒。将蒸熟的鱼摊在篾子上，放在阳光下暴晒。这个环节的动作要轻柔，以防摆放时把鱼弄碎，晒干后就不易弄碎了。晒鱼的时间不能过长，干水即可。四熏。也叫密室秘制。这是关键环节，熏烤时要暗火生烟，不能用明火。燃料最好用木屑和谷壳两种，也可以加一些橘皮，以增芳香。熏鱼的烟不能太大，也不能太小。每隔一段时间要把鱼翻动一遍，以免粘在铁丝网上。熏至小鱼直挺，色泛金黄，味透肉香，即告成功。

如此，熏鱼烤制成，油光可鉴，香味持久，肉质脆嫩，可久贮久藏。熏鱼烤可即食，可烹菜。

吃熏鱼烤之乐，不但有美食之乐，还有技艺之乐。用牙齿在鱼背脊的一侧与鱼头结合部切入，轻轻一撕拉，整条鱼的这侧背脊肉完整撕拉进嘴。另一侧的鱼背脊肉和两侧的鱼肚肉，都如此这般撕拉进嘴。一条鱼四条肉进嘴，剩下的就是鱼头和干净的鱼刺。有的鱼，比如凤凰鱼，两侧各撕拉一下，两次撕拉整条鱼肉就全部入口了。

通山的干鱼，以三五寸长的小鱼腌晒者，为上品。

通山人制作干鱼如同对艺术品的雕琢。

别地方的干鱼，是靠盐"淹"的，厚厚一层盐可保腌鱼不腐，但鱼却废了。食用时得用水泡出盐分，往往要把鱼肉泡得稀烂才能泡出多余的盐分。

通山的腌鱼，只撒一点盐，不用浸泡就适合食用的那么一点盐。

晒鱼有个最紧要的环节，鱼刚出卤水摊上簸箕子，水淋淋的鱼最招苍蝇。成群的苍蝇迅速地飞上来，在吃鱼肉的同时还要产卵，卵变成幼虫。苍蝇的幼虫就是蛆……通山的大娘就会在这个时候，戴上草帽，拿上一把扇子，在烈日下不停地用扇子驱赶苍蝇，挥汗如雨。直到鱼收干了卤水，晒个半干，才罢手。远在他乡的游子，收到家中老母寄来这样的干鱼，边吃干鱼，脑海中一定会有一幅关于慈母的画。

通山人晒干鱼的场景，是摄影家热衷追逐的画面。

他们绝不会把小鱼乱七八糟摊放在簸箕子上，而是一条条摆放整齐，横平竖直，横成行竖成列，密密匝匝。壮观而优美。当然，"密恐"者另说。

肆

通山民谚："红薯半年粮，无薯饿肚肠。"从前，半年粮的红薯成为通山人第一主粮，另外的半年粮则由大米、玉米、小麦、豆类等多种粮食组成。

红薯，偶尔吃吃，一百个好。吃多了，味觉和肚腹均有种种难受，还长肥膘，令人生厌。从前，红薯吃得人想吐。

通山人却对红薯情有独钟。通山人从来不把红薯叫红苕，大部分湖北人都叫红苕，和通山紧邻的咸安人也叫红苕，但是，通山人从来不。因为，"苕"与另外一个不好的字同音，喜爱并尊重红薯的通山人不叫它红苕。其中的重要原因是，通山人能让红薯幻化出人见人爱的精灵。这个方面的能力，我还没见到有哪里的人超过了通山人。

将红薯的精华提取，非精华用作他用，这就是打薯粉。将红薯碾碎、溶解、过滤、干燥而得到的淀粉就是薯粉。从前，薯粉加工以陶制磨钵手工磨薯，壮劳力日磨薯三百斤，可得薯粉五六十斤。现在是机械打薯粉，效率可提高十倍。

产红薯的地方都知道打薯粉，但把薯粉用到极致的是通山人。

通山第一美食包坨，对，毫无疑问的第一美食，也称薯粉坨。

做包坨也有四道工序。第一是做馅，馅也叫包坨心。馅料食材有油豆腐、白萝卜、香菇、花生、鲜笋、干笋、油干、五花肉、腊肉、虾米、墨鱼、春鱼等，这些东西不一定每次都要齐全，一次有其中的几种即可。还可配以其他的干鲜蔬菜。馅料的搭配也是个发挥想象力的活儿。馅料要先炒焖至熟，既利于各种食材味道的融合，也利于包坨能较快煮熟。第二是揉粉。将薯粉倒入容器，把蒸熟的芋头泥置于薯粉中，然后加沸水和粉，揉粉。揉到干湿适度，不粘手，又软又有韧性。这样包坨就煮不破，有弹性。第三是包。把揉好的粉用热润的棉布盖住，不使风干和失去温度。从揉好的粉堆中掐出一小坨，捏成小坛状，将馅料用勺羹喂进小坛里，封口搓圆即可。一等高手的包坨皮薄如纸，呈半透明状，隐约可见坨心。最后是煮。放进滚开的水里煮，煮到包坨浮出水面，并且体量明显膨大，就是熟了。蒸、煎、炒、炸也行，可得不同风味。

通山包坨还有两个流派。即杨芳、厦铺、通羊流派，也叫老通山流派。大畈、慈口、燕厦流派，也叫老兴国流派。老兴国流派薯粉掺进芋头粉，熟料入馅。老通山流派开水调粉，生料入馅，此过程要有火中取栗之技。两个流派的制作工艺略有不同，馅料配方也各有千秋，构成通山包坨的丰富多彩。

对于一个可爱的东西，人们往往会为它取出很多的名字。通山包坨，又叫大坨，还叫圆宝。外地食客也会叫它通山饺子。

除夕夜，全家人围坐一团，齐手做包坨，这是通山人的传统年俗。包坨是圆球形，个头又大，可以象征大团圆。包坨又叫圆宝，煮一锅圆宝，那还不叫人生出财源滚滚的幻想？所以包坨无可争辩地做了年夜饭的头道菜，添到碗里，必须每人四个。或许你只吃得了一个或两个，但一定是要添四个的，这寓意是"四季发财"。

通山薯粉菜系中还有豆腐捏薯粉圆。豆腐不能太湿，煮起来才膨胀，薯粉要很有韧性和易膨胀的新薯粉，强强组合。放上花生米、肉末，也可放小虾。小虾最好炒一下，炒出汁来，但不要有汤。所有配料，都置于一器，反复揉捏成泥。用一只手抓一把泥，紧握拳头，虎口处稍松，白泥从虎口处溜出一小团，用锅铲将泥团刮至沸腾的开水锅……盖紧锅盖，大火煮到沸腾，再小火煮到所有的圆子都膨大上浮，再稍煮就可以吃了。

豆腐捏薯粉圆也可油炸。炸到熟时，听得到"嘭，嘭"的炸响声，圆子外表会裂缝，这是最佳效果。用筷子敲打，有硬感，外硬内软。水平高的烹调者，能做到外表的硬皮是一层膜，里面却是软软的湿湿的，就像桂圆，外壳干硬，果肉柔软且含汁液。

还可油煎，煎到一面起壳了，翻面，有的高手，端着锅子神奇一抖，一锅圆子瞬间全都翻过来了。通身起壳后，再用滚水或滚汤一浇，乘着水汽，盖上盖，焖上一会儿，硬壳变软，再放蒜泥和杨芳酱油，香极。

肉滚薯粉圆。将精肉剁成泥，捏成拇指大的肉圆，放到薯粉上滚动，使其全身沾满薯粉后，放到沸腾的肉汤里煮熟，加葱蒜佐料，口感极嫩滑。

捶肉，又称千锤百炼汤。将精肉切成片状，撒上干薯粉，用小铁锤轻轻捶打成圆形薄片。如此反复多次，将薯粉都捶进肉的纹路里。捶的这个环节，很多人家让小孩子干，小孩子就会全身心投入地不停咽口水地捶。捶的力度要用心体会方得其妙，这对小孩子是一种绝好的锻炼。捶成，入开水锅煮熟。鲜香细嫩，软滑爽口。也可和蛋皮、麻花、鲜香菇、苦菜一起煮汤。

薯粉还是懒人美食的首选食材。苕粉丁，工序简单但美味可口。用薯粉加上肉丁、虾仁、花生米等配料用冷水调成糊。烧上一锅沸水，将调制好的糊一勺一勺地舀进锅里，等薯粉丁浮出水面就可以捞出来吃。炸坨，薯粉、肉丁、藕丁加上佐料搅拌，用勺羹舀起放入油锅炸熟。出锅即食，味在鲜香。留作火锅食材，随煮随吃，别有风味。

我在木雕师叶鹏飞家吃过一顿饭，他的妻子主厨做了满桌的通山好菜。其中有一道简笔写意般的菜，就是薯粉炒鸡蛋。两种食材都在中和着对方，各自味道减弱，但变化成一种新的菜品，比鸡蛋柔韧，比薯粉味道丰厚，吃得我赞不绝口。

见我这样，叶鹏飞说，他在慈口吃过薯粉皮炖鱼。那一餐，他的眼只盯这个菜，他的筷子只撩这个菜，已经顾不得吃相了，本来吃相是手艺人的童子功。主人得意地哈哈大笑。

我什么时候能吃到薯粉皮炖鱼呢？人与每一道美食的相遇，都是要有缘分的。

我的家乡阳新也盛产红薯，薯粉的吃法没一样和通山相同，并且，招数寥寥。通山人，估计是全中国最会吃薯粉的人。

最想不通的事情是，通山有薯粉线而阳新没有。通山人用红薯粉加工的薯粉线，煮起来比下面条更方便，因为它在加工过程已经熟过一次。食用面更广，既可作主食，又可作菜肴，薯粉线炖腊猪脚，薯粉线炖土鸡汤，都是绝配食材幻化成的美食。民国初年，通山有五大著名外销土产——茶、麻、油、纸、粉。这里的"粉"就是薯粉线。这样看来，通山的薯粉线起码风行了一百年以上，可是，在邻县阳新至今还没有薯粉线此物。尽管，通山有一小半的面积是从阳新划来，依然改变不了阳新没有薯粉线的现实。莫非，当初就是以吃不吃薯粉线来划县的吗？

加工薯粉线主要环节有五道，开水打芡、双人搓揉、木瓢漏线、滚水催熟、露天挂晾。芡糊要"活"，搓揉要使其有弹性，漏线时要使劲拍打，这些技术要领最难的是度的把握。晾要在有霜的露天，只有经过霜冻的薯粉线才柔松爽滑又有嚼劲。薯粉线与许多食材搭配，或炒、或烩、或炸，或蒸、或煮，无一不是满室生香、惊艳味蕾的美食。许多制作实现了机械化，唯有漏薯粉线一直还是纯手工制作。那是时间揉搓、挤压、打磨沉淀的素雅，是冰与火洗礼铸就的厚重。此过程有诗道出："横挂千斤铁，竖插大枪直。我做农家炖，舀雪化汤汁。银龙浮锅底，凤凰落瑶池。"

<h2 style="text-align:center">伍</h2>

通山诗人周春泉《山情》曰："酒，坛对坛/在海碗荡漾/情，山叠山/在菜钵冒尖"。我在这篇文章里写到和没写到的通山菜，都是通山菜钵里的冒尖物。

第四章
富在深山
有华居

做屋不用挖屋基，
砌墙不要砖和泥，
房顶不需盖上瓦，
一个大门关万家。

——通山民谚

与老屋相遇在这段时光里

中国人大多喜欢住在靠山临水的地方，通山人基本都能实现这种居住理想。

从宋代起，迁入通山境内的开拓者渐增，多择溪边平阜向阳处建宅。至清代中叶，自然村塆遍布山头岭尾泉边溪旁。

南宋文学家、崇阳主簿王炎《过幕阜山》诗中有句："南山之南北山北，筑屋翠微高枕眠"。"筑屋翠微"是非常好的居住环境。傅燮鼎在《钓月桥记》里写道："（通山）邑南三十里，有宋张乖崖读书堂。堂右石山戴土，高数丈，屹立河干，曰钓月台。蟾魄初升，坐临其上，有近水楼台之胜，故名"。光绪《通山县志》也记载："张乖崖读书堂，在县治南三十里厦铺镇。又有钓月台，遗址俱存。宋张咏号乖崖，为崇阳令，时避谗读书于此"。张乖崖是崇阳知县，他为什么要来通山筑屋，是通山的环境更好吗？这不是通山人的自夸，写《钓月桥记》的傅燮鼎恰是崇阳人。

现在叫作古民居的这种存在，是时光赋予的名字。它们当初的名字叫土库，或者叫大屋。土库是通山的叫法，也即天井院，是通山传统民居最基本的空间结构方式。横向称"间"，一般是"连三间"或"连五间"。纵向称"进"或"重"，是指围绕天井布置的正门、堂屋、厢房等活动空间。大宅第往往由多组天井院纵向或横向延展、组合而成，形成数十个天井的颇具规模的"大屋"。

通山是一个并不富裕的县份，现存古民居却列全省首位。

一方面，与通山人的财富积累观念、财富积累方式和享用财富方式有关，当初建成多，存量大。另一方面，与通山人的保护意识有关。1952年12月，那时许多人不知文物为何物，通山县人民政府决定将农民起义领袖李自成墓列为县重点文物保护单位。而李自成墓两百多年来，也是由通山群众自发保护而来。1956年，李自成墓被列为全省第一批重点文物保护单位，1988年被列为全国第三批重点文物保护单位。通羊镇沙堤上新屋是一座七重进大屋，建于清嘉庆年间。2000 年，塆子里有人想拆旧屋建新房，族中长老召集族人商议。全湾 32 户人家，有 31 户举手，反对拆除老屋。于是，族人立下规矩：老屋是全族人的共同文化遗产、精神财富，保护孙家老屋是全族人的共同使命。2015 年，大屋的裔孙们集体商议，决定捐资对大屋进行修缮维护，一年后古屋焕然一新。2022 年 8 月初，通山县入选"全国传统村落集中连片保护利用示范县"。通山县共有"中国传统古村落"13 个，占全市的一半。

通山民谚云："做屋不用挖屋基，砌墙不要砖和泥，房顶不需盖上瓦，一个大门关万家。"山边河边的不少房子，是吊脚楼，所以"做屋不用挖屋基"。用石块垒墙，或用泥土夯墙，所以"砌墙不用砖和泥"。用石板盖顶，或劈竹为瓦，最奇葩的是将油菜籽炒熟，粉碎后均匀撒在茅草屋顶上，生出青苔，经久不腐，所以"房顶不需盖上瓦"。焦夏的七重进、宝石的汪家大屋、通羊的程家大屋、翠屏的郑家大屋、高湖的朱家大屋等，都是百余间房屋相连，所以"一个大门关万家"。

通山古民居，广泛使用的木雕、石雕、砖雕装饰，使其卓尔不群。

现存保护较完好的明清古民居达 170 栋，占地 50 多万平方，建筑面积近 10 万平方，建筑面积超过 1000 平方的古民居群有 36 处。不仅数量和面积均居全省前茅，也呈现群落集中特色。

有学者认为建筑是"客体化的人生""空间化的社会生活"，或者说"建筑就是凝固的人生"。钟敬文总结道："人生在客观事物中体现得最全面、最完整、最生动具体的莫过建筑。"

我们关注古民居，是在关注古人的社会人生。

壹 芭蕉塆不能容忍任何一幢建筑的平庸

他们姓焦，就在村塆遍植芭蕉，村塆名字就叫芭蕉塆。芭蕉是一种热带植物，在鄂南并不多见。他们是自主意识浓郁的人，不是随波逐流之辈。

闯王镇高湖村芭蕉塆最负盛名的是焦氏宗祠。宗祠始建于明永乐年间，清康熙年间拆迁易地复建，民国初年遭火灾大部被毁，1937 年修复。建筑面积 400 多平方，进深三重依次梯级而建，墙体屋面青砖黛瓦，三合土地面，青石垯天井。一进戏台，四角展翼三重木构。二进中厅，八根木石拼接金柱，七架抬梁式构架，高大敞亮，气势辉煌。三进享堂，穿斗式木构架，厅堂正壁设神龛，供奉祖宗。独具特色的享堂前天井上亭阁式拜厅，单檐歇山顶，两脊梁翘角冲天，八卦藻顶，雕龙额梁上，三只圆雕龙头伸出梁外，跃跃欲飞。四层二十一副装饰性斗拱，镂雕雀替，极尽庄严奢华。因祖人焦必伸于元至正十三年（1353）高中探花，才有资格建此拜厅。更具特色的是其精致繁复的雕刻艺术，按种类有木雕、砖雕、石雕；按技艺手法分有圆雕、浮雕、镂雕、线雕、彩画；按部位分有架梁、门窗、卷棚、墀头、柱础、斗枋、栏杆、望柱、天井，处处有图，件件有画。宗祠挑檐梁、爪柱上雕鱼、象头，均有其文化寄托；斗枋上雕桃园三结义、三英战吕布等各有忠义伦理；柱础、格扇上雕金鸡芙蓉、麒麟玉书和祥花瑞草都有审美取向。

焦氏宗祠，被湖北省古建筑专家、文物专家称为"古民居极品"。

探花郎焦必伸曾下派富池为官。一日，登上长江之畔为三国东吴大将甘宁所建的卷雪楼，秋水长天，鸥舞浪涛，一时豪情满怀，提笔挥就《卷雪楼赋》。后人将他的诗集名为《卷雪楼集》，"卷雪楼"也成为焦氏堂号之一。芭蕉塆宗祠享堂悬有"卷雪楼"牌匾。宗祠旁边一家民宅的门楣上也写着"卷雪楼"门楼字。眼观"卷雪楼"字样，心生亲切感，我的家乡就在富池，我在那里度过了极富憧憬的青春时光。

在芭蕉塆，所有的房子，均有审美意识的贯彻，不管是火砖房还有土坯屋，都有一点造型，都有一点装饰，高高大大，亮亮堂堂。有恒产者才恒心。

一般的祠堂祖屋，"土改"时必定分给贫雇农居住，芭蕉塆的宗祠却没有，因为家家户户居住条件尚可，没有穷得无房住的人家。

1972年，高湖公社建公社办公房，就打上焦氏宗祠的主意，要拆下祠堂的建材去建公社。从第一进戏台开始拆，全塆人心在流血。几位老者找到主事人，用拆三南公祖堂屋和神庙砖瓦木料抵，保下祠堂的二三进。

1997年，在一进的地址上建小学。2017年，迁走小学，在原址上恢复祠堂的一进。这次复建，又是一次焦氏宗族的大团结大协作，本塆焦氏捐款，通山的其他13个焦氏庄门都捐款。基本按原样复建四角展翼三重木构戏台。戏台约30平方，两边有乐鼓，后台是化妆楼，左右各有厢房。台顶两侧为三架梁，支撑着整个台面。每一个细部都是精美木雕。戏台前是方正的青石天井，占地约80平方，四水归堂，通风透亮。两边牌楼，底为游廊，有门与一进戏台两边厢房相通。

芭蕉塆有个神庙巡爷殿。郑仙元帅有恩于祖上，芭蕉塆人奉为恩祖，修庙供奉六百多年。1972年拆后，2018年复建。复建花费85万元，在广东办厂的两兄弟捐款50万元，剩余部分由13个庄门共出。新修的巡爷殿雕梁画栋，浓墨重彩，金碧辉煌。

2019年，芭蕉塆在村口修建高端大气的"探花第"门楼，成为新的标识和景观，颇受路人注目。

贰　芊园这朵花儿为什么总是这样红

芊园是湖北省现存单体规模最大的私家宅第古建筑，有"楚天第一大夫第"之誉。

芊园建于清嘉庆至同治年间，占地一万多平方米。整个芊园布局成棋盘横向排列：一列为家学、粮仓。二列是青石板铺地的内院。三列是五进十一开的生活起居室。第四列为后院花园、果园。生产、生活功能设施齐全，为鄂南乃至全国古建筑之罕有。

看芊园，我想到的第一个问题是建芊园的钱从何而来。他是贪官吗？他不像贪官，很不像。

房主王明璠曾当过 7 个县的知县，历任江西乐安、武宁、南康、上饶、丰城、瑞昌、萍乡知县。

在乐安，也即他官宦生涯的第一站，他奋力"改前非，布新局"。因太平军石达开部攻占乐安时痛下杀手，致"民生凋敝，一如水洗"。32 岁的知县王明璠恩威并举，一边对危害者罚没、判监、处死过百，一边让人民休养生息，到同治十一年（1872），共捐军费 98406 两，一改前任赋税颗粒无收的局面。王明璠为自己赢得"王辣椒"之誉。在南康智斩叛将郭得胜，得到"才智吏""江西干员"的美誉。在上饶，不按巡抚沈葆桢"坚壁清野"的成命，而改"藏兵于民"的抗击太平军政策，达到不战而屈人之兵的成效。在萍乡，在县城建赈济灾荒的义仓"福惠仓"，带动全县乡绅建成永裕仓、长丰仓、名惠仓、大安仓、钦风仓……义仓遍布，被称为"良法美政"，避免了荒年饿死人或外出逃荒的现象，萍乡"居民建生祠百余处"。

光绪《通山县志》对王明璠的"廉政事迹"多有记载。首先，他治吏较严，他曾说："做清官必先清内署，彼皆浊我者不能清之，而欲清其官也得乎？"整个队伍清廉了，大家才能清廉，否则，难以独善其身。"尤严胥役，给票拘人，皆酌路远近，准给差费若干。过索许民揭告门丁、纲纪人等，惟日给钱二百，畏其清廉者皆纷纷求去"。办公给经费，不能任胥吏借机搜刮民财。"在任六月，以母忧去。去之日，萧然空橐，不能治装，邑人醵金吊之，以资其行"。老母去世，居然无钱回家奔丧，靠同乡接济。这是他同治三年（1864）知南康时的事情，此前已知乐安、上饶二县，这是他当的第三任知县了，还这么廉，还这么洁。此前他已当官 16 年，此后他又当官 13 年。致仕"居家俭约，无仕宦之习，素精岐黄，人抱病来辄辍寝食诊视之，赤贫则施以药"。在家乡生活期间，免费为穷人送医送药。

芊园累三代接力之功而成。祖父做盐麻生意，最早做了四重屋。老宅占地 1200 平方，建于清嘉庆年间，是王明璠的世居出生地，但属于其所有的仅第三进一偏房。父亲年轻时贫困至谷底，家徒四壁。道光晚期，父亲改做苎麻生意发了大财，在县城开发行票子的商号。咸丰年间，父亲在东边建了五进五重的房屋，当地人称为"新屋道"。后来，王明璠在父亲老屋的西边续建了五开五进的房屋。虽然比父亲稍微讲究些，但并不豪奢，很少有雕刻装饰，整体风格偏向简朴。这些屋子与祖父、父亲先后建的房屋连起来就显得宏大壮观了。

这么大的房子摆在我们面前，不是县志欺骗了我们，就是王明璠欺骗了我们。

芋园也曾被举报过，还不止一次。

第一次是"衮龙垛"事件。芋园是很气派的，气派就气派在"衮龙垛"上，整齐一字排开的12个屋脊榫头翘角，远远望去就像一条条青龙在腾飞。"王明璠在老家建皇宫""王明璠居然将龙搬上自家屋脊"……朝廷派人来调查。王明璠回答，这不是"衮龙垛"，是"猫拱式山墙"。粗看有点龙形，实际更像是猫拱背脊。

二是仿照皇宫修"玉带河"。"衮龙垛"事件刚过两个月，朝廷又派人上门了，这次还带了武弁，气势汹汹，来查他占用他人田地，仿皇城修"玉带河"。他说所谓的"玉带河"其实是条小水港，本名叫吴田港，是我从吴田洞引水过来，现在全湾人都在用它，成为共享水源。而且，我采取暗沟引水就是为了不占田地，我用的每一寸土地都有契约，该补偿的都给予了补偿。

两件事都关"僭越"，而无涉"贪腐"。这又反证了王明璠还是清官。

此后，不但再无事端来临，反而有各种敕封接踵而至。

72岁的王明璠似乎和一般老百姓一样糊涂了，他只恨"卖国贼"李鸿章，不知恨"祸国贼"慈禧太后。八国联军进京，他疾书《救时刍议》一册，要亲自送到西安面奏圣上。他的几房妻妾哭泣劝阻，儿孙长跪不起，劝他改为驿路传送，但他一意孤行要长途跋涉亲自面呈皇太后请命上阵杀敌。当他好不容易赶到西安时，皇太后、皇上已经回到北京。最不可思议的是，第二年，闻《辛丑条约》签订，"中夜悲愤，拟奏一册，跋涉数千里"进京面奏未果。以古稀老迈之身，两次千里跋涉，世所罕见。为褒其忠义，朝廷晋升其为从四品，授"朝议大夫"衔，宅院得用"大夫第"为门额。

芋园意为"大而无华"。只是规模大，占地上万平方，含内院、花园、果园。没有雕梁画栋，也不着名人字画，所以，"土改"后一直是贫雇农的安居乐业之所。因为没有雕梁画栋，"破四旧"时也无须铲砸锯销，所以得以保存。木雕、石雕、砖雕的内容一般都是帝王将相、才子佳人，属于"封、资、修"内容，必在须铲除之列。芋园很少有这些花里胡哨。

芋园于 2013 年列为全国重点文物保护单位。近年，政府投资亿元在内部使劲，在外部周围绣花绣朵，辟为景区。

叁　白泥谭氏宗祠是个不断出发的起点

在现存的老祠堂中，从体量和品质两个维度表述为"鄂南第一祠"，大畈镇白泥村谭氏宗祠当之无愧。

主祠面阔五间，通深五进，建筑面积 1576 平方。平面布局呈"品"字形拱卫状。以主祠为中心，两侧各建"鸣公祠"和"德公祠"，全部建筑由戏楼、露天青石庭院，前后卷厅、拜台、宗祠主体等构成。14 根高两丈有余、两尺见方的石柱，支撑起主厅，成为建筑的精华所在，使宗祠更显得富丽堂皇。制作精美的浮雕遍布于宗祠的各处石构，所有承重石柱皆镌有谭氏历代名士乡绅撰联。

谭氏宗祠的戏台是我所见最大的老戏台，有六丈长三丈宽，由四根石柱支撑，台上饰有两只石象和两只石狮，顶部为装饰秀丽的藻井。戏台两侧备有各种乐器。台前是一个大天井，一亩见方，地面均为青石板。两侧是 20 多米长的排楼，各有镌刻槛木相栏，两端有小闼与走廊相通，是女子看戏的通道。女子不可入祠堂正厅活动。

1930 年 3 月，通山县第一次工农兵苏维埃代表大会在这里召开，正式成立县苏维埃政府。1931 年 8 月，县第二次工农兵苏维埃大会也在这里召开。何长工、叶金波在这里活动过。萧克的哥哥萧克允牺牲后就葬在祠堂不远处，坟墓今犹在。这里是革命最活跃的地方，是国民党的眼中钉肉中刺。曾有一个国民党的旅长，带了一旅人马，弄了很多柴薪，准备付之一炬。他来到祠堂，一重重往内观看，当他走到最后的神龛，目睹到自己的祖先牌位，才知道与该祠族人同出一脉，便取消了烧毁的念头。

这是一个乐于"走出去"，一个不断走出舒适区，一个不断出发的家族。

白泥谭姓始迁祖是谭仲仁，他的祖父谭秀四于元朝末年，从江西永丰县迁徙到湖广兴国州杨林畈，父亲谭隆六由杨林畈迁到大畈白鹤山油榨塆，谭仲仁率他的四个儿子迁来大畈白泥，那年是明永乐初期（1410）。

谭永琳是大畈白泥潭一世祖谭仲仁第四代曾辈长孙，他的身上同样流淌祖先不安于现状的血液。他 19 岁那年结婚，蜜月刚完，他来到宗祠拜别祖宗，携新婚的妻子章氏走上开疆拓土之旅。他来到燕厦碧水创业兴家，从住茅棚开始。瓜瓞绵绵，尔昌尔炽，家族衍成三房十余庄六千多人丁之炎势。这六千人丁其中又有两千分别迁徙到陕西、湖南、河南、江西和邻近的大冶、咸宁等地。

光绪十九年（1893），这一族谭姓在碧水新塘长畈上端开始建设谭氏支祠，建筑面积与白泥宗祠相当，由于工程浩大历时三年才告成功。为区别于白泥谭氏宗祠，以进山祖谭永琳之字，将支祠定名为琳公祠。

琳公祠与白泥的宗祠规模相当，品质相近，大气磅礴。

琳公祠戏台后面的木格板房，也即化妆间一根板墙木柱上写着一行字："鄂东南十九区新戏团宣传部在此借台演戏"。白漆写在原木上，大小不匀，歪斜扭曲，经历百年光阴流变，显得格外珍贵，也昭示了这个祠堂和这个戏台的辉煌历史。燕厦区一度是个戏窝子。1929 年那一年，燕厦一带至少成立了三个剧团：湖畔苏新戏团、畅周文艺团、燕厦新戏团。畅周人张友海，艺名洪涛，他先是燕厦新戏团的团长，后是鄂东南新戏团戏曲主任。鄂东南新戏团由龙港新戏团和燕厦新戏团合并而成，这些戏团都以汉剧的艺术形式，用老调新词，做革命宣传。鄂东南十九区新戏团，就是燕厦新戏团。

我在琳公祠见到了"琳公祠保护管理理事会"会长谭崇然，他是个极有风度的人，那派头比得上市长。他原来是村支书，他帮助白泥谭氏宗祠成功申报省级文物保护单位后，又牵头将琳公祠申报为省级文物保护单位。碰到他，是因为他正在指挥琳公祠门前的广场维修工程。

作为一个闪光的起点，每一次辉煌的到达都能被这座巍峨的宗祠记录。白泥人谭学闵明嘉靖四十三年（1564）以第十名高中进士，初官南昌知府，后任大理寺卿。白泥大队支部书记谭能华在 1975 年和 1980 年分别当选第四届、第五届全国人大代表。白泥儿媳、中学特级教师陈振翠曾获"全国优秀班主任"、全国"五一劳动奖章"、全国先进工作者、全国"三八红旗手"、全国自然科学教学突出贡献专家等多种荣誉称号，并于 1992 年、1997 年当选中国共产党十四大、十五大代表。

肆　一位游子与一座祠堂

清光绪十六年（1890），陕西山阳人氏吴怀清赴京殿试，位列三甲一等，赐进士出身。凭朝考《贾谊董仲舒论》一文名声大噪。金榜题名后，吴怀清做的第一件事是来到千里之外的通山堎里庄，祭祀祖宗，告慰先灵。

吴怀清祖籍湖北通山堎里庄，即今大畈镇西泉村。山阳经过明末清初的兵燹，人口锐减，全县仅剩八百余户。吴怀清的曾祖父吴先榜，响应朝廷号召，携家小迁居山阳董家沟，开荒拓土，兴家立业。曾祖父纯粹务农，祖父吴宗琦当私塾先生，父亲吴荫祥务农兼行医。通过三代人的奋斗，吴家已成小康之家，对困难亲友多有周济。

吴怀清更是把这个家庭推上了兴旺发达的高峰。

吴怀清高中进士后，例授翰林院庶吉士，散馆后授编修，任满秘书郎。光绪二十二年（1896）在三年一次的京官考察中名列一等，奖授二品衔。宣统二年（1910），又选充资政院议员、中英庚款教育会会员，因才能卓异，赏戴花翎加头品顶戴，诰授光禄大夫。在翰林院期间，吴怀清编著了《德宗实录》和《宣统政记》两书。民国三年（1914），国民政府设立清史馆，着手编纂清史，吴怀清被馆长赵尔巽礼聘为协修，历时14年。吴怀清撰写了《清史稿》中《地理志》陕西一卷、《食货志》征榷卷，并对《交通志》付出不少心血。所以说，吴怀清对《清史稿》的编修殊有贡献。吴怀清的史学著作还有《关中三李先生年谱》（八卷）。他的诗集《借浇集》匠心独运，技高一筹。他还兼擅书画，名噪一时。

吴怀清是清末民初颇有影响的文史学者和文化名人。

第一次回故乡，吴怀清到祖坟和祖祠上香叩头。祖坟和祖祠均显破败，吴怀清与族人相约，自己会尽快再回故乡，维修祖坟，瞻仰祖祠。

吴怀清的瞻仰祖祠之约，其实是给了全族人一个修葺祠堂的期待。族人也不失时机地请他题写"西泉世第"祠堂名。五年后，西泉吴氏宗祠修葺一新，梁柱墙壁虚位以待，等着吴怀清回乡题辞书联。

第二次回故乡，通山县知县闻讯拜迎，西泉两百父老子弟争相宴请。豪情满怀的吴怀清撰写了大量念祖、恋乡的诗词和对联。

吴怀清为戏台撰写的楹联是：笙磬同音，雅奏岂徒娱里耳；频繁致洁，工歌端好荐溪毛。

天井之上为中重大厅，六柱支撑，均为木石对接。吴怀清为中重立柱撰写的楹联是：继别历元明以来，数乔木故家，斯哭斯歌，应念先人耕钓地；展拜溯乙丙之际，忽桑田劫火，肯堂肯构，欣看此日栋梁材。

后两柱为木质影壁两旁的支柱，吴怀清也为其撰写一副楹联：聚族近千年，念先人衍椒绵瓞，公姓星罗，尚思水木同原，须念卅八庄门共敦亲睦；离绣忽四世，幸此日敬梓恭桑，一官昼锦，安得里闾再到，获与二三父老重事追陪。

吴怀清为祖堂前两柱撰写的楹联是：数百家烟火为邻，出入友，守望助，疾病扶持，亲睦重乡间，况是聚族共处；十几传箕裘勿替，士食德，农服畴，工用规矩，继承绵世祚，须知留泽久长。

在西泉逗留数日，就要返回陕西了。临别之前，吴怀清写下了《丙申秋将还秦留别西泉父老》四首诗，记录了此次回乡的所见所闻、所思所想，抒发了欣喜、感慨、惜别的复杂心情。

此间，吴怀清还修理了先人坟墓，题写了碑碣文字，完成这一切之后，才踏上归途。

二十年后，那是民国十五年（1926）的除夕，吴怀清第三次回到"先人耕钓地"。他在《除日抵通山西泉故里》诗中，一改前两次的轻松快乐，尽写抑郁、感伤、惭愧、凄怆和寥落。20 年间，世事沧桑，父亲已去世，他所服务朝廷已然不复存在。这一次，他依然为祠堂写了一副对联：梓里别廿年，春梦方醒，愧乏余光及宗族；桑田经几变，冬心独抱，敢亏大节辱先人。

西泉吴氏宗祠，位于隐水洞出口，面阔三间，进深三重，小巧玲珑，占地二百四十平方米。它不叫宗祠而叫"西泉世第"，吴姓迁居此地时，地名叫方家宕。后因吴万甲，字西泉，得贡生知府衔，敕中宪大夫，并有六子十八孙，可谓"人财兴旺，声名显赫，治国有方，齐家有道"，故后人将地名改为西泉。宗祠门楣上的"西泉世第"为吴怀清手书。

宗祠内有二十多副楹联，柱和墙壁上，整块长板镌刻，有的长达六七米，由吴怀清撰写的祖堂对联，已衍化为今天的西泉村村规民约，西泉又成为村规民约示范村。

因为保护完好，1896 年的那次修葺成果都在。又因为在隐水洞出口，此祠堂成为重要旅游景点。

伍　隐峰公祠是最尊重女性的祠堂

百余丈高的雄狮崖下，有一个村塆叫内熊新屋。

隐峰公祠坐北朝南，面阔五间，通深三重，占地七百余平方，内有大小天井九个，门厅、中厅、祖祠、厢房二十多间。中为祠堂，左右各为住房。也就是说，这既是一座民居，也是一座祠堂。二进中厅和三进中厅即是祠堂。

这是我见到的最尊重女性的一座祠堂。

封建时代，一般女子不得进入祠堂正厅活动，除非贞妇和诰命夫人。即便是贞妇和诰命夫人，也要经过特许才能进入祠堂正厅。女子可以进祠堂看戏，那是有指定地点的，就是两侧的排楼。排楼两端有小阁与走廊相通，无须经过正厅，由边道幽门进出。

隐峰公祠的二进正厅也即中堂，后设屏风中门，上为减柱五架台梁，浮雕龙形挑檐梁，象形柱头，抬梁正脊饰升形斗拱。三方立柱下，以方状、鼓状石础垫地，上为两接穿斗镶成，堂顶装饰卷棚望板。

整个中堂布局庄重气派，是家族聚会商议大事要事的正规场所。中堂上方悬有一道匾额，上书"萱草长春"四个镶金大字。在我的记忆中，好像是第一次见到祠堂里关于女性的匾额。这是新屋第一代女主人陈氏太夫人六十寿辰时，兴国宣教里下陈庄娘家后辈所赠。内熊后人，至今盛赞太夫人秉性优雅，持家有道，佐助大屋的男主人兴家创业。

三进正厅为拜堂，供奉着包括新屋第一代主人熊世富在内的列祖列宗。

熊世富生于乾隆四十七年（1782年），自幼读书识字，获得太学生功名。熊世富生二子绍齐、绍渭，俱取得太学生身份。兄弟两人又各生三子、七子，均为太学生。熊世富兄弟三人，老大熊世荣生三子，其中两人为邑庠生，业儒。老二熊世华为太学生身份，生四子绍宗、绍宛、绍宋、绍宣，绍宛为邑庠生，其他三人均取得太学生身份。其中，绍宗还于光绪十三年（1887）获"恩进士"，选授予宜昌府南漳县教谕一职，可惜尚未赴任便已身故。

这个家族的富足生活，不是因为学而优则仕，而是因为耕读传家、经商致富。他们采购桐油、茶油、苎麻、茶叶等山货，乘竹簰顺横石河下至富池口，然后，或到汉口或到九江，销售获利。

至今，在横石一带的民间流传着熊世富"一个尿惊五百两银子"的故事。某年，熊世富收得大量山货，顺水到达九江，等待买家。他经常上岸找家小酒馆喝酒打发时间。一日，他正自斟自饮时，发现对面不远的桌上有两个生意人在高谈阔论，于是不动声色地听清楚了这两个上海人的底牌。熊世富旋即回到码头，召集通山的同行开会，说有一个买主委托他收拢大家的货物，与他集中成交。第二天，那两位商人见货已集到他一人手上，只得寻到熊世富的船上与他洽谈。二人连开了几次价，熊世富就是不点头，装着不肯成交的样子到船尾去撒尿。二人连忙追到身后，一人说："再加一百两如何？"另一人说："两百两？三百两？"一阵寒风吹来，熊世富连打了几个尿惊。二人心急之中以为他仍不同意，一个说："四百两？"一个咬咬牙接着说："五百两！"这时，熊世富尿毕，见价位已出到堂，于是点头成交。

内熊家族没有走学而优则仕的大道，只走了这条经商致富的小道。所以，头脑的正统思想、条条框框少多了，所以，就在祠堂的中堂高高挂起"萱草长春"的匾额。

2022年7月30日，我由熊应华、熊宝杏父女陪同，来拜访内熊隐峰公祠。在"萱草长春"匾额右方墙壁，挂一幅布背景墙，上写着首届"凤归巢"谒祖省亲大典字样。这是今年清明期间，内熊新屋塆举办的一个活动，请外嫁姑娘回娘家省亲。101岁老太太回来了，有的几十年没回这次也回来了，小家里没有亲人，大家族请她回来了。

熊宝杏是通山县唯一的女性木雕传承人。作为一个女孩子，担当家族传承，她的思想深处应该有祠堂对她的影响。

祠堂文化也是一种与时俱进的文化，在健康的社会环境里，祠堂文化必定与社会环境同步健康。祠堂的首要功能是祭祀祖先，还有修谱藏谱、家族管理、家族教育、婚丧嫁娶办酒席和文化娱乐活动等功能，这一切活动也必将与社会主流文化相和谐。传统房屋建筑形式的传承，最多就是祠堂。

陆　一位新乡贤与一座古村落

王定钊出生在一座老房子里。

房子雅名迪德堂，占地一千三百多平方，由正屋和横屋组成，抬梁构架，穿斗木构，内有十六个天井，五十多间厅房。正屋和横屋的门楼分别楷书"槐轩""业振琅玡"大字，折射出昔日王氏家族的显赫。

王定钊却是大宅门里贫寒子弟，十五岁辍学外出打工，几经商海沉浮，到二十五岁时就积累了百万家财。

他虽然只有初中毕业的底子，文化情怀却很浓郁，因为出生在传统文化浓郁的古村落里。身在异乡的他，故乡的古街、古宅、古井、古桥、古庙、古河道，时时浮现在他的脑海。他从孔夫子旧书网淘来《兴国州志》《阳新县志》《通山县志》《武宁县志》等几十本故乡周边的方志和资料书，日夜捧读，既解求知欲，又慰乡愁。一日，他在一书中读到："1938年10月17日，阳新县城沦陷，县政府被迫迁入燕厦江源村，迪德堂为办公区"。后又了解到：土地革命时期，迪德堂对面的老宗屋是子英乡苏维埃政府办公场所……

洪港镇江源村，共遗存古民居十一栋，总建筑面积两万平方，其中明代建筑占大半。著名建筑有迪德堂、老宗屋、义筹老屋。

迪德堂面阔八间，进深四重，因深厚的人文底蕴而卓尔不群。房主王迪吉是进士而没有当官，却当了一位德高望重的乡村教育家，他教的学生考中举人的有三十多个，考上进士的有七人。他去世时，前来为其送葬的顶戴花翎学生就有十七个。老宗屋面阔五间，一进四重，总面积三千平方，前有跑马场，后有小花园。高大的门甲为荷花绿大理石经过银锭打磨而成，天井台面由长条大理石镶铺。义筹老屋以内部装潢考究而在百里十乡首屈一指，更因为它的另一个名字叫"纯寡妇屋"而流芳久远。

当王定钊深深爱上故乡的老屋之际，也正是老屋岌岌可危之时。江源人外出务工所挣的钱源源汇进古老的山村，拆老屋建新屋的冲动一波接一波。从 2005 年起，江源悄然兴起建房热，一幢幢的老屋被拆掉。

王定钊经常放下南昌那边的生意，三番五次跑回江源，苦苦劝说乡亲，但不起作用。2008 年，承志堂被拆前夕，王定钊反复劝说无效，向县主要领导反映。领导答复没有挂牌，未列入文物保护单位无权干涉。最后眼睁睁地看着拆掉。所谓"挂牌"就是列入保护单位，不但不能拆，还要维修保护。

急中生智的王定钊想到了网络，于是，写推文，发照片。2010 年 7 月，一篇《清代进士谢俊敏老屋亟待保护》的帖子在网上广为传播，《湖北内参》做了转载，省委省政府主要领导做了批示。省文物部门对江源古民居保护高度重视起来。此间，王定钊身边也团结了一批志同道合的年轻人，王定钦、王德厚、王能训、王光华等被人称之为"少壮派联盟"。义筹老屋的住户王龙祥想拆掉纯寡妇屋建新房，王定钊带上"联盟"成员轮番做工作，细致的思想工作做到王龙祥不但不拆纯寡妇屋，还自筹经费对义筹老屋修葺一新。2014 年 4 月，江源村王氏族长要把老宗屋主体部分拆掉，建成新祠堂。王定钊连夜联系"联盟"成员，一起做老族长的工作，保全了老屋。

两个月后，湖北省政府网公布，迪德堂被省政府列为第六批省级文物保护单位。十年坚守，功成一旦，王定钊喜极而泣。当年争取省政府专项抢修补助二十万元，三年后省政府又安排维修款两百一十四万元。2015 年 8 月，王定钊发起成立江源古民居保护管理理事会，这是全省首个民间保护古民居的社会组织。全村家家都有人当代表，定规则、建章程、筹经费，越来越多的乡亲汇入古民居保护洪流。理事会自筹资金三十多万元，王定钊个人捐款十万元以上。村民自愿将自家老宅清空交理事会统一管理，将各家收藏的古董文物交给理事会统一保存，将迪德堂打造"民俗农耕文化博物馆"和"村史馆"。国家文物局网站发文《以江源村为试点，探索湖北古民居保护新模式》，推广新乡贤汇聚民间力量保护古民居的做法。受中国文物保护基金会邀请，王定钊出席 2016 年 11 月 3 日在北京举行的首届"社会力量参与文物保护论坛"，并做《公众参与古民居保护——以江源村为例》的主题演讲，与会领导、专家认为江源古民居保护模式是一种落地性高、复制性强、值得在全国范围内推广的典范。

2016 年，全村三十八户享受扶贫项目建房，村民全部自愿选择偏僻之地异地建房。理事会长期与华中科技大学、武汉理工大学保持合作关系，聘请专家团队为保护建设出谋划策。2019 年 1 月，老宗屋、义筹屋与迪德堂合并，以"江源村古民居"命名，列入第七批湖北省文物保护单位。江源村已成为"看老屋住老屋吃农家饭"的旅游打卡地和大学生社会实践活动基地。

2022 年 10 月 26 日，江源村被列入第六批中国传统村落名录。

柒 宝石古民居群成为"烫手的山芋"

发源于九宫山北麓的宝石河，不但有河的美丽，还自带了山的光芒，它有无比清澈的河水，它有植被翁郁的河岸。它别具一格的魅力还在于有遍布河床的鹅卵石，它们透过清澈的河水就历历可见。枯水季节，无数的鹅卵石裸露在空气中，像累累硕果，数量庞大得震撼人心。叫它们鹅卵石纯粹是一种叫法，最小的那一部分才是鹅卵石，更多的是石大如升如斗如笺，甚至如牛。这些石头们，共同的特点是浑圆无棱角，被高山急流而下的水冲刷得外形线条柔和而质地坚硬，赢得宝石之名。不如就叫它"宝石"。大自然还挑选了灰白、浅褐、麻栗等颜色，做了"宝石"的颜色。

宝石河流入山区里少有的平畈，就有一个村落逐水而居，这就是宝石村。宝石村是舒姓居民聚居地，他们的先祖于明洪武初年从江西靖安县梗田村迁居这里，至清康乾年间，宝石河两岸人家达四百多户。由于人财两旺，到了民国时期还享有一个"小汉口"的称谓。村街上有各种各样的会所十多个，有为北上会试的举人提供食宿、路费、卷价资助的宾兴会，有广置田产收租用来资助贫困学子的义学会，有汉剧名家舒二喜的汉剧"洪"字科班，有飞檐走壁的武师舒老窳组织的狮灯会，有收殓孤尸丐身的赠板会，有看护坟山祖茔的古墓会，有祭祀祠堂庙宇的香灯会，还有修桥补路的桥路会，修堰整渠的堰会等。

今天，当我们走进宝石村，首先映入眼帘的是甬道、晒场都由"宝石"铺就。大房小屋的基础也是"宝石"筑成。就连菜园子的篱笆也由"宝石"垒起的矮墙替代。坚固自不必说，审美作用大增，诗意浓郁。

从前的宝石才子舒文节，以《闲题》诗描摹了家乡的神仙生活："生不愿封万户侯，一线牵动楚天秋。长长竿子弯弯钩，短短蓑衣小小舟。荡动两三声画桨，惊飞四五个沙鸥。得鱼沽酒江边饮，醉卧芦花雪满头。"2006 年，宝石村被评为"湖北十大风情村塆"。

宝石村最著名的是它的古民居，鼎盛时期有 130 多栋，现遗存还有 50 多栋，占地七万多平方，为鄂南最大、历史面貌最完整的古民居村落。被誉为"楚天第一古民居群"。

村落以宝石河为中轴线，形成南岸和北岸两片古民居群。南岸位于通往九宫山的官道上，以门楼为中心延伸至河边，东西排列着 30 多栋砖木建筑的明清老屋，以店铺长街经营贸易为主。北岸是宝石舒氏的发祥地，民居以宗祠为中心，向四周扩散，坐北朝南错落有致地分布着 20 余栋砖木结构古建筑，是古民居的精华所在。

民居群内建筑以单体多进为主，厅堂、居室、天井、厢房布局科学合理。一字式、五花式、猫拱山墙得到广泛运用。大批木石构件选材讲究，装饰题材广泛，尽罗历史传说、戏剧、人物故事、动物花卉。宝石民居代表了通山明、清时代民居建筑的主体风格和装饰工艺的最高水平。

舒氏家庙号称"六都第一祠"，是村中最豪华最讲究的建筑，也是规格最高所在。它"飞阁层楼、歌台舞榭"，占地达 3000 平方，建筑面积 999 平方。它于 1938 年 10 月被日军纵火烧毁，现存前后四根高大的石柱、家门幡墩和御赐"皇恩旌表"石碑，霸气侧漏。1980 年，将舒氏家庙改建为"宝石会场"，也很别致。

宝石古民居群名人故居众多。有明万历进士舒宏绪的"行意草堂"，这是一幢 200 平方的砖木结构平房，致仕后的舒宏绪在此"草堂"闭门读书 20 年。后来，巡抚郭维贤瞻仰舒宏绪故居，手书"正色立朝"匾额，悬于中堂之上。离故居不远处有一高大牌坊，上有天启皇帝亲笔书写"天垣补衮"四个大字，这是天启皇帝彻底平反太子教豫案，追授舒宏绪为大理寺少卿并钦赐匾额。舒道宏的"绍怡堂"，占地面积 2000 多平方。舒道宏曾当过江西德安、石城、安远三个县的知县，他是个"富二代"，一直是从家里拿钱补贴办公经费和做慈善，致仕后自己建筑 400 平方，其他的 1600 平方为父祖辈所建。还有杏林世家舒习锥的"仕德堂"，汉剧教育家舒二喜从小跻身其间的"双福班"会所，亦官亦商舒世芳的节孝坊。"千总居"正面满面满贴六角形花砖，以精美的砖雕满墙装饰我是第一次在这里见到。

2022 年 6 月 17 日，我随通山县政协采风团访问宝石村。村支书舒进耀自豪地介绍本村古民居众多，同时深感压力山大，无法抵御老房子的自然风化。他感叹，要是有一个王定钊就好了。

2017 年 10 月，王定钊组织江源村民代表 70 多人赴西坑村新民居、吴田村王明璠府第、宝石村古民居群参观考察，扩大眼界，开拓思路，学习先进经验。如今，江源村的古民居保护管理已步入良性循环。

宝石古民居群，2002 年就被列入湖北省重点文物保护单位，2014 年成为中国传统古村落。目前，宝石村只有老百姓称作"五重堂"的舒道宏故居"绍怡堂"得到修缮保护，其他都无能为力。

捌 袅袅炊烟升绿海

九宫山进山山门处，有一处古民居群落。主建筑门楣上写着"赤壁遗风"四字。这与赤壁大战无关，只表明房主是周瑜的后裔。

九宫山中港村周家大屋由青石、青砖、青瓦、青木"四青"构成。内建有祖祠、厅堂、会客厅、厢房、阁楼（闺阁）、书堂、厨房等大小房间一百三十六间、四十八个天井。占地四千四百平方的周家大屋，廊阁回环，间舍叠列，屋屋相通，户户相连，穿行其间，雨不打伞不湿衣，晴不戴帽不被晒。

上坳村的宋氏新屋、茅田村的茅田黄老屋、沙堤村的沙堤上新屋，都说是祖先挖出金银财宝，因获意外之财而建大屋。中港周家大屋，家谱记载是因为经营羊山纸积累财富而建大屋。

清乾隆四十三年（1778）年，三国东吴大将周瑜后裔周德永丰迁入中港。"这里的村民以丰沛的溪水为动能，以漫山楠竹为原料，建碾坊加工羊山纸。中港溪畔村落，散布着几十家纸坊，周永丰一来到这里就干上了这个营生。他的儿子派五是个秀才，不但有一肚子文墨，还有满脑子的生意经，把父亲的产业发扬光大。到他当家时，他家纸坊达十三座，竹麻塘四十多口，他家的羊山纸远销汉口。他们于迁来中港十年即开始营建高门大屋。大屋以祖祠为轴心，分秀、丁、财三大派房，长子主持家计，居中为秀门（祖祠），老二居右为财门（南侧），老三居左为丁门（北侧）。三大派房各有大门出入，相对独立。各自关闭大门后，三个派房家家相连，户户相通，整座大屋浑然一体，足不出户便能通达一百三十六间房中的任何一间。大屋这种分中有合、合中有分的结构，体现了家族的一团和气，有利于整个家族在出现紧急情况时一致应对。"（陈文忠《竹林深处有人家》）

周家世代经商。周三谷是个土财主，其人脑袋长得像八卦，身材又矮又胖，绰号周八卦。不知是不是脑袋大的缘故，周八卦特别聪明，他经营的羊山纸产量比任何人的都高，钱也就比别人来得快。一日，周八卦销售羊山纸来到汉口，安排好食宿，就带着小伙计在汉口大街上闲逛，因他那特别的脑袋、特殊的身体，吸引来很高的回头率。逛着逛着，周八卦见街边有一家剃头铺，便径直走了进去。不知是周八卦的头太难看，还是真的怕剃不好这个八卦头，店家一口回绝了。周八卦连走了几家剃头铺，都遭拒绝。气得周八卦又来到一家剃头铺，随身掏出一百两银子，往铺台上一砸，大声说道："店家，一百两银子剃个头，剃不剃？"世间只有银钱亲，这家剃头师傅看在一百两银子的份上，连忙把周八卦的头剃了。结果，周八卦人未回来，这个好事就传到了周家大屋："周三谷，财主佬，百两银子剃个脑！"有钱任性，由来已久。

抗日战争时期，通山县中学迁来周家大屋，在此办学三年。国军17军26师医院也在周家大屋两年。容得下一所县中学的周家大屋，可见其大。

中港十八潭是九宫山六大景区之一。景区全长三华里，上通无量寿禅寺，下连中港民俗村。景区两侧高峰耸立，茂林修竹遍布其间，一潭连一潭，一潭高一潭，步步为潭，处处有池，池潭形状各异。潭名分别为：芳心潭、丹桂潭、明月潭、仙姑出浴潭、贞洁潭、鸳鸯潭、牛郎潭、织女潭、相思潭、玉龙相春潭、羞花潭、闭月潭、圆梦潭、情侣潭、君子潭、念慈潭、碧剑潭、星斗潭。

周家大屋因此成为九宫山中港景区的特色景点，游客来此住民宿、赏民歌、吃农家饭，尽情享受农家乐。

2016年，中港村成为全县最早的全国美丽宜居示范村庄。2020年8月4日，湖北省作协中港创作基地挂牌。

周家大屋，出过一些财主和一些秀才，未出过上品级的官员，周家大屋是一座名副其实的平民居所。一首《题周家大屋》的诗云："不因荣显众称奇，族谊康宁也算稀。古朴淳风何处觅，九宫山下有濂溪。"

如今，还有不少老人居住在大屋里，只有老人才习惯和适合居住在老房子里。如果老人都不住老房子了，这老房子也快完成使命了。

有青山绿水的呵护，有旅游的加持，袅袅炊烟日日在周家大屋升起。

玖 郑家大屋"文脉传承有外孙"

清光绪《通山县志》载："钓月桥在县南三十里。地名厦铺，有乡镇，道通吴楚，向渡以船。清光绪七年（1881），郑锦辉后裔捐资凳石为桥，在张乖崖钓月台侧，故名，计费一万二千金。"

这座雄伟高大的石拱桥历经一百四十多年的风雨沧桑，至今依然屹立在厦铺河上，每天迎来送往川流不息的人流车流。

修桥人叫郑令龙，清代通山富豪郑锦辉的儿子。为了修桥，取料凿平了一座石头山，筹资楠竹砍光了几座大山。钓月桥建成后，厦铺市镇因此日渐繁荣。1959年，建设通（羊）横（石）公路，公路借道石拱桥，贯通大桥东西，用其通车。过去是106国道上的桥梁，现在是209省道上的桥梁。

郑家在厦铺街是一个大家族，成为全县望族是从郑锦辉那代开始。郑锦辉生于乾隆四十三年（1778），以厦铺街上几家间商铺发家，在厦铺村买田购地，良田有一千多亩，山林有两千多亩。

郑家老屋，面阔五间，通深三进，二层木构建筑。硬山顶，五花山墙，通檐墨画，大门镶铁皮遍布铆钉。至今铆钉整齐有序。

曾孙郑启后，到厦铺十里外的在九龟畈收购千亩良田、万亩竹园。郑家的山林，北起厦铺北山，南到江西界岭，延绵几十里，达五万多亩。

郑启后在九龟畈起大屋，是当时通山县最大的大屋。大屋"非"字形结构，中间是正屋，两边是三个一进三重的横屋。中间正屋一进七重，七个堂前，六个天井。整个大屋共有十八个堂前，六十二间房，四十八个天井。

建筑工期耗时六年，从光绪二十三年（1897）至二十九年（1903）。每天三十多人到山场砍木料，两年砍光了三座山头。专门买了一座山取石料，二十多个工匠常年取石，另有工匠凿石雕石。还砌了五座砖瓦窑烧砖瓦。

每个堂前有四根圆石柱。一般的柱子都是石柱与木柱对接，这是典型的"一柱双料"，也叫"木石情缘"。石柱部分一般由一长一短两部分对接拼成。

我第一次在郑启后大屋见到一根整石柱。之后，在通山奔波了一整年，看了很多古建筑，再没有看到第二根整石柱。一年后再去一次，想弄清楚那根整石柱到底有多长。那天，邓坤文正好带有皮卷尺，用一根竹篙将皮卷尺顶到石柱顶，一看，全长 5.3 米，刚好一丈六。郑启后大屋石料均取自三十公里外的三界尖，石柱制成后，再用银子抛光，精致打磨。一根石柱一丈六，它是怎么取材的？它是怎么运输的？它是怎么加工的？真是想不明白。正是这一切都太难了，所以只用了一根整石柱，现在能看到共有四根等长的柱子，其他三根都是拼接而成，搞一根整的也是为了创造一个纪录吧。

1941 年 2 月下旬，日军 40 师团三次进攻防守大城山的新编国军 43 团，均惨败。气急败坏的日军，撤退时用大炮狂轰藕塘民宅，郑启后大屋炸得只剩下十多间房子。

郑启后建造九龟畈大屋时，每天请三十多个工匠。每个工匠每餐四两米饭，另加两个红薯。当工匠们用餐后，郑启后夫妇把桌上剩的薯皮薯蒂都吃掉，算是自己的餐食。

富豪郑启后的行为令人难以置信，我持怀疑态度。我讲给别人听，别人也都不信。后来，听阮冰讲了一个故事，算是形成了"证据链"，不得不信。阮冰的远祖、兴国州同知阮锦玉建造中通阮氏大屋，该屋开基于乾隆五十五年（1790），竣工于嘉庆五年（1800）。老屋开建时，用最低廉的酬薪雇来最有本事的石匠、木匠、砖匠。生活上招待他们的却是山芋、红薯、玉米等粗杂粮，最好时不过两碗米饭一碗豆腐，很少见到一点荤腥。一些工匠愤愤不平，偷工减料，误工怠工，有的还准备暗中使用秽物以破坏风水和屋运。一天夜里，工匠们都已酣然入睡，包工头因口渴走进厨房，但见主家一家二十多口人，都在吃工匠们剩下的芋皮、薯皮，就他们的残羹剩菜。包工头和随后而来的工匠们，个个惊诧不已。被主家一家艰苦创业精神感动的工匠们，从此不再计较每日伙食，尽心尽力施工。前后十年，一栋占地两千平方的大屋终于耸立在青山绿水间。

郑家这一家人在扩张资本的同时，也乐于积善行德。

当年，郑锦辉在灾年里为雇农减租减息，为无钱治病的路人慷慨掏出"救命钱"，赢得"活菩萨"的名声。

郑家的另一所好就是耕读传家。在学而优则仕的社会，家中走出晚清五代官员。

郑锦辉被列赠登仕郎，晋封朝议大夫。儿子郑令龙是太学生，功议叙翰林，被封中宪大夫（从四品）。孙子郑嗣忠，太学生，赠中宪大夫。曾孙郑启宇，上庠生，赠奉朝政大夫；郑启山附贡生，敕授承德郎；郑启后，上钦加道候选府正堂。玄孙郑家良，甲恩贡廪生；郑家清，字天朗，一等补廪，任通山县副议长，第二验契分所经理；郑家声，任县保卫团中校团总。郑启后的孙子郑鄂英，是中华人民共和国成立初期县人民政府财政科科长。郑天朗的长子郑秋舫均县县长。

郑秋舫是李城外的外公，李城外是全国干校文化研究第一人。李城外《读外祖父郑秋舫〈悼梅诗〉》最后两句写道："郑家香火今延续，文脉传承有外孙"。

拾 十担黄豆造大屋

周光海是厦铺街上的富商。他的铺面在不断增加，豆腐铺、肉铺、茶铺、麻铺、油铺，什么铺赚钱开什么铺，开了新铺不丢老铺。

后来，周光海又发展了十副竹簰和八条木船，他联合厦铺街上的郑锦辉家船队，合资在汉口购了一段河岸建成货物起岸码头，还建了货物仓库。

从社会地位和财富数量看，周光海都不如郑锦辉，但是，周光海有一个梦想，就是要建一幢比郑家更好的宅第。他在积累材料，他在等待机会。

同治十三年（1874），通山出现百年未遇的大旱灾，历史上叫"甲戌大灾年"。所有土地上的粮食作物无收成，人们无粮度日，只能吃野草、啃树皮，甚至吃观音土，饿殍遍野。

然而，周光海家却金钱满罐粮满仓，既积蓄有大量金银财宝，又储藏有上千担粮食，仅黄豆就有二十多担。当时，工匠每天工价低至半斤黄豆。周光海认为大兴土木的机会到了，于是，他开始建造周家大屋。周家大屋经一年时间修建，据说整个房屋建筑的砖匠工钱仅为十担黄豆。因此，厦铺镇至今还传诵着："周光海，真好运，十担黄豆造大屋"的歌谣。

这幢"十担黄豆造大屋"是怎样的大屋。面阔七间，进深三重。通山民居一般是面阔小于进深，顶多也是面阔与进深相等，成为正方形布局。很少有像周光海大屋这样面阔远远大于进深者。这大概是经商者的占门面心理使然。大屋占地一亩，共有三个厅堂，六个天井，二十六间房。六个天井四周的梁柱、两条横贯东西的通道上梁柱都进行了雕刻。所有窗户都是花板、窗棂镶成。三个厅堂的天花板均雕有花纹。中堂天花板是中间一朵巨大梅花，四角镶嵌四只蝙蝠图案。一、二重天井各置两个石水缸。水缸长2米、宽1.2米、高1.3米，为青绿石制作，缸体浑圆大气，图案精雕细琢。这四个大水缸令观者难忘。

周光海大屋达到清朝建筑与装饰艺术的高水平，当然成了厦铺街最好的大屋。

我经常想，通山为什么会有这么多大屋。大概是建材丰富，人工便宜，财富观念使然。山多柴多，便于烧窑制砖。山多树多，木材物美价廉。山多石多，利于就地取材，周光海大屋的石头是最好的石料，都取自几十公里之外的三界尖。还有社会整体较贫困，所以人工便宜。一般人一辈子最大的理想就是造房子，宁可在生活上克扣自己也要造大屋。郑启后造大屋时，吃薯皮薯蒂，是匪夷所思的大富豪行为。

郑家是书香门第，周家想从社会地位上超越郑家，不是一代人能够完成。想在房子上超越郑家，一代人的努力则可以实现。

拾壹　九宫山古道边的古村落

现在上九宫山的公路是从东坡上，古道是从北坡上。这条古道穿坳坪村而过。闯王镇坳坪村是九宫山古道上的古村落，村中的一些古迹，冠绝全县。

一条清澈的河流，把坳坪村一分为二。实际上，人们是逐水而居沿河筑村。这里是宝石河的上游。宝石河发源于九宫山，上山古道沿河蜿蜒而行。

坳坪村的山下吴塆，通山县国民政府曾在这里驻扎五年。

山下吴有百余户人家。大建筑有吴氏宗祠、山下吴老屋和屋背山老屋等。武汉失守，鄂南岌岌可危。1938年10月，通山县政府迁出县城，先后迁至蛟滩、汪家畈、北岸成、西港、皇躲洞、佛堂、山下吴。最后在山下吴停驻，从 1940 年 6 月到 1945 年 9 月 27 日，长达五年多。县政府内设民政、财政、建设、教育、军事、社会、田粮等科。当时还增设了动员委员会、督学、联社、中学、看守所、情报等机构。

县立初级中学于 1943 年秋迁至山下吴，在原来一百一十二名的基础上招新生三十六人，含来自武昌、大冶、鄂城、蒲圻和修水的外县学生。

当时，县政府在中学体育场举行了一次体育运动会，参加单位有县中学和机关团体十余队，参赛二百余人，比赛项目有爬山、篮球赛等，县中学获篮球赛冠军。这是通山县历史上第一次县级运动会。

县政府迁至山下吴后，成立了通山县抗战委员会，通山县国民政府才有名义上的抗日组织。县政府领导了侦察敌情、破坏公路交通、破坏通信设施、截击敌人器械物资、袭击日伪军队等抗战活动。

特别是大批热血青年来到山下吴参加集训。一时间，偏僻的小山村热闹起来。他们参加救护、运输、慰劳等战地工作，还积极开展抗战宣传。一位参加集训的青年根据自己的经历创作民谣体诗歌《抗日呈英雄》："小妹一十六，学中把书读，读书要读中国书。叫声小姑娘，不当亡国奴。小妹志气高，痛恨东洋佬，读书要读中国书。叫声小姑娘，抗日呈英雄。"

这首歌谣，从山下吴传遍全国各地。

坳坪村的上陈塆如今尚存两座字藏塔。

通山人的字纸崇拜，无以复加。通山企业家王定乾，在他的自传里写到，祖父王贤柳，经常挑着一担箩筐，把写了字的纸收在箩筐内，积累到一定的量时集中烧掉。祖父的这一行为就是对文字的尊敬。

袁玉英在散文《顶纸》里也写了这种字纸崇拜："在故乡，大凡 20 世纪 70 年代出生的人都记得，人们上厕所如用有字的纸做手纸，必先往头上顶一顶再用，无论大人小孩男人女人都能这样做并习惯成自然。孩子年幼时，老人是用最易懂的方法警示：那纸是圣人的一双双眼睛哦，一定要先放在头上顶一顶再用，若不放头上顶一顶就擦屁股，那眼睛就要瞎的！年幼的孩子们害怕瞎眼，只得将纸往头上顶一顶再用。""直到 20 世纪 70 年代我到外地一所中专学校读书，还如法炮制，总会引起学友们的哂笑"。

建筑字藏塔则是字纸崇拜的最高形式了。古代有敬惜字纸的传统，写有字的废纸残书不可随意丢弃践踏，而要专门收集后焚烧成灰，收集起来。这个收集废纸和残书的场所就是纸字藏。

杨华美在《深山茶马驿站石门街》写道："石门街西北边，清嘉庆年间集资建有一座石塔，六角形，七层，塔底面积达十九平方，攒尖顶，其大其高，很是宏伟。这就是字纸塔，也叫字纸藏。石门人有个铁规，凡写有字的纸，不准毁坏，不准丢弃，不准作包扎物，只能恭恭敬敬地送到字纸塔烧毁，点火时还要顶礼膜拜，传说，否则会瞎眼。真可谓隆重而神圣。字纸塔门口刻着的对联说得明白'鸟喙笔锋光射斗，龙溷墨浪锦成文'。可见对文化的尊崇已到极致。可惜修石门水库时塔已拆掉，遗址却顽强地踞于草丛之中。"

我在通山有幸见到几座字纸塔。

在大畈镇祝家楼村岭背垴口有一座。字纸塔一般至少有三层，这座现在只剩下底层了。字纸塔的面前是个小垅畈，畈上的田埂大多是土田埂，有一条田埂比较特别，它比其他的田埂都要宽，尤其是面上铺着青石板。吴世湖说，这是一条求学石板路，农人满田畈地走，读书的学生只走这条路。它不会让你身上沾上泥巴，能保证读书人的斯文和体面。

在坳坪村上陈垮，村民陈明启家门口有一座字纸塔。砖石结构，一共五层，顶层的石雕造型放置一旁，另四层虽破旧但都还站立着。石雕火门门楣上有一扇面形凸起，扇面上再刻"字藏"二字。扇面下方左右各竖刻两行字"同治九年吉月"和"颍川灿如氏立"。

我们来这里本来是要看上陈陈氏宗祠，却意外地发现了这座字纸塔，很兴奋，大家站在塔前合影留念。陈明启说，还有两座字纸塔。于是，他带我们去了黄花里。黄花里是垮头一座不大但很陡峭的山，林木荆棘密布。那座也是五层但总高要比家门口高得多的砖石塔，结构类似，也有火门，也有"字藏"刻字，显然是一座字纸塔。几十米开外，地势更高那座塔，是塔身也更高的七层纯石塔，塔上未着一字，这显然不是字纸塔了，应该是骨塔。"老僧已死成新塔"的骨塔。也就是说，两座五层砖石结构的塔是字纸塔，一座纯石结构的七层塔是骨塔。

通山县保存最完整的古墓也在上陈垮。

这个墓叫都尉墓，在上陈垮仙鸡山西部山腰。墓由坟圈、坟茔、墓碑组成，占地八十平方。圈内地面均为青石板铺成。四周栏杆由长方形石板与石墩围成，并刻满人物、动物、花卉图案。坟茔，呈圆形，由七层扇形条石叠砌。墓碑，半月形，刻有碑文和楹联。碑文内容为：墓主号灿如，字承烈，生于嘉庆丙寅年（1806）正月十四日，戊午年（1858）入京贡本，荷恩浩封昭武都尉。墓建成于同治五年（1866）十月初一。陈灿如墓，是通山境内规模最大、建筑艺术最高、保存最完整的古墓。

陈明启家门口那座字纸塔为"颍川灿如氏立"，灿如就是陈灿如。

古建筑保存得好，是因为这里人对传统文化的尊重。通山县税务局干部陈明耀，老家在上陈塆，就是陈明启的哥哥。陈明耀每年暑假回村，利用自己的老宅"种德草堂"开办国学公益讲堂，教留守儿童诵读国学经典，教他们学习书法。

拾贰　深度参与通山县历史最多的古建筑

通山圣庙，又名文庙，位于通羊镇四街，背靠罗阜尖，面临通羊河，进深近百米，占地 4400 平方，建筑面积 2300 平方。圣庙始建于北宋庆历四年（1044），就是滕子京重修岳阳楼的那年。营造时依山就势，落差近十米。经历朝扩建，渐具规模。

庆历四年（1044）始建到元末已衰败无存。明洪武三年（1370）诏命天下各府州县皆立儒学，知县任昂在旧址上创建，此后，地址一直没有变更。后来，景泰知县吴云莱、弘治知县戴譓、嘉靖知县林金和张书绅、万历知县谯龙田，以及清康熙知县龚在升、乾隆知县陈钧、嘉庆知县田穟、咸丰知县钟荣光，共有九任知县先后进行了修葺和扩建。明嘉靖知县林金扩建时，得到了朱廷立的大力支持，朱廷立还为此写过一篇记录的文章《修学备遗》。

经过两朝九任知县努力，圣庙形成五进规模：第一进为棂星门，第二进为仪门，第三进为先师庙，第四进为明伦堂，第五时为尊经阁。

每年春秋两季，都要在这里举行祭祀孔子大典。

新进生员，要在县官带领下，鸣鼓奏乐，先谒大成殿，行三跪九叩之礼。再至明伦堂，对教官行四拜礼。然后，设香案，县官、教官俱望阙里行三跪九叩之礼。然后，分班席地而坐，领新生听读朝廷颁行刊刻的"卧碑"碑文，也就是《御制训斥士子文》，读完后仪式结束。这就是那个时代的开学典礼，称为"送学礼"。

1930 年 6 月 23 日，彭德怀率领红三军团进驻通山县城，军团指挥部设在圣庙。6月 25 日至 30 日，红三军团前敌委员会在圣庙召开前敌委员会议，会议由总指挥彭德怀主持，讨论攻打岳阳、长沙和巩固鄂东南根据地等问题。开国上将王平，当时是圣庙门口站岗的哨兵。

民国通山县政府曾设于圣庙，今遗存有石质镌刻门楣堂牌一方。新中国成立后，通山县人民政府也设立于此，后更名为通山县人民委员会，均有堂牌。三道门牌重叠同镶一门，且保存完好，殊为罕见。

通山圣庙因为如此深度地参与了通山县历史，又保存完好，有幸成为省级文物保护单位。

活了几千年依然健旺的门楼字

壹

长途班车翻越小岭，进入通山地界，一道特殊的风景吸引了他的目光：家家户户的门头上都写着字，什么书传青箱、琼树瑶林、珠树家珍、瑞霭槐轩、槐庭长春、槐荫长荣、槐堂生辉、箕墩世第、振铎世家、白水遗风、谏草传家、陇西流芳……这写的是什么意思？为什么到处都这样写？

1970 年年初，朱朝炬第一次来到"蕞尔小县"通山，就懵圈儿了。朱朝炬是汉阳县（今蔡甸区）人，那时汉阳县虽然不是武汉的主城区，却是武汉的近郊，他自己又是名校毕业，本来感觉蛮好，偏远之地的一道文化景观却让他犯起了迷糊。朱朝炬从华中师范学院中文系毕业，经过一年的劳动锻炼后，分配到通山县工作，一到这个鄂南山区小县心海就波澜起伏。

通山民风淳朴，尊师重教之习浓郁，每年春节，学生家长都要请老师吃饭。那次，领导通知，晚上有学生家长请客，地点在阮家"竹林书屋"。

"竹林书屋"？好雅的名字呀！

到实地一看，大失所望。一间偌大的仓库，除了锅灶和桌椅板凳之外，满眼空荡荡。朱朝炬脱口而出："这怎么叫书屋呢？"作为同事又家居本村的阮老师回答："这里曾是远近闻名的经蒙馆，就是过去时代的私塾学堂，人称'竹林书屋'。现在拆除改建成生产队仓库了"。"那么，竹林呢？这里前后都是田地，未见竹林呀！"阮老师笑了："这'竹林'二字，出自魏晋竹林七贤阮籍阮咸叔侄二人的典故"。"竹林七贤与你们这屋这垸有什么关系？""我们阮家垸，算在我这一辈上，是阮籍阮氏第××代后裔子孙"。朱朝炬有几分兴奋："如此说来，你家大门口写的'竹林高风'也源出此典？"
"正是，这叫门楼字。百家姓各姓都有自己的门楼字。"

"门楼字"。朱朝炬第一次听到这个说法，初到通山的第一印象立即就被唤醒了。一颗种子也在他心里种下，此后几十年，他一直不罢不休地钻研门楼文化，在各种报刊发表许多文章，并于2012年出版57万字的煌煌巨著《门楼溯源》。《门楼溯源》以里居制度、古民居建筑、门楼建筑及其门楼字为研究对象，对门楼文化逻辑范畴、历史渊源、价值效应、文化特征和传承方式，作出了充分的阐述和论证，提出了体系构想和创新任务。

在通山，研究门楼文化的还有一位邱承良，他于2018年出版86万字的《百家姓门楼典故》。他自1980年代中期开始，从家门步出省门，历全国23个省市农村，凡见门楼字无一不抄之拍之；从家谱到有关姓氏书籍，无一不录之买之。

正是有这两位先生的不遗余力，通山深厚的门楼文化被外界所知。

在鄂南，传统青砖瓦屋民居和祠堂，大门门楣上，大多镶嵌有一块石质匾额。上面镌刻着内容各异的文字。如"陈留世第"，意为西晋初年陈留王曹奂的后代。永嘉之乱时，陈留王随晋王朝衣冠南渡，其后裔辗转迁居到鄂南。如"扇枕家风"，是以孝传家的黄香后人。汉孝子黄香在炎夏，用扇子扇凉席子让父亲入睡。如"鲁直传芳"，是书香传家的黄庭坚后裔。

历史上，迁入通山的移民主要有两拨。其一是魏晋时期的"衣冠南渡"，其二是明清时期的"江西填湖广"。这些移民在大门的匾额上标识自己家族的先祖、郡望或堂号，以"敬祖显宗"。

门楼字，就是门楼上的"微型族谱"。两位先生研究的门楼文化，核心内容其实就是姓氏门匾，每家每户居家的居家门匾字。

通山的门楼文化是对西周里闾文化的传承。今天，我们看到千家万户的门楼字，他的源头就是周武王"表商容闾，式箕子门"的首创之举。

门楼字，起始于夏商周"三代里居"之制，兴盛于隋唐"义门"之立，风行于宋元明清。

居地称里，又称里居。中有通道，称为衢，又称里衢。通道有门，由门入里，称闾，又称闾门、里门。孔子住地称阙里，老子族居曲仁里，屈原诞生于乐平里。商周乃至秦汉，里居族民出现许多贤明仁德之士，由此产生"里仁"一说。

门楼字同族源、族史、族风、族训有关。还渗透着阴阳、八卦、风水等哲学思想与神秘文化因子。

朱朝炬说："门楼，中华民族历史文化之门。"

门楼字，有两字式，三字式，四字式。

门楼字所书内容，一为郡望，二为姓氏，三为堂号，四为官号，五为典故。涵括族源族风、先贤古训、治家格言、道德崇拜、宗族荣耀、姓氏源流、家声族望、史实经典、丰碑人物、道德传承、表训教诲。

门楼字以标扬门望、传承家声、教育后世、模塑子孙为宗旨。宋元明清门楼文化风行繁荣，蔚然大观。

贰

门楼文化圈，在陕西、四川、河南、山东及东北地区均有遗迹存留。在美国、英国、加拿大、新加坡，凡华夏苗裔聚居之地，唐人街、华人城都有中国古代门楼建筑巍然耸立，芳踪倩影，风姿神韵。

通山县应该是全国门楼文化最发达之地，尤其是在当下。

1986年，朱朝炬与一位亲戚聊起了通山的门楼文化。他在通山成家立业了，姻亲有不少。这位亲戚，是个很有名望的民俗礼生，就是乡间民俗仪式主持人。亲戚一口气写出一百多条姓氏门楼字，这真是个意外的惊喜。朱朝炬意识到，通山民间一定拥有大量的文史资料，门楼文化不是书斋文化、沙龙文化，打开门楼文化之门的钥匙，一定在世俗民间。

慈口下泉退休教师朱绍云给朱朝炬提供了一本门楼字手抄本。朱绍云当时90岁高龄，他的这本家藏手抄本已保存了100多年。手抄本系清末民初盛行的黄麻纸，质地粗糙，文字墨迹勉强可识，行文有四字句门楼字，更多是联语，门楼字包含在联语中。横石中学王新林老师提供一本门楼题字手抄本，书名《百家姓门楼字集锦》，纸质胜于黄麻纸，推测是中华人民共和国成立前后的产物，行文大多是四字句门楼字，偶有包含门楼字的联语。两本民间手抄本，共辑录432个多姓氏的门楼题字。

朱朝炬共收集到3294条门楼题字，涉及518个姓氏，并全部弄清了起源。他得出结论，在中外文化史上，门楼字是绝无仅有的杰作。有足够的证据，证明每个姓氏都有门楼字。它既是家传专利，又是永恒的模式，千百来被人不厌其烦重复挥写，世世代代被人原封不动地承袭沿用。

邱承良在《百家姓门楼典故》里，辑录了505个姓氏的11436条门楼字，其中，黄姓114条，位列第一。第二名的李姓，108条。第三名的刘姓，105条。第四名的王姓，101 条。

宋代洪州分宁（今江西修水）双井人黄庭坚，字鲁直，号山谷道人，世称黄山谷。庭坚文章天成，尤长于诗，开江西诗派先河，为江西诗派开山之祖。《幼学琼林》称黄庭坚为"诗伯"，称杜甫为"诗圣"，称李白为"诗仙"，称刘禹锡为"诗豪"。黄庭坚曾为金州人管及书写"折桂亭"三字，并对管及说："君家积庆，日后必有登进士科者"。黄氏后人改"折"为"滋"，以"滋桂"作为黄氏宗谱堂号。因此，由黄庭坚衍生的门楼字至少有这些：双井世家，双井世第，双井世泽，西江独步，鲁直传芳，山谷腾辉，山谷光辉，山谷遗风，山谷家风，诗祖名家，滋桂荣门，滋桂第等。作为自立堂号的还有不少：鲁直，山谷，学士，四士，文节，滋桂，教睦，理和等等。正因为黄庭坚一人衍生出这么多门楼牌匾字，所以黄姓《百家姓门楼典故》的门楼字达到114 条而位居第一。

地处赣北的黄庭坚故里修水县布甲乡双井村，与鄂南通山县冷水坪村仅有一山之隔，山间道旁有一巨石名雷打石。相传巨石挡道，道左道右或为峭壁陡崖或为万丈深渊，山民苦之。黄庭坚祈祷雷公劈石开道，是夜，果然风雨大作，电闪雷鸣，一声巨响，声震百里。次日，山民观之，见巨石裂开丈余。冷水坪相隔双井村最近的村塆叫下黄塆。下黄塆的祖堂屋门楼字就是"诗祖名家"。黄庭坚年轻时在下黄教过私塾，私塾就设在这个祖堂屋里。当然，那时黄庭坚还没有成名，"诗祖名家"是后世所写。通山在靠近修水布甲乡的三界、杨芳等地，黄姓人口众多，那一带的门楼字经常有与黄庭坚相关的内容。

世世代代、子子孙孙传写的门楼字，千千万万"仁里""义门"所表现的亲情小义，凝聚成无尽的潺潺小溪，汇成中华传统文化的浩瀚江河。

叁

门楼文化，是植入通山人心灵深处的文化基因。

听说黄沙铺镇梅田村新屋乐老屋的门楼字很齐全，我便去看。

新屋乐老屋规模宏大，建筑高端，这里过去盛产火纸，富户不少。老屋占地5000多平方，整片老屋呈"回"字形格局，共有 11 幢房子。11 幢房子共有 8 幅门楼字。宗祠门楼为"清旷莹然"，前排正中的房子为"亚卿世第"，东边并排 3 幢房子分别为"昌国绩绍""圣学名儒""望诸世第"，西边并排 3 幢房子分别为"南阳世第""清夷徽远""继美流芳"。

新屋乐塆不远就是老屋乐,有一位市委领导就是老屋乐人。我和他曾同过事,也想到老屋乐去看看。去后,居然有意外惊喜。

那就是看到了一幢建于1976年底的房子,连三间平房,也写了门楼字,字为"飞燕迎春"。1976年底,那是个特殊的时间节点,一个时期即将结束,一个时期即将到来。房主乐发奎当时是大队会计。门楣上写着"飞燕迎春"四个字,正面墙檐口下还绘有连幅图案。图案为窄幅简笔画,内容是花卉虫鸟。画师是当时梅田乡干部陈荣华。

在"飞燕迎春"房子后面平行向,是一幢稍大稍高的连三间房子,门楣上写着"南阳永辉"四个字,檐口也绘有图案,是狮虎马牛等动物。这幢房子建于1984年,是乐庸求、乐庸富两兄弟共建。

在"飞燕迎春"房子右前方不远处垂直向,有一幢更高更大的连三间,高是因为房子建有阁楼。阁楼有大半人高,弯腰可在楼上活动。门楣上写着"望重南阳"四字,还有门楣画,檐口画则为双幅。画的内容就丰富得多了,有祥云灵卉,珍禽异兽,还有人力轿车和姜太公钓鱼两幅人物画。人物画稍涉"帝王将相"之人物,但没有"才子佳人"的戏曲情节。这幢房建于1986年,房主乐庸绍当时是村小学的教师。

此后,通山农村建房多为楼房,门楼字和装饰画逐渐回归到传统内容。

其实,门楼字在通山从来就没有断过,"文革"期间,也有门楼字,内容是"人民公社好""以社为家""为人民服务""毛主席万岁"等等。这些只能统称门楼字,但不是姓氏门匾了。

在老屋乐塆看到的这三幢房子的门楣字和装饰画,时代特征明显,表现了特定历史时期的过渡性元素。

肆

我原以为门楼字只有老房子才有,新建房子就不会写了,在杨芳林乡高桥头村,颠覆了我头脑中这个想当然的观念。

走过修缮一新的清代木质廊桥,沿河边条状广场,看鲜花盛开的高桥头新村。有一幢崭新的豪华别墅,其门楣上写着"诗祖名家"。这一看,如电光石火耀眼,给我开了一片新天地,这是我第一次看见新建的房子也写门楼字!

此后,在通山行走,到处可见新房子的门楼字。

老房子写门楣字,全国很多;新房子还在写,极罕见。摄影家余英伟,长期热衷古建筑摄影。他曾用6年时间在湘鄂赣交界几县,拍摄了150多个姓氏的1000多幅门楼字。他所到各处，新建村塆门楼、新建祠堂继续在写门楼字，新建民居还在写姓氏门匾字的仅有通山。

新民居仍然盛行门楼字，是通山独有的文化现象。

朱朝炬在《门楼溯源》里写道："新建居室门楼题字更是越写越多，富裕起来的人们以此展示他们高雅纯正的文化涵养，给世人一个又一个意外惊喜。过去题字是手写或雕刻，现在出现漆喷字和镶贴字新技术。富有下陈村一面高高的白瓷砖墙上，镶贴着'颍川世第'四字，字色鲜红，字体硕大，站在直线距离千米之外也能望见。"

漆喷字和镶贴字的应用是技术的进步，个中也有些许遗憾，那就是民间书法技艺的式微。现代人的文字书写技艺无可奈何地全面退化。从前的通山人，有很好的书法传统，畅周、杨芳、焦夏、宝石、大畈、黄沙均有不少舞墨名人。同治年间，黄沙有个乐子贞，幼年时即在羊山纸作坊帮工。工余，酷爱练字。他练字之纸，用的是作坊里的废品纸。羊山纸是祭祀用纸，本不宜练字。乐子贞用废纸练过字的更废之纸，却被人抢购当字帖。后人为他整理结集《正气歌乐子贞字帖》一册，近颜体，字形结构严谨，笔力刚劲，为民间书者临摹范本。

乐子贞是当地门楼字的大书法家。民间舞墨高手最佳挥洒之处，就在千家万户的门楣之上。

一种生命力坚韧的文化，总是有智慧的火花闪现，常常令人会心一笑。

无字的门楣，是一种智慧，也是一种门楼文化。我最早是在芭蕉塆看到，那里的人们有一种不让任何一幢建筑平庸的自我期许。一些土砖房，也做一个凹进的长方形门楣，但不写字，这是无字门楣。空空如也的门楣，有一点武则天无字碑的味道。也可能是等换建火砖房了再写字，抑或是等家里出了人才之后才写字。无字的门楣，是一种期待，一种希望，此时无字胜有字。

伍

好像是陪同翻越鸡口山那次，孟丽娟送我一副扑克牌，这是一副门楼文化扑克牌。54张扑克就是54幅通山门楼字照片，每幅照片配有该门楼典故的文字。孟丽娟是黄沙铺镇综合文化站站长，也是邱承良的儿媳妇。

文化是社会的文化，文化的传承却常常以家族的形式传承。孟丽娟是个如她名字一样漂亮而年轻的女孩，年轻人爱上传统文化，是传统文化的力量和幸运。

第五章
到什么山
唱什么歌

上个岭来下个坡，
搁落扁担就唱歌。
有人说我穷快活，
哪知做活累不过，
唱支山歌好得多。

——通山民歌

两个莽撞的秀才和两个手痒的知识分子

咸宁长歌最杰出的创作者是崇阳的乡村铁匠陈瑞兆，创作者人数最多的还是通山县。在咸宁长歌创作者第一方阵中，通山也拥有了最多的人数。

壹　一部长歌挽回一条人命

自秦始皇开"焚书坑儒"先河，文字狱在各朝各代就没有断过魂，到清朝登峰造极。

年羹尧把成语"朝乾夕惕"写成"夕惕朝乾"，雍正皇帝就命他自裁，并将其亲族、同党或斩首或流放或贬谪。查嗣庭出试题"维民而止"，雍正皇帝说你这是砍去了"雍正"的头啊！于是，他就砍去了查嗣庭的头。有人在胡中藻的诗集《坚磨生诗钞》里找到"把心肠论浊清""无非开清泰"等句子，乾隆皇帝就对他实施了惨绝人寰的"凌迟处死"。

乾隆年间，借编撰《四库全书》之机，对全国各地书籍做了一次大规模的检查，查禁、销毁、删改了许多所谓"悖逆""违碍"的书籍，实行了最严厉的焚书禁籍政策。

崇阳人王应斗，身处明清易代之际，他自己是明朝的朝廷命官，他的长子王士芳曾参与抗清起义，失败而死。背负着国仇家恨的王应斗，自然是清朝的"异类"。130年后，王应斗还在遭受清廷的清算。

《湛辉阁草》是王应斗的代表作，内有《挽石歌》《鼻塞吟》二篇，因语有感慨，而为湖广总督舒常所奏缴，乾隆四十七年（1782）奏准禁毁。《鼻塞吟》共三首，第一首云："混沌原为众窍先，还他未凿也浑然。鼻端只有无闻好，世上于今一味膻。"被指为讽刺清朝统治者。

通山杨芳林秀才熊诗英，在蒙馆里当先生，教着两三个学生，惨淡经营。熊秀才平素有两大喜好，一是吟诗作对，二是收藏书籍。面对官府的查抄，熊诗英焚毁了不少书籍。王应斗是崇阳路口人，虽然分属两县，路口与杨芳林仅隔着一座白羊山。王应斗在白羊山头，熊诗英在白羊山尾，而白羊山并不是一座大山。熊诗英对这位家乡的先贤格外喜爱崇敬，舍不得交出更不忍心焚毁王应斗的《湛辉阁草》，只是把它藏得深一点。这就埋下了祸根。

熊诗英是个志大才高的蒙馆先生，同时也是个多情滥情的后生。科考路上，他止步于秀才，举人屡考不中。教一个蒙馆，学生只有三人，且都资质平平。他对自己的一切现状都不满意，他也没心思成家立业。但是，一个有夫之妇却走进了他的心里。伍樱桃十六岁嫁人，结婚两三年后，公婆相继去世，丈夫郑家飞远游不归。熊诗英为伍樱桃的美貌所倾倒，三番五次修书表情，五次三番登门达意。伍樱桃是个才貌双全的女子，也能谈文论诗，共同的爱好和情操让他们终于走到了一起。

正当他们郎情妾意火热之时，伍樱桃远游的丈夫郑家飞好似从天而降地回归了。郑家飞很快知道了他们的私情。郑家飞誓要置熊诗英于死地。一桩风化案当然要不了人命，郑家飞告到县衙的理由，不仅有淫人妻女，还有写反诗，他罗列了熊诗英诗词中那些似是而非的影射朝廷的诗句。县衙查抄了熊诗英的居所，经深挖细找，似是而非的诗句的确是有，关键还有王应斗的著作《湛辉阁草》。

熊诗英被押进了死牢。

满腹诗书一腔才华，却一事无成，那些得意的诗词歌赋也将会在烈火中灰飞烟灭。没有妻子，没有儿女，也没有事业，熊诗英心有不甘，他要留点什么在他来过一趟的人世间。他想到了山歌，家乡通山是山歌的海洋。神歌，山鼓，郎搭姐……太多了。尤其杨芳林、厦铺，更是山歌窝子。后世有人认为，大城山是通山山歌的发源地，大城山就是杨芳林和厦铺的共山。好吧，那就写一部山歌吧，当然，老百姓唱的都是民歌小调、散歌崽，我是秀才，我亲自操笔写山歌，那一定是文采飞扬的，那一定是鸿篇巨制的。我要在人世间栽一本《小樱桃》。身后让家乡人民传唱千古，也不枉我熊诗英来了人世一遭。

于是，熊诗英以全部的生命力量，以满腹的才华，在死牢的墙壁上，洋洋洒洒写下一部长篇叙事山歌《小樱桃》，共计五百零四行。《小樱桃》成篇于乾隆五十三年（1788），后世考证，这是长篇叙事山歌之乡咸宁的第一部长歌。如果说"第一部"这个说法有些毛病，那么说它是流传至今的最早的一部长歌，这就完全没毛病了。

《小樱桃》与后来的山歌有些不同：书面语密集，诗意浓郁，不是五句子而是六句子。居然还有这样的生僻字：觌、蒉、巉。有一些东西更影响后世几百年：十二时辰自叹，五更叙事，尤其是"事成"后情妹办出一桌好酒菜，情歌情妹畅言对饮。浪漫潇洒，淋漓尽致地表现了女性的贤良，这一场"对饮"几乎被后来所有咸宁长歌的情歌借用。

这时在通山当知县的叫谭广抢。谭广抢，字厚夫，广东麻塘人。为人重孝友，讲廉让，以通晓经学、品行端正为最高准则。乾隆三十三年（1768），以拔贡的身份考中举人。历任县官都看重他的品行才学，请他担任义学主讲，跟他交游的多为名士达人。谭广抢后来任通山知县，勤勉于政事，口碑甚好。乾隆五十三年（1788）和乾隆五十四年（1789）两次出任湖北乡试同考官，也就是阅卷老师。著有《公余四书文》行世。

谭知县虽然将熊诗英打入死牢，他写"反诗"和窝藏禁书的"罪责"并没有上报，只是按风化案立案。谭知县入仕前也当过教师，当教师的熊诗英犯了王法，撞到他手上，出于对弱者的同情，这个弱者还是自己曾经的同类，他就留了一手。现在，当他看到文采斐然并长达五百零四行的《小樱桃》，惜才之心油然而生。他便胆大而心细地让熊诗英的"罪责"不往政治犯那边靠，而是只追究他的风化罪，也就没有了死罪。"厚夫"真是厚道之人！

这个第一部咸宁长歌，太不同凡响了，因为它高贵的文学品质，因为它救人一命的传奇色彩。就是后世定义长歌的篇幅标准，也以它的五百行为标准。

贰 刻煞一林竹吠煞一只狗

黄沙铺附近有座中南山。中南山的山麓有个乐姓聚居的村塆，村塆名就很随意地叫作乐家。

乐姓人家似乎都爱美，家家户户门前屋后，不是栽了树就是种了花。村塆门前还有一条小河，小河的名字倒是不随意，叫作流源，有点文雅，但也有点拗口。

一座绿树与鲜花簇拥的村塆，又有清澈见底的小河流过，这就比许多的村塆胜了一筹。

与熊诗英不同，阮怀川是个没有秀才身份的读书人，因为文采好，大家习惯喊他秀才。他做生意，别人也不叫他老板，就叫他秀才。他把通山的茶叶和火纸，贩到汉阳去卖，甚至还贩到南京去卖。有走南闯北的阅历，有走州过府的见识。

从前，以至当今，人们都习惯把有才学的人叫作秀才。我把阮怀川叫作秀才，是感觉到他读书不少，他显然读过元代诗人张雨的《湖州竹枝词》："临湖门外是侬家，郎若闲时来吃茶。黄土筑墙茅盖屋，门前一树紫荆花。"因为阮怀川在《海棠花》里把这首竹枝词化用为："客人不必好言夸，日后过路我备茶，要想访得乐三姐，紫荆岭上第三家，门前一树海棠花。"并且，通篇行文时，干脆把女主家的所在地叫作紫荆岭。

阮怀川不但是书读得多，更厉害的是他的文才。"五更想郎入了神／耳听窗外一声响／连忙起身开门看／满地月光不见人／原来狂风吹大门"。一句"满地月光不见人"不知道让多少诗人佩服得五体投地。"六哭姐，难解闷／海棠树下走一程／昔日三姐树下坐／如今见树不见人／抱住海棠哭出声""九哭姐，无主张／对着灵牌哭断肠／早哭晚哭一张纸／千哭万哭一炉香／哭得怀川头撞墙"。并没有发生的事，他凭想象力就能写得活灵活现。

阮怀川是六里外的吴家源人。

那年腊月初，他贩到南京的茶叶就已售罄，于是早早回家，准备过一个轻松富足的年。

离家乡越近，山水显得益发和蔼可亲。行到流源河边，岸边一个洗菜的女子偶一抬头，四目相对，阮怀川瞬间石化。

心房一阵狂跳后，阮怀川意识到这当然不是下凡的仙女，肯定是岭上人家的姑娘。他灵光的脑瓜经过一番急速运转，便开腔搭讪："大姐，想跟你讨口茶喝，能不能？"

大姐是鄂南对年轻姑娘的尊称。女子只有17岁，就是坡岭上乐家人。她在姊妹中排行老三，家人和村人都亲昵或亲切地喊她三姐，村塆以外的人则喊她乐三姐。

"讨茶讨得巧，路边哪有茶？要讨就到人家里去讨啦！"

阮怀川挖空心思鼓足勇气搭讪，盼的就是她能搭腔。乐三姐一搭腔，阮怀川魂儿又飞了，她的声音真好听，她的神态真美妙。

乐三姐是个调皮姑娘，嘴上这样说，心地却是掩饰不住的好。她从篮子里拿出两个水汪汪脆脆生生的萝卜，伸手递给阮怀川，自己就提起篮子转身走了。

阮怀川接过萝卜却浮想联翩了："为什么是两个萝卜呢？莫非是说我们两个人前世有缘，要成双成对吗？"再定睛一看，天哪！原来是一对并蒂萝卜，两个萝卜蒂紧连在一起。他由惊喜到狂喜……

阮怀川不远不近地跟上乐三姐。乐三姐在前面摇曳生姿地走着，阮怀川在后面心花怒放地跟着。明亮的冬日阳光，把乐三姐的身影幻化出万道霞光。跟在乐三姐身边的一只小黑狗，欢蹦乱跳，黑缎子似的毛发在阳光照耀下黑得耀眼。它时而像离弦的箭一样奔跑，时而像黏人的牛皮糖一样挥之不去。一只小狗，增添了许多热闹和生动。

乐三姐把菜篮放进厨房，拿出一双绣花鞋到门口来晒。

这时，阮怀川刚好也来到了门口。他本想再和乐三姐说几句话，近距离看着乐三姐，她美丽的光芒，让他有一种窒息的感觉。心慌意乱的阮怀川，找不出一句话来说，于是拿起一只绣花鞋，宝贝似的塞进自己的衣襟里。

乐三姐以为撞见了一个无赖，横了他一眼，拿起另外一只绣花鞋，气鼓鼓地进屋去了，反身关上大门。

阮怀川见乐三姐没有呵责他，也没有斥骂他，以为对他有情有意。那横他的一眼，他全然没有看出是恼火，他看到的是似嗔似媚的动人。

主人的心思小黑狗最懂，主人表情的细微变化小黑狗全都看在眼里，但当小黑狗开始对阮怀川吠叫时，却被乐三姐严厉喝止。喝止小黑狗的吠叫，阮怀川又以为是乐三姐对他的有情有意。

回家后的阮怀川，日思夜想的都是乐三姐，他仔细品咂回味着与乐三姐相见的每一个细节。他很自信，自信自己的样貌与文才还有钱财，都能与乐三姐构成"郎才女貌""才子佳人"的绝配。

现在的关键是要找一个合适的媒人去提亲。在期待与谋划中，半个月时间就如飞梭般过去了。这时，阮怀川却听到了一个晴天霹雳，乐三姐要出嫁了，新郎当然不是他。

五内俱焚，一夜未眠。阮怀川决定走一步险棋。

乐三姐家门前的海棠是一棵四季海棠。接亲的日子，花树娇美，花色娇嫩，花朵簇拥，清香淡淡。花轿来了，锣鼓"叮咚"敲，鞭炮"噼啪"响，唢呐"呜里哇啦"鸣。平常寂静的山村，一家有喜事，就会兴奋一垮子的人。

不久，门外又来了一顶花轿，阮怀川也来接新人了。他当着乐三姐爷娘的面，讲了一大篇。乐三姐的爷娘认为他是痴人说梦，一个劲地赶他走。

阮怀川拿出那只绣花鞋，往八仙桌上一按，说："昔日梁三伯与祝英台，杭州路上十八相送，以谜为媒。当日我与三姐河岸相遇，萝卜牵线，自主婚姻，绣鞋为证，这有何不可？未必你们做上人的也要学祝员外，到时候落得个遗恨千古？"一番话说得众人有的茫然，有的点头。乐家爷娘是嘴里吃黄连，有苦说不出。

对方接亲的人深感羞辱，要拉阮怀川去见官，还要告乐家爷娘一女许两家。一时间，乐三姐家的桌椅板凳被摔得一片山响，眼看就要打出人命。乐家爷娘恨不得找个地缝钻进去。地缝哪里进得去，进得去的是三姐的闺房，他们一齐冲进房里指着女儿大骂。乐三姐百口莫辩。羞忿不已、无助不已、无奈不已的乐三姐，乘人不备，跑到后背山的竹林中，一根绳子往颈上一套，自尽了。

……

乐三姐死后，阮怀川喉咙里哭出了血，三日三夜粒米未进。转眼瘦成了一根筋。他躺在床上，长日长夜，口口声自叹自责害了乐三姐，要跟她一路去。

后来，阮怀川几乎每天都跑到中南山的那片竹林里，抱着竹子痛哭流涕，边哭边唱，疯子一样。他唱的是一部长歌，那是他以自己的真情和才华、想象力和悔恨心创作的一部长歌，叫《海棠花》。

这是一部后来流传甚广的优秀长篇叙事山歌，通篇由二十一个部分组成：歌头、河岸相遇、初结良缘、单思情、四季想郎、十送情郎、单五更、别姐、约会梅山、双五更、双私情、姐今嫁、十想情郎、探病、求医拜神、死别、十哭姐、七七哀姐、十梦姐、十二月忧姐、结尾。除了单相思是真的，其他都是他想象的。

阮怀川每次到竹林里去抱着竹子长歌当哭之时，乐三姐养的黑狗总是要跑上前去吠个不停。每天，阮怀川哭得痛心，唱得凄惨，黑狗吠得哀怨，令路人摇头、叹气、流泪。

忽一日，阮怀川没来唱了，黑狗也没吠了，纳闷的人们跑进竹林里去看。见满林的竹子全部掉光了叶子，一根根的竹竿上刻着深深的字迹，仔细清点一共有三百六十根。每一根竹竿上刻着一首五句子山歌，另外还有一根刻着三个大字"海棠花"。长歌《海棠花》由三百六十首七言五句子山歌组成。

那只黑狗，嘴角流着鲜血，死在竹林里。

从此，远近都在传说：阮怀川作《海棠花》，刻煞一林竹，吠煞一只狗。

叁 徐忠正山歌满山城

徐忠正，国字脸，他的名字就像他的脸，都是一个"中正"。梳着大背头，戴着宽边眼镜，很像个知识分子。其实，他就是个地道的知识分子。

他是通山县人民医院副主任医师，在省级以上刊物发表学术论文十几篇。他的学术论文《葛根芩连汤辨治肺原性心脏病》，曾被国家卫生部咨询委员会和中国医学论文编辑委员会评为优秀论文。因此一文，还收到德国科隆、澳大利亚悉尼等七八个国际医学会议的邀请函。他还是一个终身学习的人，他在湖北中医学院（今湖北中医药大学）脱产学习四年，进修两年，还有在武汉江岸区老年大学中级音乐班三年、高级音乐班三年、技巧班半年的学习经历。

　　说这些，都是在说徐忠正是一位知识分子，不是民间知识分子，而是一位有公职的知识分子。

　　只是，徐忠正是一位有许多文艺细胞的知识分子。他在部队当卫生员时，同时也是连队的文艺骨干。每逢文艺演出，他的二胡独奏都是保留节目。

　　退伍后，徐忠正回到家乡县人民医院当医生。通山是山歌的海洋，八小时之内，徐忠是一位优秀的医生；八小时之外以及退休后的岁月里，徐忠正都是一位活跃的山歌创作者和表演者。

　　夏天，在县城大桥头拉琴伴奏，"唱彻大桥第一弦"。一直到深秋，"大桥音乐闹翻翻，你一伙来我一伙，又有唱来又有弹"。冬天来，山歌不能停，偶然发现，住隔壁的吴春希，有一副好歌喉，也很爱唱山歌，关键是她家有空闲的房屋，于是，一拍即合，在她家办起了歌堂。一年四季无论春夏秋冬，无论阴晴雨雪，都可以唱山歌。

　　"通山山歌日日红，是我发的山歌风""忠正山歌满山城""清闲无事哼声唱，顿觉思绪万万千，歌中之人可聊天""山歌消愁可解忧，开导人生漫长河"。有人赞誉，他唱的山歌比农民还地道，他的热心付出比职业文化工作者还要多。他作《教歌师怎样唱好山歌二十首》："古人作歌为农夫，当时四壁泥巴坨，如今生活改善了，地板砖来瓷砖墙""唱歌师傅老歌师，歌味就是咏歌词，词中妙句照人胆，诗中画来画中诗，无论今古总入时。"教人欣赏山歌："会听山歌有三桩，不能单纯听喉咙，一要歌词抒心意，二要吐词音调清，三要歌味动人心。"（《散歌七十二首》）

　　《抗"非典"山歌》歌词被《湖北日报》发表，谱曲后由洪根有、方淑玉演唱，由他自己二胡伴奏，在湖北电视台播放。

　　徐忠正的《六十寿辰聊唱山歌六首》，把自己的山歌生活描绘得快乐无比："一把二胡两根弦，陪伴老汉度晚年，闲时开心拉一曲，闷在弦上觅知音，高山流水共咏吟。""人老心红志不衰，五行夫人个个乖，右手拉来左手挽，新歌美曲对我弹，老汉日日笑开颜。"

　　徐忠正身边有一批铁杆歌迷，方淑玉是其中的一位。她是一位英雄的母亲，她的儿子徐忠民在对越自卫反击战中牺牲。徐忠民十八岁当兵，一进部队就当班长，战斗打响后，任团部报务员，牺牲后被追记二等功。优秀的儿子牺牲后，"千思万想儿不来，为娘时时挂在怀，叫崽千声儿不应，怎叫父母不伤悲，空留芳名万古提"。十几年后，方淑玉融进了徐忠正山歌团队，逐渐找回生活的乐趣。方妈妈在这里的寄托还在于，她把儿子的事迹编成山歌，整个团队都在唱。徐忠正把方妈妈唱的山歌进行整理，这首山歌成为经典，在全县城广泛传唱。

话说西坑祝家庄，有个如花似玉的姑娘叫玉川。她的生父姓全叫诗礼，到祝家庄做上门女婿，姑娘随母姓叫祝玉川。同塆有个帅小伙叫祝伦熬。伦熬和玉川相爱了。全诗礼极力反对他们的相爱，两人都姓祝，在族中以兄妹相称，万万不能婚配。做个上门婿，全诗礼已觉矮人一头了，女儿如果再来这样一个婚配，自己就无脸见人了，誓死不答应。最后，就发生了一起悲剧，两个相爱而不能成为眷属的人，在石头岭上紧抱炸药包引爆，前来劝阻的玉川姑姑也同时身亡。这一爱情悲剧轰动一时，北京的刊物报道过，以情感故事风行于世的《知音》杂志，更是连篇累牍刊发长文，还发表了伦熬和玉川的合影照。

全诗礼曾经是徐忠正的同学，写过成百上千首山歌的徐忠正，不能不写这个。一写就写了两篇，先写三句子九十五首，后来又写成五句子一百首，这样就成了长歌《熬川记》。

这个事件影响太大了，徐忠正的歌词又写得好，于是，广泛传唱。像所有的经典民间文学作品一样，长歌凝结了群众的创作智慧，并在流传中修改完善。在三句子版本里，一首歌改一句的，比如"渐渐产生爱"唱成"搞出爱情来"。一首歌里改两句的，比如"相思只有山伯苦，痛心思念把命丢"唱成"哥说只有山伯苦，相思一场把命丢"。三句全改的，比如"回家西坑车到了，群山向我把手招，小俩慢慢走"，群众唱成"汽车桥头岔路口，二人并肩慢慢走，一步三回头"。

徐忠正很生气，怎么把我的歌改成这样了？还扬言要打官司，告他们侵犯版权。专家笑了：群众改得越多越好，不改就不是民间文学了。在 2009 年出版的《荆楚民间文学大系·咸宁长篇叙事山歌》（第一卷）里，收录了徐忠正的《熬川记》原创版，也收录了传唱过程中的流行版本。

虽然生气，虽然扬言要打官司，但是徐忠正自己都在打磨，十年后才改到自己满意。

在民间文学的教科书里，对民间文学的定义是：一个民族在生活语境里集体创作、在漫长历史中传承发展的语言艺术。它的主要特点是集体创作、口头传播，知识分子的个人创作只能算雏形或者叫蓝本。

肆　徐赐甲勤写民间长歌

2016 年 11 月，徐赐甲把一部书稿放在我案头，嘱我写序。徐赐甲是市党史办干部。

书名叫《通山革命山歌》，这个书名让我想当然地以为是他搜集整理的一部地方革命歌谣之类的书。一直忙，春节期间还是忙，但必须挤时间看一看书稿。看了四五页的样子，我突然惊呼：哦，这不就是一部叙事长歌吗！

虽然，"中国汉族民间叙事长歌之乡"的牌子颁给了咸宁市，但是，专家们都是有隐忧的，那就是传承人的培养和新作品的创作问题。在我们的申报材料中，特别提到了最新的叙事长歌作品——通山县徐忠正创作于1980年代的《熬川记》。最新的作品也有三十来年了。

我真没想到，在我们捧回"中国汉族民间叙事长歌之乡"牌子还没满一个月，一部更新的长歌作品就送到了我的案头。这部长歌初稿于2016年1、2月间，修改于2016年3、4月间。我建议徐赐甲将书名改为《通山革命长歌》，他欣然同意。

《通山革命长歌》给我有一种横空出世的感觉，在于它的篇幅长度创造了咸宁叙事长歌的新高。

咸宁长歌一般在500行以上，最长的有过3000多行，《双合莲》是1805行，《钟九闹漕》1780行，《花手巾》1365行，《奇冤记》1341行。

徐赐甲的《通山革命长歌》共1173首，5865行。从新民主主义革命写到土地改革，囊括了通山革命的所有重大事件和重要人物。长歌中写到的人物多达205位，这应该也是一项咸宁长歌之最。

《通山革命长歌》的另一重大贡献和重要价值是拓展了咸宁长歌的题材领域。咸宁长歌除《钟九闹漕》取材于崇阳的农民起义外，其他长歌均讲述爱情故事，"山歌无姐唱不成""无郎无姐不成歌"。这些爱情长歌还有一个重要特点是，少数的如《花手巾》《梅花》《放牛记》是大团圆结局，其他绝大多数是爱情悲剧，一唱三叹，缠绵悱恻，无比动人，也无比悲切。

《通山革命长歌》是目前唯一反映中国共产党领导的革命斗争史的咸宁长歌。大革命时期，通山也产生过不少的革命歌谣，如《中国工农红军第十七军战歌》《红五纵队十进歌》《五月石榴遍地开》《歌唱彭德怀》，在通山传唱过的革命歌谣就更不计其数了。革命歌谣之于革命，或者说革命之于革命歌谣，从来就是一种不可分离的关系。重要的革命根据地通山，也是一方革命歌谣的沃土。讲述革命斗争的长篇叙事诗，目前还只有《通山革命长歌》这一部。徐赐甲在党史研究部门工作了十多年，十多年的浸润其中，再加几十年的长歌耳濡目染，写这部长歌也是有得天独厚的条件。在这部长歌里，历史脉络十分清晰，史学概念十分准确，通山革命的重大事件和重要人物无一遗漏。具有重要文献价值，更是一部别具一格的党史普及读本。

咸宁山歌有三句子、四句子、五句子、七句子、上下句子等结构，其中五句子即七言五句是最为发达的形式，徐赐甲的《通山革命长歌》也是采取七言五句的形式，这一下子似乎就站到了长歌创作的制高点。

咸宁长歌，都有人物原型，有比较曲折的故事情节，但是，最重要还是有较强的文学性，一个个文采斐然。文学性是长歌最核心的生命力之所在。

徐赐甲的《通山革命长歌》，在文学性上显然也做出了较大的努力。长歌在描绘革命理想时，既讲大道理，也有小情怀："晴作旱地雨看田，辛苦一日有饭咽。日落回家有屋住，夫妻枕边语绵绵。再苦再累也心甜。"很好地抓住了农民的心理，也可视为一种普遍的心理描写。在写全国第一批县级红色政权成立时，更是极尽夸张渲染之能事："东方一团紫气来，西边一朵红云开。树上喜鹊喳喳叫，堂前燕子歌徘徊。通山人民乐开怀。"写完一首意犹未尽，接着再来一首："千年枯木喜逢春，万座山峦添异彩。富水好似蛟龙舞，九宫变成凤凰台。奇景只为好事排。"诸种文学描写手法都有较好的运用，拟人是徐赐最得心应手的手法，上面列举的多有拟人化，下面这一首也有很好的拟人化："三师驻进柳树泉，大幕山区变乐园。风儿含情云含笑，鸟儿欢唱水弹弦。盼望红军常凯旋。"徐赐甲常常以出色的环境描写，事半功倍地推进故事情节的发展："深秋日出天气爽，露珠未凝草渐黄。一队大雁南归去，满山枫叶微带红。心似高天胆正雄。""一阵北风疯狂吼，鹅毛大雪下不停。羊肠小路向西延，怪石嶙峋好惊心。万籁俱寂太清静。"《通山革命长歌》为革命文学长廊贡献了许多栩栩如生的人物形象，有鄂南人民耳熟能详的叶金波、许金门、谭元珍，还有一些鲜为人知的英雄人物同样血肉丰满。修武崇通苏维埃主席戴德昌义薄云天："七岁女儿戴秀君，高烧七日不见凉。掌着公粮十万斤，不拿一把熬米汤。忍看孩子见阎王。"民间抗日英雄徐达成孤胆神勇："达成用力一跺脚，梦乡敌人次第醒。先醒敌人先挨刀，后醒敌人后丧命。二十余敌被杀清。"

于是，我挥笔写下序文《"中国汉族民间叙事长歌之乡"最新最长的作品》。文成后，在我的新浪博客贴出，并分享微信朋友圈。中央民族大学教授、著名民俗学专家陶立璠马上跟帖："值得商榷，民间文学一般由民间作者创作。徐赐甲不是民间作者。"

2017年，为纪念通山县第一个县级红色政权诞生九十周年，通山县老年大学山歌队在有关部门的支持下，把《通山革命长歌》第一至第七章搬上舞台，组织两百多个民间歌手进行演绎。《通山革命长歌》的演唱采用了山歌、田歌、秧歌、硪歌等腔调，引进说唱、大鼓等艺术形式，伴以舞蹈，不拘一格，丰富多彩，切时应景，呈一时之盛。

2021年，在中国共产党成立百年之际，通山老年大学山歌队再次将《通山革命长歌》搬上舞台。整台晚会以叙事长歌惯用的独唱、合唱形式呈现，结合民间舞蹈、情景剧、快板等多种形式演绎了《通山建党》《秋收暴动》《建立苏维埃》《保卫苏区》和《抗战求救亡》五个篇章。

问题是，《通山革命长歌》在民间自发传唱较少。

当时，读到陶立璠教授跟帖，我还不知道民间文学的"行规"。于是，特意学习了《民间文学教程》。教程里的定义是：民间文学属于文学的一个特殊类别，是与作家文学、通俗文学相并行的一门独特语言艺术。它的创作主体主要还是占人口大多数的下层人民的作品，是相对独立于官方文化和作家文化之外的一种民间文化形态。

《通山革命长歌》的创作灵感，来源于2005年徐赐甲在大路乡的采访。他发现当地群众把自创的革命歌词用山歌调子进行传唱，还十分盛行。反观徐赐甲的《通山革命长歌》，与民间叙事长歌最大的不同是没有运用预制件民间小调，或者叫彩词。民歌间小调是民间叙事长歌作者大量运用的长歌构件，它便于作者创作，更便于传唱者记忆传唱。七言五句子做到了，但民歌里的许多元素，还不能融会贯通。

徐忠正的《熬川记》只在与民间歌手的融合后，才成为典型的民间长歌。徐赐甲的《通山革命长歌》也只有走了这条路后才能成为典型的民间长歌，否则就是一个作家利用民间长歌形式的作家文学。

各行有各行的"行规"。徐忠正和徐赐甲都被民间文艺学界视为"手痒的知识分子"。咸安区诗联学会会长黄钟，创作了五句子长歌《嫦娥传》，具有很高的文学水准。崇阳小学教师任水华，创作了《姜忠平传奇》等多部三千行以上长歌。他们也被民间文艺学界视为"手痒的知识分子"。

行文至此，有两个巧合，让我感到有趣：最早的咸宁长歌和最新的咸宁长歌均出现在通山。徐赐甲和徐忠正是同村人，他们的老家都在通山县通羊镇茅田村。

山歌一山通一山

"上个岭来下个坡,搁落扁担就唱歌。有人说我穷快活,哪知做活累不过,唱支山歌好得多……"

"日头出来照山坡,扯开喉咙唱山歌。山歌一山通一山,唱得回声荡山谷,唱得山人乐呵呵……"

这些都是在通山大地广为传唱的民歌,悠扬的韵律唱出通山人民外出劳作时的满心欢畅,朴实风趣的歌词是淳朴勤劳的通山人民生活方式的真实写照。自古以来,通山人民就有唱山歌的兴趣和习俗。

通山山歌,是当地人以世代相传的独特腔调和方言土语唱出的歌曲。清康熙版《通山县志》载《新岭樵歌》:"野径新驱古岭云,岭头樵子日纷纷。负薪唱罢买臣调,朝市劳人哪得闻。"

在通山,几乎人人都能信口唱几句山歌。

壹 神歌那个神奇的圈子

不许唱神歌的年代,忍无可忍的通山人灵机一动,把神歌改个名字,你不让我唱"神歌",我就唱"春歌"。"神歌"是春节期间唱的民歌。

神歌是通山先民在迁徙及生产生活过程中形成的以怀古、念祖为内容,以诵唱、崇祀为载体,以娱人、娱神为形式的传统民俗活动。

通山神歌起源于何时,无从考证。通山于北宋乾德二年(964)置县,在立县大典上,就有神歌的演唱。这是关于神歌的最早文献记载。

每逢春节,通山民间便接来祖先、吴主的神像或牌位,与当地信仰的各类神像一道供奉。歌师们围坐在歌堂火堆旁唱神歌，祈求风调雨顺、五谷丰登、族人安康、万事如意。在一些重大族庆活动上，也会有神歌登场。

唱神歌保留古代读书人吟诵的方式，仅以一面锣和一面鼓伴奏。就是这个"保留古代读书人吟诵的方式"，让神歌散发出恒久的魅力。

神歌是民歌的一种。在通山，这一种，是与情歌、山鼓歌平行而独立的存在。

中华人民共和国成立后，神歌被禁了十年。十年后，还是处在"火红的年代"，神歌依然不合时宜，但是，通山人再也憋不住了，于是，把神歌改为春歌。这一改，尽显山里人的狡黠，神歌在每年正月初二到正月十五间演唱，是多么正宗的春歌。

每次演唱，从晚饭后开始，到次日东方泛出鱼肚白时结束。神歌是敬神娱神的歌，太阳出来就不唱了。

中央电视台"发现之旅"栏目组，在通山大路乡吴田神歌堂采访，年轻的女记者临阵出"刁招"，让歌师不要按原计划的韵脚唱和，改用江阳韵。歌师方名柱，立即改用江阳韵。记者伸出了大拇指："真了不起！"

唱七绝诗，那么，格律、韵脚、内容都不能出错。唱词牌就要合词律。要在很短的时间里创作出来，这个很短的时间就是七下锣鼓一句歌，点敲七下。真正的出口成章，对答如流，思如潮涌，滔滔不绝，唱一整夜都不能穷尽。在唱神歌这种形式的锤炼下，通山有一批辞章高手。

天才的曹子建不就是七步之才吗！点敲七下，正是要应和曹子建的那个七步。

通山神歌有原生派与文雅派之分。原生派，字句长短不论，只有一个要求：押韵顺口就行。南林、泉港、湄港、杨芳林为原生派，厦铺和县城为文雅派。两派均有天才歌师。民国时是通山神歌的鼎盛期，每个村塆春节期间几乎都要举行神歌会。民国有个文雅派歌师，年纪不大，全通山无敌手，唱词牌最有名。你出一个词牌，他一口气连唱三首。再出词牌，他又唱三首，一日一夜，一千多个词牌不出一点错，若是错了一个韵或一个平仄不符，就要罚喝一杯冷水。他从未喝过冷水。像这类高人，历代都有，其歌词妙不可言，民间传说甚广。

像方名柱那种临时改变韵脚，叫小菜一碟。

通山神歌分"取火"一个仪式部分和"歌头""主歌""祝神"三个演唱部分。歌头和祝神有较固定的演唱内容，是成本成套的唱词。大显身手的是主歌部分，由歌师和歌郎根据传统要求与规定，按地方音韵和其他一些接腔规律即兴编唱。所唱内容除颂神外，唱古人、讲情谊、比才气、道吉利以及杂谈笑骂等等，无所不包。主歌要求句子严谨、讲究平仄。唱七绝，唱词牌，都在主歌部分。

通山神歌有许多通山特质。

他们唱歌头不叫唱而叫喝。鼓师每敲一次鼓，主人就喝两句歌头，观众也跟着喝一声"嘿""嚯"之类的语气词以壮声威。歌头是一段较长的念白，由主人一念到底，主要内容是把中国历史上著名君王、英雄豪杰直至当代党和国家领导人逐一述颂，故"喝歌头"也叫"喝历史"。

唱神歌的其他部分则叫唱。唱神歌是很神圣的事情，一般一个村塆一年只唱一夜，多则两夜。至少要有六位歌师，东家三位，客家三位，双方人数大致相当。最多时也有三十多位的。唱神歌之前，歌师要沐浴更衣、焚香净手，然后才进入祠堂演唱。

通山神歌的声律韵调，一般是按通山方言发音音调为主，与诗词格律规矩不一样。

通宵达旦听歌师唱神歌也不叫听歌，而是有个虔诚的称谓——陪神。

方名柱八岁就随父亲和堂兄入歌堂，赶热闹。八岁时就能唱换把（换韵），能两三换。1972 正月初一至二月，乐姓接太祖，唱了一个多月神歌，方名柱连续二十四天不间断。而立之年的方名柱，这时已成为神歌高手。

1972 年，通山这里一场神歌能连唱一个多月。

神歌堂，是个文明程度很高的场合。

众生平等，尊重每一位。等前来拜年的客人和歌郎坐定后，主人照例先唱《请客》，很有礼貌地用歌唱形式将歌师和客人请入歌堂，并将其祖籍地点或历史上同姓名人在头一句中引唱出来，向在座人们介绍一番。神歌平仄一般先以地方语言"来"字的声韵作为开篇之起韵，依次为英、连、郎等。被请客人亦很有礼貌地回唱一首，感谢主人一片盛情。主客之间的这种对歌，长短不定，应把全部客人请完。然后，主人再行令唱歌。

在通宵歌词中，拒绝污言秽语，不良不恭言词也要避免。

女人唱神歌会受到特别尊敬。过去农村女性受教育程度普遍低于男性，能唱神歌的女性格外引人注目。在南林、杨芳、大畈等原生派的活跃区域，每个屋场都有很多人可唱三五换甚至上十换，那些口才好的妇女就踊跃参与其中，成为靓丽的文化风景。

在新兴寺大王圣诞神歌会上，有两位女歌师徐望宝和徐美珍参加。徐望宝唱（王、香、长韵）："会聚今朝庆大王，歌堂热气分外香，同君一日情谊重，胜过青山绿水长。"对方歌师陈定同回唱："相夫教子女人王，四野方圆尽透香，走北行南人共仰，流芳远近又悠长。"徐美珍唱："今朝有幸敬大王，各位贤君来上香，上有灵神来应保，发富发贵万年长。"对方歌师吴成功（宾边）回唱："巾帼是个唱歌王，开口言词句句香，如同诗人接语句，要比男将唱得长"。

在通山，每天都有大量的神歌上演，这两位女歌师的一次演唱，歌词竟被记录下来，可见人们的青睐有加。

通羊镇宋家桥村是神歌窝子。三组下宋塆，有宋新奏、宋梅竹祖孙相传。六组枫树下方塆，方正，由恩师张新甫、族兄方希佑传授。方正、方名柱、方名传，父子叔侄三人继承衣钵。

每一个站在制高点上的人，都是胸有全局的人。全县有哪些神歌高手，他们的传承脉络，方名柱心里都有一版册。在通羊镇石航村，有黄福生、黄子腾、黄子飞、黄琼林父子四人相传。黄子飞又有传承弟子张颂齐。通羊镇犀港村王文钦、王文华、王文光兄弟三人教一个徒弟王幼聪。通羊镇吴国华、吴成强、吴忠干，父子三人相传。湄港沈宏兴、沈宗强、沈宗杰、沈宗雄，父子四人相传。节山乐瑞林、乐有勋、乐有熙父子三人相传。吴著耀培养儿子吴子南，还培养了女婿艾诗然。厦铺大里山人曹仲甫、曹含英、曹奠基，被称作曹氏三英。特别是全贤君、全贤信，他们兄弟姐妹六人都会唱，平仄声韵娴熟，都是其母秘传亲授。

通山神歌是通山民间诗词创作活动的根，也是民间精神生活的盛宴。

在形式上，暗引、明引、拆字、绝头、绝尾，五彩缤纷，妙语连珠，严格步韵，规范平仄，东唱西和，锣鼓伴奏。在内容上，礼义唱和，文明吟咏，历史人物，现实生活，无所不包。

神歌堂里，案上香烟缭绕，满室灯烛辉煌，唱者听者，欢声笑语，通宵达旦，热闹非凡，千年传承，香火不断。

贰　民歌是亲人爱的礼物

管芝兰幼年丧父，却一生饱受宠爱。先是养父视她为掌上明珠，后来丈夫又让她当了一辈子的全职主妇、"专业"歌手。

管芝兰生于1942年。生父去世后，石航村并不富裕但很善良的张永江收养了她。十二岁时，养父送她上学读书，还读过半年通山师范。后来家境实在不允许她读下去，才辍学。

养父是当地打山鼓、唱山歌的能手，农忙时常被人请去打鼓"催工"，远近村里人家办红白喜事也请他去"热闹"一番。管芝兰凭着天性自由生长，养父走村串户唱山歌，有时也会带上她，她便跟着养父唱起了山歌。

因为有这样的养父，管芝兰在同龄人中就有了一技之长。和小伙伴们一起扯猪草砍柴火，唱山歌使劳动变得轻松和快乐。在学校里，她每天不唱上几首山歌就不过瘾，经常唱山歌给班里同学听。以至六七十年过去了，当时的一些同学还记得她唱山歌的样子，那动听的歌声犹在耳畔。

到了谈婚论嫁的年龄，管芝兰相中了在通山米厂工作的梅声松。他们共育有六个儿女，管芝兰在丈夫的宠爱下，一辈子没有参加过工作，孩子小时在家带孩子，孩子大了她几乎天天去唱神歌。有时一天不出门，老伴还感到奇怪。

管芝兰记得是自己三十岁那年，通山神歌忽然又一次风靡起来。只要锣鼓一响，千家万户倾巢而出，欢聚一堂聆听神歌。神歌歌词妙趣横生，格调轻松诙谐，形式灵活多样。它最大的吸引力在于现场的人人可参与，只要你把握住腔调，懂格律，会押韵，就能即兴发挥，脱口而出。以七言绝句的形式抒情歌唱，可托物言志，可说古道今，其乐融融。管芝兰迷恋其中，乐在其中。

那时，县城通羊镇神歌流行唱"通羊八景"：罗阜岚光、翠屏塔影、石桥秋月、双溪春水、犀港晨耕、焦岩晚渡、新岭樵歌、瞿塘渔棹。唱完八景，接着唱三国豪杰、隋唐英雄、梁山好汉等等，将典型人物故事以七言四句简短地表现出来，让人赞不绝口，流连忘返。

管芝兰从学唱景观与人物入手，学习七言绝句的平仄、押韵、对仗，身边只要有唱神歌的人，就要拉上练唱几段，一天不唱就闷得慌。一唱就唱到了今天。

传统神歌只在正月里唱，大多在祠堂里唱，是乡间文人的智力游戏，现在更多地走进居民的喜庆家典。管芝兰起到了推波助澜作用，并且是举足轻重的作用，因为她一辈子闲嘛，因为她一辈子都在唱嘛。

神歌走进千家万户，悄悄改变了通山的民俗。小孩满月，会请歌手上门，寓意越唱越长。建房上梁，会请歌手上门，大唱发富发贵之词。老人过世，也会请歌手上门，唱积善行孝之道。从前的神歌是神歌，孝歌是孝歌，如今的通山，神歌部分取代了孝歌的功能。在鄂南六县，民歌之风最浓的是通山，孝歌之风最淡的也是通山。通山只有南林、大路等少数邻近崇阳的乡镇才唱孝歌。神歌向孝歌堂渗透，孝歌在通山只会越来越淡。

传统神歌绝大多数在春节期间唱，如今，五一、国庆等现代节日，国家或本地有什么喜事，歌手们也会聚集在一起，自娱自乐一番。你方唱罢我登场，唱腔婉转悠长，格调轻松自由，韵律朗朗上口，措辞即兴发挥，常令人忍俊不禁，引得满场喝彩。

管芝兰于2012年成立了通山神歌队，吸收了十几名队员。还在队员中接收了周礼锋、余才望、杨盛和、成传秋、管达木五位徒弟。徒弟中最大者年过六旬，最年轻者只有三十岁。她对徒弟态度温和，但对神歌艺术上的要求却十分严格，不允许有玩笑不严谨言辞出现。她倡导神歌以生活为主题，以歌颂爱情、劳动、政策为主线，做到"歌前定位，歌中紧凑，歌后点评"，力争在神歌内容与形式上有新突破，形成神歌真、善、美的良好品质。

2015 年，管芝兰被命名为非物质文化遗产项目"通山神歌"市级代表性传承人。

民歌，是养父、丈夫送给她的爱的礼物，她珍爱了一辈子。传承人命名，是对她爱的礼物的官方认可。

叁 从三千年前的远古传来的山鼓

衢潭张位于县城东五里，四面环山，中间是一片大田畈，良田千亩，通羊河从山脚下蜿蜒而过。

中国文人素来喜欢鼓捣"八景"，一般是一个县有"八景"，最起码是一个县城有八景。衢潭张作为一个自然村塆居然也有八景：衢潭渔火照，隔港两牛斗，五族镇雄关，两河锁纵溪，荷叶戏金龟，乌鸦扑地眠，獭赶鲤鱼上，南山似屏障。

衢潭八景中的首景"衢潭渔火照"，还是通羊八景的第八景。

"衢潭八景"是衢潭张的豪华名片，但是，现在人们提到衢潭张，往往不是说衢潭八景，往往会说到一个人，"鼓匠头"张善育。

从前，通山地广人稀，每逢农忙时节，人们便自由组合，换工协作。劳动时，通常以打山鼓、唱山歌消除疲劳，催工鼓劲。通山山鼓在山地劳动时称"挖山鼓"，在水田劳作时称"栽田鼓"。击鼓者被称为鼓匠，一般二十多劳力一面鼓。鼓匠边击边唱，一唱众和，能起到指挥生产、鼓舞干劲的作用。

在石门老街的俄商茶坊对面，有一屋称"歌师苑"，那是清道光年间秀才夏朝朗的房子。夏秀才写的山歌、鼓词流传下来的有几大本，还在石门周围的十里八乡传唱。"歌师苑"的石雕柱础都是清一色的山鼓造型，鼓围、鼓皮、鼓环、鼓钉，都雕得异常逼真。据说，他家的神龛上还供奉着一面石雕山鼓，与祖宗同受香火。

鼓匠将鼓悬于腰部，右手拿槌击鼓，左手托住鼓底，击打出"哒""嘀""咚"三个不同的音响。鼓点经常变化，节奏较慢的叫"长号"，有"单五槌""双五槌""双马过桥"等；节奏较快的称"短号"，包括"小五槌""小三槌""忙抓鼓"等。山鼓歌有固定的格式，一般一天要唱五支号子，即五个不同的方言音韵所组成的组歌。歌词有成套的唱本，也可即兴编唱。上午唱"请歌郎"后，由鼓匠掌握唱些"散歌崽"；

中午唱"送茶""歇中";下午唱"长歌"。到收工时，由鼓匠领唱"收工号子"，众人和过，一天的劳动就结束了。

通山山鼓，鼓音清脆，唱腔丰富，旋律高亢婉转，使人们在紧张的劳动中，有一种轻松愉快的感受，在不知不觉中提高劳动生产率，故而有"一鼓催三工"之说。

我只见过张善育一面。在见面之前，我已在电视里、图片上见过他无数次，他那自信的微笑，潇洒的身姿已经深深地刻进我的脑海。

张善育是个早慧的人。初中毕业在大队粮食加工厂干了三年，十九岁时被领导相中，当了生产队长。生产队长不是个轻松活儿，几百亩田地的春种秋收，一百多个劳力的上山挖地下畈犁田都由队长分工安排。

通山山鼓自古以来有之，当时尤其盛行，每个生产队总有两三个鼓匠。劳动时，鼓匠击鼓领唱，一唱众和，气势非凡。山鼓缓释疲劳，激发干劲，愉悦身心。

祖父和父亲都是鼓匠，当了队长的张善育就想，队长就是个催工头，山鼓自古就有催工鼓劲之效，鼓匠是领唱，当仁不让的中心人物，自己也来当鼓匠吧。为了当好队长学当了鼓匠，队长只当了三年，鼓匠当了快五十年，还在当。

山鼓的鼓点简洁，只有"哒""嘀""咚"三种声响。山鼓的山歌唱腔却有十几种，这在山歌的演唱中算是较多的了。一般的鼓匠，能掌握七八个腔调就游刃有余，张善育悉数掌握所有山鼓唱腔。不管是"歌王"还是"鼓王"，不会长歌是瞎忙。张善育能熟记上千首山鼓山歌，还能倒背如流地演唱《小樱桃》《海棠花》《牡丹花》《桂花》《梅花》《兰花》等几十首长歌。用心地悟，用情地唱，近半个世纪的"哒""嘀""咚"鼓点，伴随着张善育成为全县最著名的"鼓匠头""歌坛子"。

清同治版《通山县志》载："山壁晴光，桥间夜色，渔歌樵唱，田鼓寺钟……"樵歌指山歌，田鼓指栽田鼓、耨田鼓、挖山鼓等，现在通山人统称山鼓。通山古属吴楚两国边境，是军队戍边之地。清晰的文献脉络和鲜明的逻辑指向，山鼓由战鼓传入民间，在通山传承了三千年。

三千年后的今天，山鼓遭遇尴尬，山鼓适宜的那种劳动场景不见了。它只能被当作文化"化石"保护起来。张善育成为通山山鼓的省级传承人。他在县城的通羊一小和本村衢潭小学，开设山鼓传习班，开了几次课后就没法开下去了。

张善育当然不是轻言放弃的人。2012年，衢潭村被命名为县级非遗传承基地，张善育组织了十几人的山鼓传承队，此后他走遍全县十多个乡镇社区开展传承活动，受到热爱山鼓群众的热烈欢迎。每年还选择几个重要的时间节点，衢潭村山鼓传承队到附近的隐水洞景区开展演出展示活动，每年保证演出四十场，累计"围观"的游客数以十万计。张善育先后担纲了大型民俗歌舞剧目《白云深处》山鼓表演，参与省委宣传部纪录片《荆楚记忆》拍摄，参加湖北电视台《垄上行·通山行》节目录制。2011年，张善育被评为"全省优秀传承人"。

在我所认识的民歌手中，张善育是理论思维最强的一位。只有初中文化程度的他，对通山的神歌、孝歌、山鼓、情歌大类小别都分得门儿清，对通山广义和狭义的山歌概念能够条分缕析。歌手习惯"以我为主"抒发情感，开门见山，即兴演唱，见物唱物，见人唱人，往往具有"十唱九不同"的民间文化特点。当然，也有艺术规律和行业规范，这些，张善育的心里都是"一版册"。最显霸气的是，他敢对咸宁长歌的开山之作《小樱桃》"动刀子"。

"未时自叹恨天长/懒读诗书宴琼浆/勤学书生皆搁笔/醉扶花蕙诹文章/二三子，当自强/留心终夜剔银缸""举笔便题鹦鹉诗/千里投林宿一枝/尽看林中多树木/唯爱东园梅一枝/麻玉体，美名濡/怎么措得我不知""情姐劝我是良方言/我将礼义最为先/耕家无牛荒蔓地/冗生一世在砚田/耕银山，种玉田/命不做主也枉然"。

这是《小樱桃》中的几首歌词。《小樱桃》是咸宁长歌的开山之作，具有崇高的地位，但它是咸宁长歌中的"贵族"，基本用书面语写成，还有不少生僻字，形式上六句子，不同于盛行于鄂南的五句子长歌，歌手们爱唱又觉得很难唱。

从2004年起，张善育开始对《小樱桃》进行再创作，大量运用群众语言民歌语言，加进了不少山歌小调，改六句子为五句子。"五载寒窗闷恹恹，一朝乡试热腾腾，皇榜秀才居榜首。五载寒窗今日现，全村父老喜空前""难得人中小樱桃，里里外外接父老，好事多磨终成眷。情投意合不用言，荣华富贵万千年"。十五年的呕心沥血，张善育的五句子《小樱桃》被收入堪称"文化长城"的《中国民间文学大系·长诗·湖北咸宁长歌卷》。

即使入选这么高端的典藏本，张善育还不满意，还要继续打磨，并且还要搞《小樱桃》的续集。

他整理改造了《请歌郎》《做酒郎》等不同种类的传统曲目近两百余首，为通山山鼓文字材料的保存和理论研究默默耕耘。张善育还想编纂一套丛本，把全套的鼓点、号子、腔调列入书内，传给后人。

张善育"泛泛而教"的徒弟有几十人，他们都成为县、乡、村民间文艺骨干。举办了收徒仪式的徒弟有三个，包括自己唯一的儿子。三个徒弟都是"80后"。

击鼓传花三千年，传到了自己的手上，不能在自己的手上断档。

肆　曾经腼腆的"女歌王"

夏淑兰是有童子功的民歌手。

夏淑兰 1968 年出生于通山县大路乡焦夏塆。由于兄弟姐妹多，家庭贫困，只读小学毕业就辍学，在家帮父母做家务干农活。渴望文化，渴望知识，她的"解渴方式"是读歌本，唱山歌。

夏淑兰的奶奶和父母都是当地有名的歌师。在这样的家庭环境里，夏淑兰十四五岁时就"唱熟"了《小樱桃》《海棠花》《桂花》《梅花》等当地广为流传的长篇叙事山歌。夏淑兰是"默唱"，要出声也是在没人时自己小声哼哼，作为一个豆蔻年华的少女并不能在大庭广众放声高歌，尤其是情歌。通山人管情歌叫"郎搭姐"，民风里姑娘不能登台唱"郎搭姐"，嫂子才可以。

姑娘与嫂子之间，有着一条深深的鸿沟。姑娘叫"闺女姐"，嫂子叫"婆娘嫂"。

夏淑兰登台演出生涯从结婚后开始。她十九岁结婚，嫁到大路乡吴田村 11 组杨林王，先后生了三个孩子。为了带孩子，一直在家耕田种地，没有出去打过工。

刚嫁过来的时候，就发现这个村里人特别喜欢唱山歌，比娘家塆里人更爱唱。只要嘴巴有空就开口唱，农忙时唱，农闲了唱，红喜事唱，白喜事也唱，几天几夜通宵达旦地唱。唱山歌是一种民风，一种生活方式。

夏淑兰的公婆都是乡村教师，受人敬重。婆婆还是一名出色的民歌手，当初村里有个团队，婆婆是团队里的主唱，夏淑兰经常随她一起外出演出。婆婆在台上的一板一眼，一招一式，她都记在心里，在没人的地方学着哼唱。见夏淑兰喜欢，婆婆要教她唱。起初，夏淑兰不好意思唱，不敢开口，家人都支持她鼓励她，这才慢慢试着唱。夏淑兰主要是学习在舞台上如何表演，歌不用学，她早就有了一肚子歌。

正因为夏淑兰早就有了一肚子歌，她一旦开口唱，那就是"山歌好比春江水"了。只要她去参赛，就一定会得奖，并且还是那种最高等级的奖。很快，夏淑兰就被誉为"通山的刘三姐"。

大概是 2006 年秋天，有一次激情对歌，十几年后还让人津津乐道。

邻村岭下徐村要与吴田村对歌，因为夏淑兰是全县的歌王，如果挑战成功，那岭下徐村不就全县闻名了？挑战失利也不丢人嘛，还过了一把歌瘾。

双方各选八名女歌手，分别站在两座小山头。歌手身后站满了啦啦队。歌手扯着嗓子一来一回地对着唱。从傍晚六点，一直唱到第二天上午八点，对方歌手实在唱不动了，心悦诚服地认输。

一整夜，连续十几个小时，唱的一种题材的山歌，都是"郎搭姐"。到底唱了多少歌谁也不记得，根据爱情萌动、相遇、爱慕、相知、相思、婚配等线索，夏淑兰回忆起至少有十首经典的"散歌崽"在那晚唱过。

《姣姐无郎一场空》："吃了午饭出门中，十树桃树九树红，桃花谢了结桃子，荷花谢了结莲蓬，姣姐无郎一场空。"

《要想姐儿千个难》："想姐想得不耐烦，想得泪儿直打转，吃饭想姐落了碗，走路想姐滚下山，要想姐儿千个难。"

《十八姣莲赶单身》："天上起云云赶云，地下喜鹊赶鹌鹑，河下鲤鱼赶浑水，十八姣莲赶单身，赶到单身一路行。"

《姐在河边洗衣裳》："姐在河边洗衣裳，郎牵水牯在路旁。丢个石头试深浅，不知能趟不能趟？"

《大路要走茶园过》："情哥打扮走人家，情姐打扮去摘茶，大路要走茶园过，左眼看，右眼斜，好似蜜蜂采茶花。"

《连姐不要话语多》："新打龙船港边过，船桅顶上挂铜锣，铜锣不用重捶打，连姐不要话语多，只要两支好山歌。"

《哥爱妹来妹爱哥》："水不离鱼鱼跟水，砣不离秤秤连砣，哥是钥匙妹是锁，哥爱妹来妹爱哥。"

《月亮出来亮堂堂》："月亮出来亮堂堂，芹菜韭菜栽两行。郎吃芹菜勤思姐，姐吃韭菜久想郎。"

《昨夜约郎郎有来》："昨夜约郎郎有来，一夜烧去两夜柴，罐崽热酒翻翻滚，这样全心郎不来。"

《妹是好花园中栽》："妹是好花园中栽，墙高花矮映出来。伸手去摘花又谢，可恨围墙路不通。"

那晚，夜凉如水，没有蚊叮虫咬，只有秋蝉啾鸣，还有繁星闪烁。对方的八名歌手，己方的其他七名歌手，要么没有词儿了，要么没有嗓子了，要么没有力气了，唯有夏淑兰，什么都有，还可以继续。夏淑兰肚子里有很多部长歌，几天几夜都唱不完。岭下徐向吴田认输，实际上是向夏淑兰认输。

歌王夏淑兰，最初起步于家庭，娘家婆家都是她的"土壤"和"氛围"。如今，她自己也成了后辈的"土壤"和"氛围"。她在家里培养了个"小徒弟"。

外孙女黄可欣，从五个月到五岁，都是夏淑兰带在身边。没事就教她山歌，一点大的孩子就很能唱了。一次，从咸宁回通山的班车里，外孙改编歌词，将"通山是个好地方"改成"咸宁是个好地方"，一板一眼地唱，大方得体，引得全车旅客鼓掌称奇。那时候外孙女才五岁，民歌手要有现编歌词的本事，这个五岁的孩子居然也知道了。

近年来，夏淑兰在婆婆刘碧桃和同辈歌手焦拾元、杨丽芬、夏金仙的帮助下，把记在肚子里的长歌默写抄录下来，整理出《小樱桃》《海棠花》《牡丹花》《兰花》《桂花》《梅花》《卖花女》等十几部长歌的歌词歌谱，奉献社会。

夏淑兰经常代表通山县或者咸宁市出镜，最近的一次是2021年4月10日，在央视《中国地名大会》第二季出镜。

伍 "昂颈歌王"陈七军

陈七军是个小个子，身高只有一米五八，皮肤黝黑如泥，他的形象讲真不算英俊。但是，唱起山歌来，马上激情澎湃，手舞足蹈，光芒四射。他本来是坐着跟你聊天儿，情到浓烈处，他会"嚯"地站起身来，给你唱上一曲。陈七军唱山歌，一般不会坐着唱，一定要站起来唱，只有站起来唱才痛快。

我采访过不少歌师傅，陈七军是唯一不坐着唱歌的歌师傅。

通山人对山歌有许多细分的叫法，如过岭山歌、放牛山歌、急口令、盘歌、长歌等，唱"过岭山歌"时，歌手昂着头，放开嗓门，引吭高歌，山民称之为"昂颈歌"。陈七军基本上都是昂着颈唱山歌，这是通山人唱山歌的典型形象，所以，通山人特别喜欢陈七军唱山歌的样子。

我第一次见到陈七军是2016年10月刘家桥的那次。他与夏淑兰对唱"散歌崽"《望情郎》，夏淑兰号称通山的"女歌王"，个头比陈七军高，这个组合一上场，大概让现场的不少男士感到憋气。

夏淑兰唱道："十指尖尖手扳墙，手扳格子望情郎；昨夜望郎挨了打，遍身打得都是伤，舍得皮肉难舍郎。"

陈七军唱道："昨夜打架我知情，正在屋檐壁下行，一又不能来驮打，二又不好来讲情，下下打得痛郎心。"相对于夏淑兰的端庄大方，陈七军的声情并茂大有声势夺人之效，令现场的所有男士长舒了一口气。夏淑兰在身材上压了他一头，他在气势上完全不输夏淑兰。

实际上，他们这个二人组合是通山最佳"郎搭姐"的组合。陈七军是通山厦铺人，夏淑兰是大路人，两地相隔三十公里，因为男女歌王的地位让他们常常组合上台。

厦铺是通山山歌的发源地。当然，厦铺也出了不少山歌达人。1950年出生的厦铺民歌手朱凤细，她演唱的通山民歌1984年在《海峡之声》多次播出。厦铺蛟滩人廖时敏在林业站工作，却是个山鼓高手，《海峡之声》也播放过他的山鼓独唱《梁祝》，以及他与朱凤细的民间小调对唱。

在厦铺镇文化站工作了整整30年的夏发旺介绍，现在整个厦铺镇起码有40%的人口喜欢唱山歌，厦铺镇每年都会举办"一河两岸"赛歌节。在这样的氛围下，产生通山的"歌王"就顺理成章了。

通山文化名人徐忠正，多次在他创作的歌词中表达了对厦铺歌手的钦佩之情。"厦铺歌师是高谈，我无点墨怎敢攀，五体投地洗耳听，愚嘴笨舌把口开，若能原谅我愧惭"。（徐忠正《歌师谦虚歌词六首》）"厦铺这些好歌才，难得相逢一起玩，歌词都是郎搭姐，互相尊重把口开，后会有期又再来"。（徐忠正《散歌七十二首》）

通山神歌有原生派与文雅派之分，只有县城通羊镇和厦铺镇是文雅派，其他乡镇都属原生派。

2021年5月4日我到通山采访，厦铺的采访对象我点的是陈七军，夏发旺把郑望华、吴金兰一起请来了。

厦铺镇北接通山县城，南临九宫山，是全县面积最大的乡镇，且呈狭长形状。厦铺也是高山最多的乡镇，全县海拔800米以上山峰共55座，厦铺一镇独得18座，占三分之一。在厦铺地面上行走，经常与一条河流相遇，它岸芷汀兰碧水悠悠，它就是厦铺河，也即通山的母亲河富水河的上游。厦铺河不知孕育了多少山歌，也不知增添多少放歌的豪情。于是，就有了厦铺镇每年一度的"一河两岸"对歌节。

郑望华是个有初中文化的农村妇女，她和没读过书的农村妇女不同之处是，她不但喜欢唱山歌，她还能自己编歌词。隔着厦铺河与陈七军对歌最多的就是郑望华。郑望华还经常沿着厦铺河去会歌友，往上游到过新丰村、冷水坪村，往下游到过桥口村、赤城村。歌友们一起唱歌，一起聚餐，不亦乐乎。郑望华的丈夫长期外出打工，农忙时节忙不过来，郑望华向歌友求助，歌友们蜂拥而至，一边唱歌一边抢收抢种，可让人羡慕了。有一年，夏发旺把歌友帮助郑望华抢收抢种的事情写成新闻稿，还登上了省报。

吴金兰从前是邻县阳新县建材局的职工，退休后没有跟女儿在阳新县城生活，也没有跟儿子在广州生活，2018年她带着小孙子回到了厦铺老家。她喜欢老家的种种，也喜欢老家的山歌，年轻时没唱过家乡山歌的她，现在唱得很嗨，又是拍视频，又是发抖音。今年妇女节，她组织了个联欢会，跳广场舞，旗袍走秀，唱山歌。组织这个活动，她出资了一千元。她说，如果这一千元是打麻将输了，那一点意思都没有，用在活动上很值。大家都喊她"队长"，她蛮不好意思。她说自己是小学生，唱歌都不敢跟歌王陈七军学，只敢跟歌手郑望华交流。

通山县的"歌王"陈七军，在厦铺镇当然更是大明星。他在厦铺街开了个超市，生意比其他超市都好。

湖北科技学院音乐学院教师栗建伟率调研团队，在通山县各地做了几个月的田野调查。厦铺镇黄秀完主动找到他说："通山山歌，如酒色财气，是广大村民的家常便饭。歌客，你一天见一个，一辈子都见不完。"

厦铺镇冷水坪村六组乐正主，1963 年生，2011 年与夏淑兰一同被认定为通山县第一批非物质文化遗产项目"通山山歌"代表性传承人，陈七军是 2013 年认定的第三批。乐正主被人称为"山歌王子"，厦铺镇竹林村曹如清说："他有一个天赐的歌喉，声音洪亮婉转，逢场唱曲，随机应变，出口成章，首尾照应，搞笑有趣，回味无穷。"一次比赛，陈七军第一名，乐正主第二名，他们水平相当，各有千秋，各有粉丝群，都是公认的一流歌手。

陆 "三姐"山歌队里那些青春的面容

"三姐"本名李琳，在家里姐弟中排行老三。李琳在退休以后，才对通山山歌感兴趣。因兴趣太浓，组建山歌队，一下子唱到全国农民春晚，还得了奖。

李琳的父亲是河南新郑人，是抗美援朝的部队军医，转业到通山。父亲在九宫山周围几个乡镇卫生院当过院长，母亲随父亲当护士。

李琳生于 1953 年，初一"文化大革命"就开始了，不满 16 岁就当了下乡知青，是当时全县年龄最小的知青。知青点在九宫山下的群高大队，一共只有六名知青。李琳在知青点干了八年，是全县倒数第二个离开知青点的知青，顶职当了县汽运公司的职工，之后，又有多年的下海经商经历。

李琳重返九宫山下，是三十四年后的事情。群高大队变成了船埠村，这里成为九宫山国家 4A 级风景区的山大门。

重返船埠的李琳把户口也转来，他们一家姐弟四人在这里购地一亩，投资二百万元建一个农家乐，取名"一家人"。"一家人"于 2014 年开业，当年就成为湖北省四星级农家乐，第二年就成为全国金牌农家乐。

"一家人"农家乐还没开始建设，李琳却先组建了广场舞队。那是 2011 年，她刚把土地买到手。她觉得农村夜色那么美，空气那么好，但是精神生活太贫乏，乡村太寂寞。头两年，就是组织村里的妇女学跳广场舞，最开始只动员到六个人学跳广场舞，参加县里的广场舞比赛，一去就得了个二等奖。

这里民风复杂，新中国成立前，船埠这个不到五百户的湾子，曾有四十八家鸦片烟馆。

当知青时只感到累和苦，不觉得当地的山歌有多好听，现在听来却听出了百般好滋味。从 2013 年起，广场舞队改作山歌队，到处搜集山歌、整理山歌、演唱山歌，山歌队发展到四十多人。平常在船埠广场上唱，旅游旺季到九宫山核心景区唱，都是免费唱给游客听。

"三姐"山歌队，不断地唱上县春晚、市春晚。2019 年是"三姐"山歌队无限风光的一年。一月底，唱上第九届"中国农民春节联欢会"。七月下旬，"中国原生民歌节"在云南楚雄举办，全国二十一个少数民族共二百七十名歌手参加了展演活动，活动持续五天。"三姐"山歌队代表湖北省出席民歌节，表演通山"郎搭姐"《十绣荷包》。李琳、成汉姬、李高攀、成满萍、王水菊、陈晚云、程二妹、罗刚毅等八位民歌手，登上了这个国家级舞台。九月下旬，第二届"农民丰收节"湖北省主会场设在通山石门畈，舞台在一片荷塘上搭起，舞台对面山头上站着六十二个山民歌手唱山歌，其中四十二人是"三姐"山歌队队员。演出全程电视直播。

"三姐"山歌队发现和团结了一大批歌手。有位陈茂甲老人，生活在九宫山深山老林一个叫鸡翅关的小湾崽里。陈茂甲年轻时是当地的山鼓王，多年没有机会演唱了，李琳把老人请出山，请他自己唱，也请他教大家唱。2015 年，老人代表"三姐"山歌队参加通山县民俗文艺演出，八十一岁的他成为此次年龄最长的演出者。老人是第一次到县里的大舞台演出，次年就去世了。距船埠八公里的横石街上有个李莲子，带大了两个孙子就没事干了，投奔到"三姐"山歌队唱山歌。"三姐"山歌队的艺术顾问、"中国钢笔画第一人"毛才奇评价，李莲子是全县长调唱得最好的歌手。李莲子是乡间的歌唱天才，她连续唱一天都不累，并且越唱越好，越唱越好听。她是真正的"金嗓子"，平常吃辣椒喝白酒，嗓子不受任何影响。大家都知道李莲子"唱歌不累，喝酒不醉"。她把自己唱的山歌放在"全民 K 歌"软件上，点击量动辄几万。

十年同行路，李琳心存感激。最初的队员和自己一起坚持了十年，当年的中年人如今已进入老年行列。画家毛才奇本来是在九宫山深入生活，潜心创作他的九宫山枫杨系列，却欣然担任了"三姐"山歌队的艺术顾问。毛才奇的家乡在黄沙，从小听父母唱山歌长大，长期帮家人抄写山歌歌词，对山歌感情十分深厚，于是把一腔山歌情怀倾注到"三姐"山歌队。

令我眼睛一亮的是那些青春的面容。程纯子、陈玲芳、袁海燕、袁晓芳都是"80后"，何淼还是个"90后"。何淼1991年3月生，安徽人，是嫁到船埠来的媳妇。我于2020年8月4日到船埠采访，李琳组织了十几名队员来给我演唱山歌，望着这些"80后""90后"歌手的面容，我似乎看到了久违的朝阳。古老的山歌，在这里焕发出青春的生命力。

李琳告诉我，她的山歌队还走进校园教唱山歌。四五岁的学前班小朋友，也能登台演唱山歌，央视"影像档案"还来拍摄过一期节目。

歌山歌海搜歌人

月黑风高夜，寒气逼人时。

"咚咚，咚咚咚"敲门声骤然响起。上屋伯爷袁观完敲门进来，只和父母简单招呼一声，就直接找袁望来。袁望来只有十三岁，是个初中二年级学生。上屋伯爷塞给袁望来一个油布包，说包里是两个记本，叮嘱他好好保存。

袁望来心里有些害怕，问记本是什么东西。上屋伯爷说是打山鼓挖地、打山鼓栽田时唱的长山歌歌词。袁望来问："这个我不懂，为么哩让我保存？"上屋伯爷答道："你是个聪明伢崽，将来肯定有出息。这记本是我听本塆几个山鼓匠打山鼓唱山歌时，默记在心，然后记录下来的歌词本。"

上屋伯爷又强调了自己这样做的原因："这几天，我总是心神不宁，感到要发生么事。如果记本毁了，那太可惜了！"

果然，没几天，大队几个民兵到他家里来破"四旧"，把他家的木雕看橱和木雕眠床都砸了。上屋伯爷是个很能干的人，农活做得好，还识字。他特会讲时子——时子就是民间故事。在听别人打山鼓时，就能默记下这么长的歌词，真是不简单。

那是1972年冬天的事。袁望来在油灯旁打开油布包，里面的记本，一个是《梁山伯与祝英台》，一个是《海棠花》。他一直仔细地保存着，直到后来，他当上了乡镇文化站长，把这两个记本找出来，上交了。2009年出版的《荆楚民间文学大系·咸宁长篇叙事山歌》（第一卷），选编了《海棠花》，紧接着《双合莲》，列为第二篇。

上屋伯爷的确没看走眼，后来的几十年，袁望来搜集了一百多部长歌手抄本，有多部编入各种选本，编入最近出版的《中国民间文学大系·长诗·湖北咸宁长歌卷》十六部，占总篇数的四分之一，且多为本土原创，是咸宁市搜集长歌最多的民间文艺工作者。咸宁是全国唯一的"中国汉族民间叙事长歌之乡"，那么，袁望来就是全国搜集汉族民间叙事长歌最多的人，肯定是出息了。

壹　孤冢座座埋爱情

高中毕业后，袁望来成为官塘小学的民办教师。教学之余，他将上屋伯爷给他的两部记本做了重抄，记本的情节令他唏嘘不已。他问上屋伯爷，《海棠花》中的故事发生在什么地方？上屋伯爷告诉他，就在黄沙铺。

官塘离黄沙铺不远，只隔着一座鸡口山。袁望来常常望着鸡口山发呆，想翻过山去，探寻《海棠花》的源头。

转眼到了1982年底，袁望来从官塘小学调到了官塘公社文化站，任民办公助的文化站长。参加了几次全县文化工作会议，结识了黄沙公社文化站长阮仕银。阮仕银对《海棠花》也很感兴趣，对他探寻记本源头表示支持。于是，这年中秋，袁望来翻过鸡口山，在黄沙铺与阮仕银汇合，踏上了探寻"海棠花"的征程。

阮仕银当过公社电影队放映员，然后再当文化站站长，对当地的"哪一坨"都很熟悉。"从哪找起呢？"他问道。袁望来说，从"阮怀川"找起吧。袁望来从挎包里拿出《海棠花》记本，翻了翻，轻声吟诵起来："答姐问来回姐言，我家住在长沙源，母亲生我第五个，取名叫作阮怀川，石榴山下有庄园。"

阮仕银说："长沙源没听说过，这里只有阮家园、源头等几个带源（园）的地方，都是阮姓的大屋场。"

先去阮家园吧！他们骑着自行车，从公社所在地出发，向东南骑行十几分钟便到了。

阮仕银介绍说："阮家园原名吴家园，明朝末年，阮姓从江西迁居此地。"

在一间老屋门口，阮仕银向一位男老者打听《海棠花》及阮怀川的情况。老者说："《海棠花》记本听说过，但据阮氏族谱记载，阮家园并没有阮怀川这个人。"

正当他们感到失望之时，老者又说："不过，我们屋场后背山有座孤坟，是清朝年份的。葬在那里的是一个后生崽，据说是说亲不成寻了短见。"

于是，他们来到阮家园后背山，在一个山坳，见到了一座孤零零的坟丘。坟丘杂草丛生，坟脚处一蓬乱刺十分扎眼。当地非寿终正寝且无后的人，不能入葬祖坟山。不管是不是阮怀川，但坟中之人却是为了爱情而亡故。他们在坟前心潮难以平静，伫立良久。

走下山来，阮仕银告诉袁望来，离这里不远是中通大队。有中通、上中通、下中通等几个屋场，都是阮姓居住地。连续采访了几位老者，结果都是"只闻其说，未记其人"。同样，中通的后背山也有一座孤坟，也葬着一个"说亲不成自寻短见"的后生崽。

在源头，他们不但在屋场后背山见到了一座类似的坟冢，还在塆子旮旯见到一处破败古建筑废墟。当地一位老者说，这处宅第的人家在清中期迁往外地了，据说葬在孤坟里的就是这户人家的子弟。

至于石榴山，阮仕银说，整个黄沙铺都没有叫石榴山的，只有栗树地、白果地、槐花桥等地名。于是，他们探寻"阮怀川"告一段落，转而寻访"乐三姐"。

《海棠花》记本载："情哥打扮下南京，行到流源问路程。路途有个贤惠姐，正在河下洗菜心，两眼观看好人品……客人不必好言夸，日后路过我备茶，想要访得乐三姐，紫荆岭上第三家，门前一树海棠花"。

阮仕银说，黄沙铺没有紫荆岭这个地名，带"荆"的只有小荆坑，带岭的地方倒不少，有徐家岭、张家岭、桥背岭等，但小荆坑整个屋场都姓阮，徐家岭、张家岭与乐姓不搭边，桥背岭只是个十来户人家的小屋场。于是，他们决定到老屋乐、新屋乐、北乐、乐家地、乐家坞等几个地方探寻。

老屋乐、新屋乐都是乐姓大屋场，但这里不管是哪家屋门口，都没有见到海棠花树，只是依稀有些枣子树、桃子树、柿子树等。

在老屋乐，他们见到一位在河下洗衣的女老者，便上前打听"乐三姐"。老者白了袁望来一眼，说："这里叫三姐的不少，还有叫四姐、五妹、六妹的哩！我知道你们要找哪一位？"袁望来说是找《海棠花》记本中的乐三姐。老者听了，把芒槌一丢，站起来吼道："那都是作记本的瞎编的，你在我们屋场见到海棠树了吗？还海棠花，我还说石榴花哩！"

他们尴尬极了，只好退下。阮仕银说："这里乐姓人对记本《海棠花》很反感，说这个作记本的无聊，是故意诋毁他们，败坏他们的名声。"

他们只得转入地下寻觅。好在这里很多人认识放电影的"阮同志"，在北乐，一位男老者同阮仕银打招呼："阮同志，来啦！"

"来啦！"

"是来放电影的吗？"

"准备放哩。我是来打前站的。"

"哦！准备放么电影呢？"

"准备放《刘三姐》哩！"

"那好!《刘三姐》很好看,山歌也很好听!"

袁望来一听,乐了。接着说:"不过刘三姐是广西的,你们这里不是也有位乐三姐吗?"

老者听了,立即脸一码,说:"你是说《海棠花》吧!我们这里根本就没有这个'乐三姐',那是个不知羞耻、有辱宗祖的家伙!"

他们只得离开。在其他几个乐姓的屋场,遭遇也是一样。

一天的寻访,没有得到想要的答案。几座荒坟孤冢,在他们心头盘桓不去。在漫长的野蛮时代,人们追求爱情往往要付出生命的代价。但即使用生命作代价,人们也要追求。其实,鄂南长歌,大多是以泪水甚至鲜血写成的文学瑰宝。

贰 鼓匠感恩韩知县

上屋伯爷是讲时子的高手,他讲得绘声绘色,好像他讲的故事都是他目睹过。他不但默记了不少重要记本,他还知道这些长歌产生的来龙去脉,现在所知的《海棠花》的创作来历,就是由他所讲。他还讲过《放牛郎唱出〈放牛记〉》的时子。《放牛记》不光咸安人唱,在通山也有流传。通山人还说男主人公就是通山人,上屋伯爷也说得很肯定,说是哪里哪里的,他还跟他的后人有过接触。

上屋伯爷还有点"比较文学"的素养。他说,咸安长歌的结局一般是悲剧,通山大多是喜剧。袁望来搜集的《陆英姐》,以"异文"的形式与咸安的《陆英姐》一起,刊登在《荆楚民间文学大系·咸宁长篇叙事山歌》(第一卷)上。咸安的是"只得悬梁一根绳,三魂五魄归地府",通山的则是"良辰吉日到来临,吹吹打打接新亲"。他还跟袁望来说,咸安通山挨得近,长歌中的人物你中有我,我中有你,杂糅在一起。

袁望来的上屋伯爷叫袁观完,袁望来还有个隔壁伯爷叫袁观农。

这两位伯爷都是民间文学高人。擅长讲时子擅长默记长歌词的上屋伯爷,是身怀绝技之人。上屋伯爷也唱山鼓,并且还从过师,但山鼓技艺远不如隔壁伯爷,隔壁伯爷还没从过师,全靠自学。所谓山鼓技艺,含击鼓和演唱技艺。身怀绝技的上屋伯爷也有软肋。可见,尺有所短,寸有所长。

上屋伯爷最后一次听人唱山鼓《梁祝》,是1958年,听隔壁伯爷演唱。他当时默记下来,并在十四年后的一个月黑风高夜交给袁望来保存。

隔壁伯爷从小是孤儿,父母双亡,只有个弟弟,兄弟俩相依为命。隔壁伯爷很穷,没读过书,但很聪明,记忆力超群,在挖地栽田时记下很多歌词,并学着打山鼓唱长歌，慢慢学熟了，先是本村有人请，后来外村也有人请，成了当地的名鼓匠。

通山有部比较雅的记本叫《梅花》。1950年代，县文化馆副馆长王致远最早征集到《梅花》手抄本，后不慎丢失。这个本子在民间流传极少，以至文化馆后来多次搜集，都没有搜集到完整的本子。大部分人只知其名，根本没听过更不可能见过本子。

1990年代初，隔壁伯爷突发善心，把一本《梅花》手抄本交给了袁望来，还反复叮嘱，不要说是他给的。隔壁伯爷说，这部长歌，师傅一般在别人请去的场合不唱，只是在本塆本姓有关场合时唱，唱前还一再叮嘱不要外传。打鼓匠有打鼓匠的规矩，这部长歌师傅不传手抄本，全凭徒弟记忆，并要承诺不是从师傅那儿学来的，是自己从别处偷学来的。隔壁伯爷恰好根本没有正式从过师，本来就是在劳动时凭自己的聪明劲儿强记了下来的。

隔壁伯爷后来说，他是看袁望来从事文化工作，不想让这个本子丢失了，才决定传给他。袁望来问他这个本子为什么不能传，他就讲了打鼓匠作《梅花》的故事，说山鼓匠都很禁忌，怕惹上官司。

长歌《梅花》很长，五句为一支，一共三百六十五支歌，是当地一伙打山鼓的鼓匠你一支我一支唱出来的。这本山歌，不但故事情节曲折离奇，而且在编唱过程中，也是风云突起，一波三折。

清朝年间，通山县城有个开杂货铺的梅老板，他在自己女儿梅花还十分幼小时，就把她许配给了同是开商铺的何老板的儿子何修云，何家送给梅家一把写有儿子年庚八字的白扇作为凭证。谁知，何家后来家道中落，度日艰难。梅老板嫌贫爱富，就赖婚，又把梅花许配给了当地一个姓王的大户。王大户的儿子是个秀才，名叫良柱。

但是，梅花与何修云从小青梅竹马，情深谊厚，死活不肯嫁给王秀才。就在王秀才准备娶亲的那天，何修云一纸诉状告到县衙，告梅老板赖婚。这任知县姓韩，他在了解了真实情况后，就把何修云、王良柱一齐传到县衙大堂来。

韩知县是个好人，他好言相劝："叫住良柱把话提，争妻不如再娶妻。"王秀才是个明白人，懂得强扭的瓜不甜。既然知县大人搬来了楼梯，于是就势下梯，当场表态，此事算了。

本来这件事到此作了结，没想到一伙打山鼓的鼓匠唱《梁山伯与祝英台》唱厌了，等不及何、梅两家成亲，就将此事作成山鼓歌唱了起来。有些歌师为了显摆才艺，在传唱时，还不断添油加醋，于是故事越编越野，越传越玄。特别是与媒人陈浪奇有隙的鼓匠把陈浪奇编进歌里，与街坊孙大有隙的鼓匠把孙大编进歌里，借知县之口，对他们连讽带刺连辱带骂："法子一拍喝一声，好个光棍做媒人。倒下签筒打四十，五个掌嘴当点心，教你如何变聪明……孙大冲到官厅上，要做抱打不平人。老爷心头火一喷，喝叫左右拿来打，好生教训这畜生"。

陈浪奇、孙大本是不相干之人，平白无故受了辱骂，气不打一处来，便去王家挑拨："王家本是大姓人，如此下作是奇门。明媒正娶大礼定，还有庚书做凭证，哪怕何家把状申。"这王家本来就"良柱父子心不甘，心中恼恨这瘟官。龙游浅滩遭虾戏，虎落平原被犬欺，这案断得真稀奇"。经他们这么一唆，就决定翻案上告，于是"浪奇提笔做状文，单告修云一个人。王家聘媒本是我，九月十六要迎亲，老爷做主断分明。"

这下该韩知县伤脑筋了，本来已和解了结的案子又回来了，只得发签又传来了何修云、梅小姐、王良柱等几个当事人到堂。

韩知县先对王良柱说："你是个知书达理的人，还是成人之美的好。"王良柱这下不肯让步了："我与梅小姐的婚事是明媒正娶，不能悔婚。"韩知县听了，心中一默，嘴上说道："你有媒人婚书，可何修云也有白扇为凭。我看不如这样，让梅小姐自己定。"王良柱心想："自己定就自己定。定了我本人自然好说，如果选的是何修云，就告她个'一女嫁两夫'也不迟。"

韩知县见他们都点头答应了，于是叫他们竖着跪成一排，王良柱跪在前面，何修云跪在后面，梅小姐跪在他两人中间。然后发问："梅小姐，你是愿意与前面的陪伴终身？还是愿与后面的白头偕老？你认定后，就算是定案了。三个人都要签字画押，不许反悔！"

梅小姐灵机一动，连忙说："大人，小女子愿与前面的陪伴终身。"王良柱听了，以为她愿与跪在前面的自己成婚，心里很高兴，立即在定案的文书上签字画押。何修云以为梅小姐要和跪在她前面的王良柱成婚，心中十分悲哀，但无可奈何，也只得在文书上签了字画了押。

韩知县拿到三个人签字画押的文书后，哈哈大笑，连声说："好！好！梅小姐不嫌贫爱富，还愿意与前面定亲的陪伴终身。何修云，你是在王良柱前面与梅小姐订了婚约，就把她带回家去成亲吧！"

听了韩知县的话，何修云顿时转悲为喜。王良柱听了知县这样解释"前面"，如当头挨了一棒，想反悔，可已经签字画押，也无可奈何。

判决了的案子岂能反悔？韩知县布了一个局。不管梅小姐是选择"前面"还是"后面"，都能判给何修云。

就这样，"十月初八是佳期，知县送茶来贺喜。何梅两家笑哈哈，儿女留记结团圆，郎才女貌果奇缘"。何修云怕再生变故，速速将梅小姐迎娶回家了。王家只得打落牙齿往肚吞！可陈浪奇、孙大咽不下这口气，就一纸诉状把多名山鼓匠告到县衙，告他们"侮辱人格，诽谤他人"。

韩知县接了状子，便把几名山鼓匠传入县衙大堂。喝问："你们无中生有，诽谤诋毁他人，可知罪？"山鼓匠答："山歌本是歌师编，唱与世人听稀奇。说不上无中生有。""山歌虽是编的，但你们借本县之名，以真名实姓，侮辱他人，不是诽谤，又是什么？"山鼓匠们都叫了起来："大人，天地良心，我们没有侮辱他们。我们与他俩往日无怨，近日无仇，凭么哩要诽谤他们呢？"

韩知县听了，便问陈浪奇、孙大："你们亲耳听过他们唱了吗？"他俩答："冇听过。我们也只是听那几个打鼓匠说，山歌是这几个人作的。"山鼓匠们又叫了起来："作山鼓歌是不假，但那几段骂你的不是我作的，我只是作了……作了……"

韩知县说："你们说得对，山歌本来就是编的。但也不能凭一时嘴巴痛快，瞎编一气！既然你们都说那几段骂人的不是你们编的，我也就不追究了。但你们今后传唱时，要把歌词中的真名实姓都改过来，并告诉其他山鼓匠，不要再瞎编乱唱了。"

山鼓匠们听了，都连连点头答应。陈浪奇、孙大见再也审不出什么名堂来，也只好作罢。

其实，这几位山鼓匠都吓得不轻，汗都冒出来了。如果知县大人再作深究，还真不晓得"究"出什么名堂来哩！毕竟这本山歌他们都唱过，说实在的，究竟是哪个作的那几段，谁也说不清楚。

事情过去一段时间，地方上倒是风平浪静。但又到了挖山、栽田的季节，山鼓还是照样要打，山歌还是照样要唱，大伙听多了"山伯"歌，便一再点名要唱这本《梅花》。山鼓匠们冇得法，只得又唱了起来，只是再也不敢真名实姓真地点地胡编乱唱了。他们把这部差点惹了祸的山歌做了更改，地点人名都有变动，连故事情节也大有出入。

为了铭记韩知县的恩情，他们把主人公修云由姓何改成了姓韩，还在山歌里给知县升了官职，成为知州大人。但改来改去，《梅花》之名硬是不肯改，他们说：梅花本是"四君子"之首，一来可表主人公梅花的冰清玉洁，二来也是纪念韩知县的"君子"风范。

韩知县是位真清官，在他离任之时，通山百姓捐钱献物，请人在石梯岭崖壁上镌刻了"喜韩崖"三个大字，以永久纪念他。

时过境迁了，当时的禁忌，更重要的是韩知县的嘱托，都已成为一种集体记忆，一种"行规"，在鼓匠们的心中坚守。

叁　花儿朵朵开心田

袁望来的妻子叫全晓玲。全晓玲的娘家在大畈镇板桥村，和袁望来家的官塘村是邻村。新中国成立前这里是通山县与阳新县的交界地。那时，官塘村属阳新县，板桥村却在通山县。1950 年 3 月，官塘村随着黄沙、大畈、燕厦等一起划到通山县。从阳新划过来的这些地方人说的是"兴国腔"，老通山人说的话叫"通山腔"。

1960 年代，富水水库建成后，这里是库区。全晓玲家所在的下全垅被水淹没，后靠北山脚下建成移民后靠队，垅名叫北山下。这里过去很困难，是典型的山区、老区、库区的重叠区，改革开放后，村民的日子才渐生起色。

袁望来的内弟叫全书明，过去是大队拖拉机手，后来大队把那台"东方红"拖拉机承包给他，再后来他被招工到大畈供销社当司机。全书明成为板桥村第一批发家致富的人，于 1987 年建起了当时村里最气派的两层楼。那时，村里第一家建两层楼的是村支书的家，全书明家是第二家。

新房年底建好，翌年开春，内弟弄来两棵桂花树苗，栽在门前。那是个周末，正在华中师范大学在职文化干部脱产委培班学习的袁望来，来探望岳父母。儿子建起了漂亮的新楼房，女婿又在上大学，岳母徐慧敏很高兴，兴奋地唱起了山歌："独坐清闲在书房，新兴一本桂花香，郎情姐意说不尽，略提略表说言章，胜过梅花与海棠……"

袁望来觉得很好听，问她是什么山歌。她说："你弟今天栽的是桂花树，我唱的正是《桂花》长歌。"袁望来很感兴趣，就让她慢慢唱，自己把歌词记录下来。下一次回家度假，袁望来又去了岳母家。岳母满肚子山歌，袁望来当然早就知道，她既然能唱《桂花》长歌，她肯定还能唱其他长歌。果然，岳母还能唱另外一本长歌《兰花》。这一次，又是岳母慢慢唱，袁望来快快记，也把《兰花》歌词记了下来。

后来，袁望来还从岳母的演唱中记录了长歌《陆英姐》，这是一本从咸安传入通山的长歌，融入了通山民歌手的再创作，成为《陆英姐》的"异文"。

袁望来还在板桥村获得了意外之喜。板桥村有个退休教师章晋淼，他是个民歌发烧友，他手上居然有《桂花》和《兰花》的手抄本，他主动将手抄本借给袁望来抄录。有岳母的演唱记录，又有章老师的手抄本，两相对照，就可以整理成比较完善的歌本了。

岳母徐慧敏是大畈礼湖人，礼湖离大畈街不远，是个富庶的地方。后来这里也被水淹了，也移民后靠。岳母的娘家在当地是富裕人家，全晓玲外公当时不光在大畈街广有铺面,在汉口也有多个铺面,而且有大货船在长江跑运输。岳母1937年出生,读了高小后,"土改"时家里成分不好,就再也没读书了。

板桥片区如今成为旅游热点。这里有隐水洞景区,有龙隐山景区。板桥新村,别墅成群。板茶大桥南北跨越富水水库,高速公路开口就在路旁。板桥村还有观鹭亭,站在亭上可以观赏水库或戏水或飞翔的白鹭群。著名的通山特产"阳春园"芝麻饼就出自板桥村。

袁望来的岳母一直喜欢文艺,"文革"时是大队文艺骨干,唱过样板戏。改革开放后,特别是最近的十来年,村里发生了翻天覆地的变化,成立了文艺队,经常组织排练演出活动,需要创作歌词。文艺队想请袁望来写,又不好开口,岳母便大包大揽。袁望来于是当文学义工,写了不少节目。八十多岁老岳母还在唱山歌,唱农村新貌的表演唱。

通山的长歌很多带花的歌名,如《海棠花》《石榴花》《梅花》《桂花》《兰花》《牡丹花》等。

《牡丹花》是比《梅花》更雅的一本长歌,一般的山鼓匠唱不了,只在一些有一定文化程度的歌手之间流传。

2002年,通山县举办山歌大赛暨民间文艺展演。袁望来同通羊镇文化站长黄华桂一同到郑家坪村检查验收节目,文艺爱好者阮长富夫妇接待了他们。郑家坪这个节目,是阮长富自己创作的,袁望来看过很满意。阮长富一高兴,拿出一大摞自己创作节目的脚本,袁望来一一翻开来看。看到最后,还有个记本,叫《牡丹花》。阮长富见袁望来一副喜出望外的样子,不无骄傲地说,这是四十年前,阮显波给他的本子。

阮显波,他可是通山县最有名的鼓匠。阮显波是中华人民共和国成立前的初中毕业生,在民歌手当中是个大知识分子。袁望来在《中国民间文学三套集成·湖北卷·通山县民间故事歌谣谚语集》里看过他的小传及他唱过的山鼓歌。那个小传是这样写的:"阮显波,农民,鼓匠,初中。1965年去世,时年四十三岁,是环城区负有盛名的打山鼓师傅,人称鼓匠。他打了近三十年的山鼓,鼓点娴熟,歌声高亢。他记性惊人,歌词满肚,长本短杂,能唱十天半月。提起他,群众说:'阮显波,歌师傅,满肚山歌货船拖。'1954年,阮显波等三人参加了省民间业余艺术汇演,《会刊》发表了《山歌舞》剧照。"

这次见到他留下的记本,袁望来翻开记本时,双手不觉颤抖起来。于是,向阮长富打下借条,借走记本,认真抄录。

阮显波是知识分子"鼓王",一般人瞧不上。阮长富虽然年轻他二十一岁,因为也是初中毕业，而且是本家，才有幸与他交往，阮显波才将这部珍贵的《牡丹花》交给他。阮长富肯将《牡丹花》借给袁望来，当然不是因为他写了一张借条，而是因为有一层亲戚关系。他的儿媳，是袁望来的堂内妹。如果不是这样，这个本子很难挖掘出来。很多鼓匠和文化局文化馆的人都说，这部长歌只听说过，根本没听过，更没见过记本。

"他记性惊人，歌词满肚，长本短杂，能唱十天半月。"一肚子歌"能唱十天半月"不重复的，我仅见此一例。

《牡丹花》《桂花》《兰花》同时被收入《荆楚民间文学大系·咸宁长篇叙事山歌》（第二卷），而这本书一共只选编了十部长歌。《梅花》和《陆英姐》（异文）已经编入第一卷。

肆　汽车桥头久徘徊

1980 年代初，通山县城附近有一对年轻恋人在汽车桥边引爆殉情，场景十分惨烈。当时，袁望来还在官塘小学任教，也听说过此事，当然，全县人都知道。

1996 年底，袁望来调任县文化馆副馆长。县文化馆离汽车桥很近，闲暇时，他总爱在桥下散步溜达。汽车桥是通羊河上一座可以跑汽车的大桥，人们习惯称它汽车桥。

汽车桥的桥头，是当地人休闲纳凉的聚集地，常有一些民歌爱好者在这里演唱或者切磋交流。1998 年端午节后的一个傍晚，袁望来在这里突然听到一位女歌手用"打夜牌"的曲牌唱山歌，歌声甚为悲切："天牌地牌都不打，单打人牌与和牌，打到绣房来/别的事情都不讲，单讲西坑祝家庄，男女感情长/男孩姓祝名伦熬，女孩取名叫玉川，慢慢谈根源……"

当年，那对年轻恋人就是在汽车桥附近引爆殉情，如今，人们恰好就在汽车桥桥头唱起关于他们的山歌。此情此景，让人百感交集。

那对年轻恋人由"二人从小一起玩，两小竟无猜"，"一年一年已长大，搞出爱情来"，到"情哥请媒去说亲"，却遭遇"阿爷不准把婚提""还要整家规""二人吃了秤砣铁了心""磕头作揖求阿爷""阿爷一脸冷冰冰，千拜万拜不动心"，再到"二人求婚登天难""号啕大哭把死寻"，直至"二人身藏炸药包""一声爆响动地哀，二人上天台"。其间还穿插有"十叹""十想"等抒情唱段，情真真、意切切，有道是"声声唱来声声哀，天也昏来地也暗"。

之后几个晚上，袁望来在汽车桥头都能听到这个长歌，每次都是唱者悲切，听者动容，一片涕泪交加唏嘘声。袁望来深受感染，决定把这部长歌记录下来。刚开始，由于唱者是当地人，操的是"通山腔"，而他是大畈人，讲的是"兴国腔"，因此听得不甚了了。于是，他请了一位当地的老师，帮忙记录了这部长歌。

大约是 2007 年底，袁望来在县政府广场碰到万立煌，向他说起这部长歌。万立煌正在编辑《荆楚民间文学大系·咸宁长篇叙事山歌》（第一卷），便立即去了袁望来家里。万立煌看过歌本后，很激动："这是一部年代最近的长歌！"他询问长歌的原始作者，袁望来说不知道。

万立煌嘱咐袁望来一定要找到作者，因为："我们手头的几部长歌，关于作者虽有'可信'的相关传说，但因年代久远，很难一一考证。这部长歌的故事发生在当代，想找到原始作者应当不难。能找到一部长歌的作者太有意义了！"

第二年夏天，当民歌手们又汇聚在桥头一起唱这部长歌时，袁望来便上前向他们打听作者。一个歌手说，我是从某某那里学来的，当问及某某时，某某却又提到另一个人的名字。某某传某某，某某何其多。袁望来在桥头转了一圈又一圈，还跑了几个赛歌堂，一个夏季结束了，也没问出作者来。

又是一年的初夏，歌手又要出动了。这天傍晚，袁望来正在桥头徘徊，一位常在桥头拉胡琴的师傅走上前来问他："你找到那部'殉情'长歌作者了吗?"

"没有。"他疑惑地看着他。

"那是县医院徐忠正医师作的。"胡琴师傅说。

"咦！是他?"袁望来对徐忠正医师并不陌生，徐忠正喜欢拉胡琴，经常参加县音协与文化馆举办的活动。袁望来还知道他当过兵，是县文化馆馆长、画家孔奇同一个连队的战友。在这位拉琴师傅的指点下，袁望来立即前往徐忠正的家。

徐忠正家住老街第二小学附近，离汽车桥并不远。徐忠正的家有个院子，院子里有葡萄架也有丝瓜架。现在正是藤萝爬满架子的季节，此时，徐忠正刚好坐在藤萝架下拉胡琴伴奏，徐忠正的老伴石望娣和洪根友、全娴闺等几个歌手在唱山歌。一曲终了，发现来客，热情相待。

袁望来向他说明来意，他立即走进里屋，不一会便拿着一个套着塑料壳的本子递给袁望来。袁望来急忙接过来，马上翻开来看，正是汽车桥头传唱的那部长歌，题目《熬川记》下面注有：作者，徐忠正。

袁望来长吁了一口气，大有"踏破铁鞋无觅处，得来全不费功夫"之感。

《荆楚民间文学大系·咸宁长篇叙事山歌》（第一卷），同时收入两个版本的《熬川记》，一个是徐忠正的原创，一个是众歌手加工过的版本。一个优秀的作品，一流入歌场就会被汇入众人的智慧，而对于平庸的作品，歌手们毫无付出的兴趣。

伍　鄂南泥土里长出的《梁祝》

"梦为蝴蝶也寻花"，出自唐鱼玄机《江行》诗之一，意思是即使在梦中，也化为蝴蝶，寻觅鲜花。用其来形容袁望来探寻长歌《梁山伯与祝英台》的心境倒是很确切。

《梁山伯与祝英台》《白蛇传》《孟姜女》《牛郎与织女》并称中国古代四大民间传说。其中，"梁祝"传说是我国最具辐射力的口头传承艺术作品，是我国爱情的千古绝唱。常有人把《梁祝》称之为"东方的《罗密欧与朱丽叶》"。

在鄂南大地广为流传的却有一部长篇叙事山歌《梁祝》，特别是通山山区流行更盛。有人说，山路一山通一山，山路山歌一样长。长歌中，哀伤别离的述说，缠绵悱恻的恋情，跌宕起伏的情节，叫人唱了又唱，百唱不厌。这部长歌，是山里人经过几十代人从心里唱成，它渗透了山民对封建礼教的痛恨，对自由生活的向往，对美好爱情的追求。

袁望来在长达四十年的群众文化工作中，搜集了多个《梁祝》长歌版本，有两个版本流传最广。一本是梁山伯相思病死，祝英台触墓化蝶终结；另一本是梁山伯病死后，祝英台祭墓化蝶，马俊东岳庙烧香与梁、祝二人状告阎罗王殿下，阎王怒斥马俊不该拆散姻缘，放梁、祝二人去投胎，长大成人后，结成美满姻缘。

袁望来最早接触的长歌《梁祝》，是十三岁时上屋伯爷交给他保存的那个记本。长大后，他曾反复阅读玩味这部长歌。以至几十年来，"化蝶"的情景常常出现在他的梦境。为了"圆梦"，他还一次次踏访过《梁祝》。

最早的一次，是1980年代初，他来到界首，特地拜访当地民歌手阮桂菊，这里过去是阳新县与通山县交界的地方。年近花甲的阮大娘，听说他是来听她唱《梁祝》的，心里很高兴，当场便唱了起来："一送梁兄出绣房，绣个香包送我郎。香包是我亲手绣，戴在身上自然香，见物犹如见九娘。二送梁兄到书房，手拿白扇泪汪汪。一面红来一面白，一面姐来一面郎，姻缘隔纸不成双……"

她断断续续唱了《梁祝》中的几个唱段，伴着歌声，沉浸在那个久远的调子里，诉说梁山伯祝英台的悲欢离合。她说："不记得有多少年没有唱《梁祝》了"。

时光倒流四十年，阮桂菊风华正茂。少女时的她是个外向的女孩，热爱唱歌。她从一位教私塾的先生那里学唱的《梁祝》。嫁到界首后，她成了当地最出色的歌手。有时候，整个村子里都回荡着她的歌声。下地干活休息时，她亮起嗓子唱起来，村里的女伢崽围在她身边跟着哼唱，她最爱唱的是《梁祝》。阮桂菊不识字，全凭记忆记住歌词。近三千句歌词，句句情长，镌刻在这位朴实的农村妇女心里，永不磨灭。

2013 年 3 月，在城关老街，袁望来采访民歌手洪根友。她说："《梁祝》重仁义道德，讲良心，能让人找到寄托。"她识字，年轻时就喜欢唱山歌。她说，成家后，她还爱唱歌，好在丈夫也是民歌爱好者，夫妻俩经常一起唱。说着，她从枕头底下翻出一本用钢笔抄写的《梁祝》，对着本子唱起了"十杯酒""十送""十劝"等经典唱段。似乎是歌本寄托着她的灵魂，歌声安顿了她的心灵，她完全沉醉其中。末了，她还说，梁山伯太过书呆子气了，三年同床，竟未识祝英台女儿身。她丈夫却说，是太白金星下凡，故意用猪油蒙了梁山伯的心，让他昏昏聩聩，不明所以。

2015 年夏末，听说隔壁伯爷病了，袁望来急忙前去探望。他已经八十多岁了，做了一辈子农活，也打了一辈子山鼓，如今风烛残年，只能躺在床上，但还是强打精神，向袁望来指点《梁祝》精髓。谈"十点药方"一节：听说梁山伯病重，祝英台点药方为梁山伯治病。祝英台"砚池磨墨写药方"，她"乱写几句巧药方，相劝哥哥莫思量，你在家中把病养，病好来到我家乡，姻缘之事再商量"。"一点老龙角一双，二点凤凰脑上浆，三点金鸡脚掌黄，四点蚂蟥肚内肠，五点无风自动草，六点炎天瓦上霜，七点蚊虫胆和心，八点婆婆嫩奶浆，九点千年腊肉汤，十点万年不老姜"。这药方根本不存在，是一个虚无缥缈的幻念。命中注定，两人今生今世有缘无分。祝英台说，"药方是宝本难寻，除非仙女下凡尘，只有奴家心肝胆，方可救得我梁兄"。唯有用祝英台的命才能救得梁山伯的命。伯爷说，这是长歌中最精彩的段落，字字带血，长恨无绝期。伯爷的声音低沉、沙哑……

袁望来也曾探寻过《梁祝》的发源地。有意思的是，通山境内梁姓和祝姓人都言之凿凿，梁山伯、祝英台就出生在他们祖居地那里。更有意思的是，2018 年，在大畈马家坳，一位老者竟拿出一本厚厚的《梁祝》唱本，说他们马家也有这部长歌，他们的长歌才是最完整的。袁望来拍下这部手抄本，回来后研读发现，这是他搜集到的最长的一部《梁祝》，故事的前面部分大同小异，后面却说马俊见祝英台祭墓化蝶后，也触墓殉情。后来，三人一起告上阎王殿。阎王顾念马俊在此案中有些吃亏，不仅让马俊还阳复活，还让他中了榜眼。梁山伯则中了状元，因宰相招亲不从，贬其去番邦买马，长年不还。苦守在家的祝英台，靠典卖家产度日，而公婆又双逝，英台只得外出卖唱寻夫。历经多重劫难，夫妇终得团圆，衣锦还乡。

长歌《梁祝》就是山民们，特别是妇女们的心声幽曲：柔美婉转，摇曳多姿，芳心款款。反复吟唱《梁祝》，可以贴切地体悟奶奶、曾奶奶们的爱情婚姻观，她们对浪漫爱情的追求，她们对人情世故的理解，她们对坚贞婚姻的守护。《梁祝》也非只一般地写"有情人终成眷属"，它挑战了道德评判标准与法典伦理。那阎王老子的评判可谓情理俱在，尤为重情。阎王老子即是老百姓。《梁祝》并非只教人如何去争取幸福，更重要的是，还教人如何去守护自己的幸福。

咸宁长歌《梁祝》，沐浴着鄂南的阳光雨露，被山民的犁耙锄头揉进了鄂南的泥土，然后再从这片土地里长出的又一棵花树。

第六章

山中有花

日日新

君未看花时，
花与君同寂。
君来看花日，
花色一时明。

——王阳明

寸寸乡愁村村留

每一人每一地每一时，乡愁都不会相同。

周春泉在《铜鼓峰遇雪》里写道："人世间/纷扬过多少雪花啊/只有/幕阜山的这一朵/才有乡愁的分量。"

幕阜山的乡愁，像山一样厚重，也像山一样美好。

壹　车田村有一座鄂南价值最高的小庙

洪港镇车田村有一座北台山，山腰上有一座七八亩的天然钟乳石台。这里，曾经是北宋龙图阁直学士吴中复幼时读书的地方，南宋理宗在此敕建龙图书院。龙图书院几经变迁，最终成为一座深山古寺，即今之北台寺。

当时，吴姓是这一带的望族。吴中复的两位堂兄几复、嗣复于仕宗天圣二年（1024）同年登进士，以至家乡地名由桃花店改名为双迁里。吴中复于仁宗宝元元年（1038）中进士，小地名前又加了个帽子叫崇儒乡双迁里。吴氏兄弟在民间还被称为"吴三贵"。

吴中复在御史任上"两弹宰相"，使梁适、刘沆两个树大根深的宰相相继罢相去职。宋仁宗以飞白书"铁御史"三字赐他，这是他同时代的包拯也不曾有过的殊荣。所以，吴氏后人很是引以为傲，在家谱和宗祠都写上这样一副楹联："持议刚方，坐席正讲官之体；风裁峻厉，飞帛书御史之名"。

最初的北台寺建于后梁开平元年（907），吴中复幼时是在寺中求学。理宗皇帝敕建龙图书院，成寺院并存格局，也成为鄂南最早最有名的书院。

元明时期，龙图书院被"废为寺"。在"十儒九丐"的元代，龙图书院惨淡经营，难以为继。到了明朝天启五年（1625），阉党翻"三案"，借以攻击东林党，毁天下书院，龙图书院难逃一劫，只得改为纯粹的寺庙。

明末清初，这里横遭兵燹。清顺治二年（1645）五月二日，李自成在九宫山下被乡勇击杀。顺治四年《王氏宗谱》记载："五月四日，闯兵马数万蜂集里中（双迁里），其遇而死刀刃下，填沟壑者往往相藉也。"首当其冲的是吴氏后裔，当时"吴三贵"被讹传为"吴三桂"，闯兵以为这里是吴三桂的家乡，吴氏成为闯兵报复的主要对象。北台寺也被付之一炬。

幸存吴氏，或遁入深山，或移居他乡，此后至今，双迁里成了王姓聚居地。

康熙年间，天下大定。双迁里车田人王德尚，做了两件为人称道的事。王德尚武举人出身，在兴国州威望很高。作为乡绅，他主持修复了龙图书院和北台寺。"筑寺居（其弟王德高居寺）焉，并施田地。"龙图书院被修葺得"旧制一新"。王德尚此举，得到知州魏钿的高度赞誉："上继先贤乐育之志，下启后学进修之勤，毅然振一方文教以自任，抑何伟欤！"北台山上再现书院与寺庙并存的景象，一时钟磬之音相闻，琴书之声不绝于耳。

然而，好景不长。小小的北台山在太平天国运动中毁于战火。

晚清时，当地乡绅捐资重修北台寺，惜未恢复龙图书院。

现在的北台寺基本保持了晚清重修时的原貌。它类似于明清民居体式，跨入条石门槛，寺内纵为两重，横为三间，中有天井。1980年代，在寺两侧增建了客房和厨房。此时，北台寺的面积是四百平方。

前人有谓北台寺"流泉绕石罅""曲水绕阶清佛座"。山泉从寺后的山林流出，聚集成一条两尺宽的小溪，绕过寺宇右侧，流入寺前的月池，稍事缓冲，又奔向台前，成为一股瀑布，飞泻崖下，冲出一渊深潭。春秋之季，雨水丰沛，瀑布飞白如练；冬夏之时，泉流不竭，瀑布又柔若飘带。泉水四时恒温，有冬暖夏凉之感。寺两侧增建客房和厨房之时，小溪被纳入厨房，女尼便省却日晒雨淋之忧，尽享室内洗濯之乐。

2003年，当地民间人士倡议重修龙图书院，无果。后来，舒克伟、倪霞、徐立帅、廖双河发起"为龙图书院造一片林"。经数年努力，终成一片桂花、橘橙、香榧、杨梅等名优树木嘉林。文史学家、双迁里人氏王亲贤撰写《龙图书院云凤林记》，勒石以铭。

吴中复家族，在一百五十年间先后中十位进士。他的长子吴立礼、三子吴秉礼、次子吴克礼的儿子吴墒、三子的儿子吴埙都是进士。

吴中复家族的文学艺术细胞丰富。吴中复能诗善画，曾与欧阳修、王安石、司马光多有唱和。四子吴则礼是宋代有一定知名度的文学家，存世著作有《北湖集》五卷。吴则礼的儿子吴坰著有《五总志》，《全宋诗》录其诗二首，《全宋文》收其文三篇。吴亿是吴中复从孙择仁的儿子，《宋史·艺文志》著吴亿《溪园自怡集》十卷。这个家族的吴彦夔是南宋绍兴十八年（1148）进士，《宋史·艺文志》载吴彦夔《六朝事迹别集》十四卷。吴彦夔儿子吴必大，是朱熹最出色的弟子之一。朱熹对他的为人为学评价极高，在他生前对他寄予厚望，在他死后多次在不同场合表示痛惜。吴必大得朱熹为其传《易》，授《诗》《礼》，又经常通过书信问学答疑。今《朱子语类》中，有吴必大问学纪录二百余条。《朱熹集》卷五二有"答吴伯丰（必大字伯丰）"书信二十四通。吴必大受托刻印朱熹《诗集传》，参与朱熹《礼书》编纂。

在鄂南，再找不出一个能与之比肩的家族。这一股文脉，就物质形态而言，现只系于小庙北台寺一身。

2023 年 3 月 19 日，车田村成为第六批"中国传统村落"。其他村入选是因为保存了较多的古建筑，车田村入选是因为吴中复家族，也因为北台寺。

贰　从汪家畈走出的敦煌知县

岁月要湮没一个人，许多人无意中加入了湮没，许多人努力地进行了抵抗。

汪宗翰是光绪十六年（1890）进士，是通山县最后一位进士。15 年后，施行了 1300 多年的中国科举制度被废除。

在光绪二十三年（1897）《通山县志》里，收录了汪宗翰的六篇文章：《湄港桥记》《续补横石桥记》《九宫平壶台前建三门记》《重修文昌奎星两阁暨镇南书院记》《建修武庙碑》和《劝捐阖邑学田引》。六篇文章都署名为"吏部主事汪宗翰"。一部县志里收入一人六篇文章，可见这一人在当时的分量。因为当时通山县就他一人是进士。在他之前上一位考中进士的是乐鸣韶，乐鸣韶是一百三十年前的乾隆二十二年（1757）进士。同时期，"也算是"通山的进士是吴怀清，他祖籍通山，是以客籍陕西山阳人考上进士。吴怀清和汪宗翰同年进士，他还曾为汪宗翰撰写了《清吏部主政赐进士出身诰授朝议大夫汪公号栗庵汪老先生神道碑》。

汪宗翰为官二十多年，当来当去都是七品官，关键还是位清官，他退休回家时连路费都不够，还得靠僚友资助。他的钱去了哪儿？吴怀清《栗庵老先生神道碑》记载："壬寅，调授敦煌，甫下车，适东乡水溢，方百里内皆成泽国，饥民等哺，请赈未遂。公乃自捐钜款，代筹生计，以苏民困。"民国重修《敦煌县志》："时冬，调任敦煌。

甫下车，以敦煌地处边塞，风气锢蔽，以振兴广教为急务，倡捐钱谷，添设义学二十九处。国家停科举，设学校，废八股，以策论取士，时新旧书籍具无，公捐廉俸二百金，由沪购置经、史、子、集及科学书二百余种，置鸣沙书院。"不足五年的敦煌任期，有"自捐钜款"和"捐廉俸二百金"记录两次，钱到哪里去了很清楚。吴怀清的《栗庵汪老先生神道碑》，还给予汪宗翰极高的人格评价。汪宗翰在镇原六年，士民有"鄂渚名儒，原州生佛""恩深夏雨，化洽春风"之颂。在华亭"政局宽平，法不枉纵，恩威并用，民教相安，士庶德之"。在甘肃十多年，"所至一介不取，百废俱兴"。

当然，他所服务的王朝已经风雨飘摇了，他作为一位朝廷命官，能够"善终"已经算是不错的命运了。

我不得不写汪宗翰，是因为他与敦煌文物的瓜葛。

余秋雨的《道士塔》让世人知道了道士王圆箓，并把不少的怨气撒到这位道士身上。放牛伢丢了牛是赔不起的，关键王道士连放牛伢都不是，谁安排他保管敦煌文物了？余秋雨文章里，只提到敦煌县长，没有提汪宗翰的名字。刘诗平、孟宪实在他们的《敦煌百年》专著里写道："王道士发现藏经洞的那年，敦煌县令是严泽。一年后由湖南沅江人氏邹绪棣接任。敦煌的地方官员和士绅有许多人接受过王道士的经卷赠品，有的施主也得到过……两位县令是否也拥有藏经洞的藏品，没有留下文字记载，所以也就不得而知。1902年3月，汪宗瀚出任敦煌县县令，汪县令很快就得到了王道士送来的经卷和绢画。汪宗瀚，字栗庵，湖北通山人，与王道士算是'老乡'。汪宗瀚谙熟历史文化，在敦煌县令任上，曾搜集过当地的一些汉简。汪不愧为光绪十六年（1890）的进士，当他见到王道士送来的经卷后，立即判断出了这些经卷的不同一般，但他同样没有采取任何措施，只是在1903年冬天，将这一消息写信告诉了兰州甘肃学政叶昌炽。"

叶昌炽是金石家，更知道敦煌文物的价值，他建议藩台把文物运到省城保管。一个气数已尽的王朝及其所属的官僚体系，仅运费这一宗事就叫他们束手无策。此建议如风吹沙漠草。所谓"他同样没有采取任何措施"，是不是有点站着说话不嫌腰疼？

汪宗翰生于道光二十五年（1845），殁于民国九年（1920），葬汪家畈住屋上首月梳形地。

汪宗翰在吏部供职三年后，分别任过甘肃镇原县知县、敦煌县知县、甘肃省法政学堂教务长、华亭县知县。民国军起，汪宗翰绕道回籍，时年六十七岁。汪宗翰回乡时，母亲已九十高龄，当儿子拜见老娘时，受拜的老母溘然长逝。

倪霞从2001年游历敦煌时得这位敦煌知县是通山人，便做出许多努力，写出多篇文章。

汪宗翰故居，土改时分给贫雇家农居住。1980年代，他的第四代孙汪三元鼎力购回，本想修缮，终是无力，现在已垮塌得只剩几堵砖墙。倪霞见过汪宗翰送给八十岁姑妈的一块"体壮山河"贺寿匾，匾在高湖芭蕉塆。村民做屋时，取下来当和泥的垫板，损害不小。倪霞最大的贡献是找到了汪宗翰的第五代孙汪汉斌，汪家畈族人找了多年都没找到。汪汉斌出生于沙洋，1982年父亲把他送回通山，托付给亲戚到通山一中读书。汪汉斌以全县文科状元的成绩考进华中师范大学中文系。倪霞和汪汉斌以及汪汉斌的表哥陶祖旭一起，祭拜了汪宗翰墓。当地人说，黑色大理石镌刻的《栗庵汪老先生神道碑》，已被文物贩子买走，墓前还剩有一块白色大理石墓碑。

故居不存，是遗憾。聊可告慰的是还有宗祠。

汪氏宗祠是汪宗翰考上进士那年冬月，汪宗翰主持修建，族人恺斋负责施工。抗日战争时期，汪氏宗祠曾是通山县政府和县中学的短暂栖身之所，"文革"时被毁。2011年正月十五，支书汪世济发起，并要求在苏州创业的弟弟汪义芳率先捐资一百万元，再加全族捐资四百多万元，复建了比原来更大更豪华的祠堂。他们复建祠堂最大的动力，就是为了纪念汪宗翰。

2023年3月9日，我到闯王镇汪家畈村参观了这座祠堂。这是我看到的通山最大的祠堂。同时，也是镌刻楹联最多的祠堂。

汪宗翰自己所撰楹联就有两副。其中，戏台一副为"醒眼看来古今一梦才觉，从头做去忠孝二字为先"，大堂上另一副为九十字长联。整座祠堂居然有五位状元、一位榜眼、一位探花、六位翰林撰联。五位状元是咸丰己未状元孙家鼐、同治戊辰状元洪钧、同治辛未状元梁耀枢、同治甲戌状元陆润养、光绪丁丑状元王仁堪。王仁堪的楹联直接为汪宗翰个人而写："一部龟兹新乐府，九天蟾窟好楼台"。榜眼为同治甲戌榜眼赵尔巽，探花是光绪丙子探花冯文蔚。大门口一副楹联为时称"江南才子"的王凤池撰"绿水环门锦涨潭花三月暖，丹炉列嶂香飘烟树五云高"。

这么多名人楹联，显然不能一时请到，只能是陆续添加。能请来这么多名人楹联，说明汪宗翰人品多么高、人缘是多么好。这些珍贵的楹联，现在只能录其内容，字迹都是现代电脑字。

已经非常好了！

叁　石瑛铜像高高站立在新庄坪

在燕夏乡新庄坪村广场上，高高站立着一尊铜像，那是石瑛铜像。站在故里的土地上，他关注着故乡的山水，也受世人的瞻仰和礼拜。

石瑛是清末举人，中举后不求仕进，而发誓走科学救国道路，毅然远赴欧洲留学。初学铁路，转学海军，认为"现世为科学万能的时代"。西方的文明让他感受到清王朝内部政治百病丛生，已无力进行改革，不以革命手段不能复兴中华，于是，接受孙中山的革命思想。1905 年，他在布鲁塞尔协助孙中山创建同盟会。在伦敦，他曾与孙中山同居一室达三月之久，与孙中山有着广泛而深入的思想交流。正是与孙中山的交往，他由传统知识分子转变为现代民主革命知识分子。

武昌起义后，石瑛应孙中山之召，东归襄助建国。任大总统军事秘书、全国禁烟总理。孙中山辞大总统职，石瑛回鄂任同盟会湖北支部支部长。1913 年，当选国会众议院议员。因反对袁世凯，"二次革命"失败后遭通缉而逃亡英国，再次留学，累九年学成回国。历任北京大学教授、武昌大学校长、上海兵工厂厂长、湖北建设厅厅长、武汉大学工学院院长、浙江建设厅厅长、南京市市长、铨叙部部长、湖北参议会议长及国民党一大中央委员等职，每一任都留大好政声。因言行不随俗，被称为"湖北三怪"之一，另"两怪"是张难先和严立三。所以，石瑛在当时的湖北是家喻户晓的人物。

石瑛是个特立独行的人，更是一位公认的大贤，以至他拥有一连串美誉："民国第一清官""布衣市长""不亚于谦、不让海瑞""现代包拯""湖北圣人""正义的化身""现代古人"……1948 年，美国出版《世界名人录》，收录了 3 位中国人，石瑛就是其中之一。

两度留学欧洲达十七年之久，服务国家几十年，故乡的情怀没有一刻淡漠。任北大教授期间，暑假回家乡，独去长滩小学访问。1932 年，担任南京市市长的石瑛回乡省亲，购买大畈麻饼四百筒，途经武汉分送亲友二百筒，另二百筒带到南京馈赠众人。他一生最后两大心愿之一：在家乡燕夏办一所"可容四百学生住读的中学"。

石瑛铜像站立的广场，在村街的中央，呈长方形，是稀缺平旷之地山区少有的村级大广场。顺着铜像前视的目光看去，正好是崇岩山顶无限美好的风光。

肆　余长畈的余六鳌二十四天写成一部县志

余六鳌，通山人。1919 年于湖北省立第一师范毕业后，就读北京东方大学，获政治学学士学位，又入北京朝阳大学，获法学学士学位，先后在东北陆军军官学校七期毕业和东北炮兵研究班毕业。1931 年，任北京内务部科员，后在《北京社会日报》任总编辑，不久调任国民党第一军少校参谋、东北联军炮兵教导团少校连长、第五兵站中校参谋长等职。1938 年后，因腿伤回籍，先后任阳新县督学、通山县中学教员。1961 年，在家乡病故。

余六鳌今天还能被人提起，是因为他撰有一部《通山县乡土志》。本书撰于 1918 年。余六鳌在《序》里道明了成书的缘由："物竞日烈，列强日横。国家危急存亡，志士伤心抱愤，新知固宜速研，旧识尤应精深。乡土志者，旧识之一……迩者，校长刘先生，目击时艰，定乡土志为诸生暑假练习之目。盖国家图维新之治，首生人才，人才之兴……师范洵教育之母，而乡土志为教育之要务，师范生之所当悉者也。"

这部县志，是他就读湖北省第一师范的暑假作业。这道暑假作业，当时有多少学生完成，而又能流传下来的显然是少之又少。他是一个受过新思想教育的知识分子，亦是一个典型的革命派。作为一个心系国家安危的有志青年，他身上肩负的历史使命感，是促使其完成此志的根本原因。

全书总计两万六千多字。《例言》中记载："编述之期，自六月九日起，迄七月三日止。书成，俟入校时，呈请诸位先生鉴定"。全书仅用二十四天完成。这部县志，对当时通山的政治、经济、文化、社会等各方面，均有较为充分的记述，保留了许多罕见的珍贵的史料。志书有浓郁的乡土气息，有新旧结合的创新体例。

《通山县乡土志》是民国时期湖北省八部乡土志之一。民国七年（1918）的原始稿本，藏于北京大学图书馆，被国家图书馆列入《北京大学图书馆藏地方志珍本丛刊》。据原始稿本的 1959 年抄本，藏于上海图书馆。通山县方志办从上海图书馆影印了 1959 年抄本。

余六鳌在志书中，披露了自己所处的时代环境，以及自己的家庭背景和自己的思想观念。"山性使人塞，人民多固执古训，重旧轻新，新旧不能平均"。"鳌邸虽陋，亦十余代之书香也。自高祖却仕以来，以破此俗习为家训。盖国家最重者，农工商皆出自学，而士与农工商一而已。鳌虽不肖，愿承先志，伏愿高呼群应，以兴我邦焉"。

今大路乡余长畈村余长畈塆，文化向来发达。

清乾隆三十年（1765），余长畈人余庆官在余长畈泉山创办楚调即汉剧的科班。"戏仙"余庆官自任戏师，主要演员还有"夹板龟"周锡高等。这是通山第一个汉剧科班。余庆官汉剧班闯过大汉口的戏码头，他们的《张飞滚刀》《钟馗捉鬼》《收姜维》等剧目，在汉口风靡一时。

1950年春，通山县中学，即通山一中的前身，从城关程家大屋迁至余长畈，在此办学两年。1958年秋，通山县初级师范学校在余长畈创办，设三个班，在此办学一年。

1974年11月，县电影管理站在余长畈兴办全县第一个电影大队，《咸宁报》以"大路公社队队办起电影队"为题报道，在全地区推广大队办电影。

余长畈塆现有八百多人口，为全县人口最多的自然村塆之一。我慕名来到余长畈，没看出有什么特别之处，但见村街整洁，居家人都在祥和安静之中。一个有文化底蕴的地方，总是有后发优势，说不定什么时候又会再创辉煌。有道是：有文化，穷不久。无文化，富不长。

余六鳌的籍贯，有两种说法，一说厦铺人，一说余长畈人。王致远采用余长畈说，我相信王致远。

伍　巴蜀五百年最著名科举世家根在乌岩

元初，湖广兴国州吉口里黄沙铺子有个刘荣八，殁后葬于乌岩苦竹冲，与其元配骆氏同茔。这座坟墓，八百年中不断牵扯着许多人的神经。

刘荣八后裔流布巴渝，在明代科第蝉联，出了十四位进士，其中包括一个榜眼，三个解元，其他有功名者数不胜数，担任朝廷高官大吏者达数十人。刘氏因此成为巴蜀五百年中最著名的科第世家。

刘荣八生子普隆，普隆生子珉一珉二珉三。元末，天下大乱，刘普隆举家渡长江北上，寄籍湖广麻城县孝感乡洗脚河，后为避陈友谅之乱溯江入川。珉三在途中与父兄失散，后返回故土，居乌岩山北之永福里（今阳新县王英镇一带）。普隆偕妻子继续西行，落居夔府万邑（今重庆万州）之熊家猪羊坝。此处田荒地瘠，谋食不易，珉二留下陪伴父母，珉一另谋生路。

刘珉一后落户四川巴县（今重庆市巴南区）城南柳市里梁相塝，以卜卦为生。珉一因别具一格地爱穿大袖衣，外号"大袖刘"。他们富而崇文，自第三代起便取得功名。第四代有刘刚、刘洪、刘全、刘良、刘宽、刘庄等八房。刘刚之子刘规于明成化五年（1469）考取进士。这是刘家的第一个进士。但刘规仕途不得志，一辈子官终七品。

刘规次子刘春却一鸣惊人，于成化二十三年（1487）在殿试中进入一甲，名列第二，成为榜眼，是整个四川的荣耀。刘家自此名扬巴蜀。刘春功名显赫，其事迹写进《明史》。自他起，刘家共有八人同入正史。

饮水思源，功成念祖。刘春在京任职时，曾托人寻访兴国州祖墓，久觅而未得其地。

刘春胞弟刘台于弘治九年（1496）考取进士。刘台和刘春在乡试时都是解元，十年之内，刘家出了两个解元，成为天府之国首屈一指的官宦之家。

刘春、刘台分别是刘规的次子和三子，长子湮没无闻。但刘规的长孙刘鹤年却为父亲争得了脸面，他于正德三年（1508）中了进士。又六年后，正德九年（1514），刘春的长子刘彭年又中进士。

刘鹤年的长孙刘世曾中嘉靖四十一年（1562）进士，累官至右都御史兼兵部侍郎，因征战缅甸有功，升正一品。

正德十五年（1520），刘彭年在礼部员外郎任上，出京公干，就便赴南京看望担任礼部尚书的父亲刘春。他们更加怀念楚地先人，展墓之愿愈加强烈。刘彭年便于途中取道湖广兴国州，入慈口里查访先祖刘荣八之墓。因年深月久，当地故家凋零，消息隔绝，只打听到大致地域，而王事甚严，不可久羁，故不能亲至省墓。临行留诗于驿舍。次年夏，父亲刘春卒，有生之年未能获得先人之墓的确切信息，刘彭年愧恨交加。

刘应箕，嘉靖二十三年（1544）进士，嘉靖二十四年（1545）任余姚知县。刘规是大袖刘第六世孙，刘应箕是大袖刘第十二世孙。七十五年前，刘规于成化六年（1470）任余姚知县。

刘起宗，刘彭年长子，嘉靖十七年（1538）进士。在他众多的任职岗位中有一个是宁波道副使。刘起宗是大袖刘第九世孙，是刘应箕的曾祖辈。刘应箕也曾任宁绍兵务道兼宁波道副使，刘家人又在不同的时段担任同一职务。

刘起宗一直惦记着寻找祖墓的事，但苦于国家多故、职事繁杂，久未如愿。嘉靖二十八年（1549），刘起宗任户科给事中，结识了礼科给事中徐纲。徐纲是湖广兴国州土塘人，当地刘、徐两姓累世姻亲。刘荣八、刘普隆父子的夫人都是土塘徐氏之女，荣八继母徐氏是徐纲的嫡亲姑祖。因此，刘起宗与徐纲也是姻亲。是年，刘起宗以给事中出摄武昌司理，在徐纲的支持和地方官员的协助下，他来到乌岩山苦竹冲一带，经土人指认，大致确定了祖墓所在方位，但其地新坟旧葬漫山遍野，又荆榛蔽野，一时无从辨识。起宗无奈黯然而归，临行以其父三十年前诗韵作七律一首。

虽未能找到祖墓，但以给事中的特殊身份，刘起宗的乌岩之行惊动了地方。嗣后，兴国州知州周鹏亲自出面，发动里甲人等，深挖细找，还真找到了荣八后裔。刘珉二生子二，长名凤，次名鸾。珉二命刘鸾返楚省祖茔，刘鸾千辛万苦抵达富水，仍回祖籍吉口里黄沙铺桥头庄定居，担起祭守祖墓之责。他这一支连续有十六代子孙殁后葬此坟场，陪伴先祖荣八。千真万确找到刘荣八墓后，周鹏修墓立碑，题曰"刘氏先人之墓"，并将刘彭年、刘起宗父子之诗刊刻于墓碑。未几，兴国州通判孙濂再次主持重修。

嘉靖三十五年（1556）十月，刘起宗由湖广布政使司左参议升任本省按察司副使提调学校，有机会继续省墓之旅，终于亲至展墓。刘起宗亲手清坟培土，唱祭文祭拜，泪洒祖墓。

时任兴国军知州郑聚东闻讯，率一众官员拜谒，并督工修复。这次修墓，不但立牌坊，树华表，建丽牲碑，而且请名家参与：郑聚东立石，徐纲撰写碑记，吴国伦篆额。徐纲是当地著姓代表。吴国伦也是兴国州人，时任兵科给事中，明代"后七子"之一，文名甚著。三人共襄盛事，使刘荣八墓再次引起世人关注。

明万历二十六年（1598），四川巴县人马攀龙升任兴国州知州。他作为大袖刘氏同乡，在刘氏祖籍地任职，获悉刘荣八坟的存在后，便以同乡和父母官的双重身份，着人清理坟界，重新立碑，以示尊崇。

清至民国，越来越多的荣八后裔汇集在一起，包括珉三那一支，合修宗谱，共祭祖坟。

大袖刘后裔，在明朝的进士榜除上文提到的刘规、刘春、刘台、刘鹤年、刘世曾、刘彭年、刘应箕、刘起宗之外，还有刘起蒙、刘世赏、刘如汉、刘如淮、刘应鼎、刘起沛，共十四人。

以上这一切，都是黄石文史学者刘远芳青灯黄卷、爬梳整理和实地考察得来。

刘荣八墓，在今天的富水湖乌岩渡口西面两百米处。一座山从富水湖北岸乌岩瀑布稍西的山岭延伸到水边，远看如一头老虎。近年新修的肖新公路从虎颈处经过，靠水一侧一个小山包延伸到水中，是为"猛虎跳涧"，刘荣八墓就在此地，明万历年间兴国知州马攀龙所立墓碑字迹犹清。此地风光甚美，人气也旺，慈口乡乌岩村委会、村文化广场近在眼前。

陆　青山下的古风遗韵

通山立县之时，从通羊镇取一"通"字，从青山镇取一"山"字，合成通山县名。青山当时为鄂赣两地的交通要道与水运码头，集镇繁华，商铺林立，是最早形成的商贸集镇。通羊镇还是今天的县城，青山镇却成为今天厦铺镇的青山村了。

我第二次来青山下，是要弄清楚一个问题。许许多多的文献资料，都扯不清青山与大城山的关系。

站在咸宁市文物保护单位郑令亨老屋门口，曾经当过二十九年村支书的郑远水给我答疑。相貌堂堂的郑大哥高扬着手臂，指着眼前的大山对我说："那几个连着大城山又比大城山矮一些的山头就叫青山。大城山山里植被很好，从外面看却像是石头山，所以我们这几座山色青翠的山就叫青山。我们塆子就叫青山下。"

也就是说，大城山南面那几个相连的山头又叫青山。大城山是一个山系，主峰叫龙王尖。青山是它的次峰，次峰有好几座。说青山就是大城山不会错，但是说大城山是青山就不对了。它们是整体和部分的关系。在大城北面的杨芳林，就不能说是青山下，青山下只能说南面厦铺的这个青山下。

余六鳌在县志《地理·名山》里说："大城山，在县治南四十里"。紧接着说："青山，在县治南五十里。山麓为邑侯陈公殉节处，旁有阵亡家丁栗寅、张行宗，兵勇李廷邦等二十四人墓"。

崇阳学者兼诗人傅燮鼎作《山南望陈令殉节处并引》以吊："城山如陈侯，石骨棱棱峙。残阳战血红，照君山下死。……至今殉难处，啼鹃深竹里。我来立南岩，山叟杖遥指。道侯魁梧状，中州奇男子"。

余六鳌说得很清楚，傅燮鼎也没有说错。

从前的青山镇是江西修水来往湖北通山、通山西部进出崇阳东南部通衢上的重要节点。厦铺河从街前流过，河边是凉亭茶铺构成的亲水走廊，走廊与铺面之间是一条青石街路，铺面大多是高门大户，现在还有一些精致的老铺面。

我们所说的青山下自然塆，今天遗存得更多的还是精致之风，街道整洁干净。青石板街路变成了水泥路，但是，路旁的石凳还是利用了过去老石板，一丈长或一丈多长的青石板不在少数。

亲水走廊是不见了，走廊原址的下方，也即一道花式水泥护栏的下方，也即厦河河岸边是每家各户的菜园。菜园的宽度和各家房子面宽等长。菜园土质肥沃，黑色粉粒土壤。尤其是浇灌便利，有两种水源，一种是从厦铺河引水灌溉，一种是从各家阴沟排出的生活废水。有一家的主妇指给我们看，她家的阴沟水流到菜园后变成两股明沟水，一股向左，一股向右，把整个菜园围起来了。正值百年未遇的大旱之年，她家的菜园明沟里水汪汪地腾着水，各色蔬菜水灵灵脆生生。各家菜园菜好得不相上下。

正值红薯收获季节，也是薯粉薯线粉加工季节。我家"玉米"想买一些薯粉。一位主妇把"玉米"引进她家，家里收拾得非常整洁。上到两层楼的露台，露台纤尘不染，雪白的薯粉摊晒在干净的垫子上。这干净这雪白，提升了"玉米"的购买欲，原本只想买十斤，现在就尽一个袋子装满，最终买了二十六斤。

一般农户家里很难收拾整洁，又是农具又是粮食，农具带着泥土，有的粮食也带着泥土，比如红薯和土豆等。经商人家就不同了，要的就是一个干净整洁。青山镇自古有经商之风，此地民风尚整洁，明显遗留了下来。

柒 藕塘有座"桂梅亭"

鄂南民风尚施茶。通山历史上著名的茶亭有朦胧岭茶亭、芭蕉岭茶亭、楠木岭茶亭、刘家岭茶亭、万寿桥茶亭、紫云桥茶亭。朦胧岭茶亭还是明万历进士舒宏绪捐建。

随着交通状况的改变，茶亭逐渐淡出人们的视野。在厦铺镇藕塘村，却新建了一座茶亭"桂梅亭"，并引来中央电视台的报道。

徐桂梅生于1929年出生，是个命比黄连苦的人。八岁丧母，十六岁丧父，尽管在家什么活都干，继母还是在父亲去世当年，将她嫁给了对面山头的一个肺病痨子，换得两匹布一担谷。三年后，桂梅举家迁到山下石湾庄。五年后，丈夫病逝，抛下母子相依为命。犁田耙地，砍柴挑粪，割谷垒墙……什么脏活累活她都干。全生产队，只有三个女人挣男劳力工分，徐桂梅就是其一。

这个苦命的女人，从不抱怨命运的不公，她要把自己做好。她常对儿子郑远托说："崽啊，要把别人对我们的好都记在心里，做人要知恩图报！"

徐桂梅年轻时就是藕塘出了名的好人。左邻右舍谁忙不过来，只要跟她吱了声，带孩子，喂猪，为过世老人守夜，她都爽快应承。

年过五旬的村支书徐德煌说起桂梅婆的好，眼里闪烁着泪花："三十多年前，我们一伙后生经常在石湾河滩上收木材放竹排，烈日当空口渴难耐的时候，桂梅婆就会提来一壶川芎茶。你不知道，这时候茶对我们意味着什么。桂梅婆知道，一个在大山里熬过的人，最需要的就是茶！她爱我们，跟亲娘爱自己子女一样。"

　　这样算来，三十多年前徐桂梅就已经义务给村民和路人烧茶了。向老人求证，她总是说："这点小事不值一提，什么时候开始我也不记得了。"但岁月记得，十里八乡的乡亲们记得。年年三月至十月，每日天刚蒙蒙亮，她就点燃柴火，烧开山泉水，泡出川芎茶。记得在薄雾中，在晨光里，在石湾桥头，有一位日渐蹒跚的老人，提着一壶茶，向茶亭缓缓走去。

　　三十年时过境迁，三十年沧海桑田。这茶，穿透时空，在太阳山、大城山、金家山环合的桶里雾气蒸腾，飘香天际；这茶，滋润着一代代藕塘人的心田，也引领他们在向善向美的道路上向前。

　　五组村民郑梦富四十一岁了，因为贫困，至今单身，最近相中了邻村一个年轻丧偶女人刘爱菊。爱菊听说梦富是藕塘人，爽快地答应相处。她对梦富说："藕塘有桂梅婆这样的好人，你也不会差到哪里去吧。"

　　2018 年 4 月，通山县文体新局驻村工作组进驻藕塘，刚来就被桂梅老人的事迹震撼和感染。工作组的组长是副局长夏八喜，看到之前的所谓茶亭，不过是石湾桥头的一个石墩，上面搁着茶桶，桶边挂着茶杯，桶上用雨伞遮盖。路人虽能解渴，但有诸多不便。夏八喜想以老人的名义建一座茶亭，作为弘扬桂梅精神的符号！夏八喜向局党组汇报，从获批到桂梅亭建成，不到五个月时间。

　　建亭期间，乡亲们纷纷出让土地、捐物投劳。为了庆祝"桂梅亭"落成，村里还组织了一场中秋山歌晚会，载歌载舞，欢声笑语。

　　茶亭建于石湾桥头，亭前建成三百平方广场。朱红牌匾写着"桂梅亭"三个行楷鎏金大字，牌匾左右刻着醒目对联："百善能行千里路，三山共煮一壶茶"。作为诗人的夏八喜，还用他深情的笔触写了一篇诗情浓郁的《桂梅亭记》，镌刻在亭边桥头的石碑上：

　　　　太阳山、大城山、金家山，三山环绕藕塘。云蒸霞蔚，鸟语花香。有美丽动人的故事，交清风传颂。

　　　　年年三至十月，石湾耄耋老人徐桂梅拉开弯月门环，拨开朦胧晨曦，用启明星点燃柴火，烧一壶岁月静好香茗。

　　　　三十载风雨无阻，未曾间歇。

　　　　和善的茶叶，慈爱的川芎，经乡情泉水冲泡，便是一壶爱意荡漾的民风民情。

　　　　初，徐桂梅送茶于田间地头、路边工地；后年龄日长，便将茶桶立于石湾桥头，作简易茶亭——伞遮茶桶，桶挂茶杯；茶香四溢，甘之如饴。

桂梅虽少读书，能凭善心处世；一生清贫，全靠诚信立身。哪家有难，都会倾囊相助；回报社会，在用言行感恩。岁月之河，流淌人间真爱；一杯清茶，承载苦辣酸甜！

春风化雨润万物，大浪淘沙见真金！

2018年暮春起，中央电视台等多家媒体密集报道徐桂梅老人事迹，"桂梅精神"席卷鄂南大地。县文广新局为弘扬社会主义核心价值观，助力精准扶贫，促进乡村振兴，在此新建"桂梅亭"。并逐步将其打造为文化教育基地，教化乡民，昭示后代。

是为记。

通山县文广新局驻村工作组
2018年7月30日

如今，九十五岁的桂梅老人，每天依然施茶不辍。"桂梅亭"成为通山县最新的一座茶亭，成为一道时代风景。

捌　日月门双辟　风云路一条

沿着一条山间溪流而上，来到一方悬崖绝壁之下。崖壁下有一个石洞，溪流正是从洞中流出。穿过石洞，来到一个山间盆地，盆地里有二十多户人家。人家是清嘉庆元年（1796）为避兵乱而入山定居的后裔。家家户户的房子都在，却很少有人居住。这个村塆名叫下潘，人家全部姓潘。

本地人称我们刚才穿过的洞为下洞，因为还有个上洞。上洞在下潘塆后，通向另外一个几乎相同的盆地。上盆地叫上潘，从前也有二十多户人家，现在连人带房都不见了，只余一百多亩桃林，桃林边还有一口水塘。

上洞和下洞是当地人随口叫的俗名，古人则称之为子午洞。两个穿山而过的石洞，两个石洞四个洞口都呈南北向，且在一条直线上，故称子午洞。

子午洞还有更文雅的名字。兴国州人、同治进士、钦点翰林院庶吉士、时誉"江南才子"王凤池，曾来游过此洞。王凤池将此洞名为"栖云洞"，并撰一联："日月门双辟，风云路一条"。联中又暗藏洞名，下洞口较圆，应该是日门，上洞口呈半圆形，应该是月门。

1985年农历正月初二，湖北省委书记关广富来游此洞，顿感此处与陶渊明《桃花源记》所描绘风光颇相似，发出不是桃源胜似桃源的感慨，建议改名桃源洞，并拨款修路和种植桃树。从那以后，下潘的房前屋后，上潘的屋场和庄稼地，全部栽上了桃树。阳春三月，桃花灼灼，与漫山遍野的野樱花争妍斗艳。从山下到下洞口的路也建成了石板台阶路。桃源洞被列为九宫山十景之一。

让我们再来细看两洞。

下洞有溪水穿洞而出，又称流水洞。溪流在洞中曲折流淌，其间还有一道小石桥架于溪上。洞中的水路人路各不同，人在水边走，水在脚下流。这水流到山下，供着孙家和方家两个村塆共一百八十多户人家用度。洞高百尺，宽窄几丈之间不等，长约百米。顶壁布满石乳，中部有一石钟，形如铜鼓。出洞口也即内侧洞口，修竹丛丛，更有三株千年楠木遮天蔽日。属于古树大树的楠木，整个通山县只有十五棵，千年古楠木全县也只有五棵，这里却占有三棵。

下洞还叫七郎洞，上洞还叫六郎洞，因桥段太长暂且不表。上洞内侧洞口旁，有两口石灰窑遗址。

桃源洞在洪港镇留砠村，下潘是留砠村六组。靠着两道石门进出的村塆，我不知道全国还有没有第二处。在下潘，还有一户人家在居住，生活必需品还靠肩挑背驮穿洞进山。这位坚守者叫潘兴文，是县林业局的退休干部。他是在坚守他心中的情怀。

我去游洞的那天，发现有一条路在修。村干部介绍，因祖堂屋还有山上，各家林地也在山上，搬到山下的村民要集资修一条进山的公路，路坯已经挖出了一部分。我对在场的镇干部、村干部说："绝对不能修路啊！桃源洞自古就是不通路，就是靠两道石洞进出，这是这里独一无二的价值。路一修通，就沦落为一个普通的小山村了。"

留砠是很偏僻的地方，这里的人很厚道。听说我要去看桃源洞，洪港镇宣传委员夏涛还专门赶来作陪。村干部还准备了一桌丰盛的午餐，餐中有芝麻盐糯米坨。这道吃食要提前一天准备，糯米粉得有一个发酵的过程。村支书程平英、村副主任孙典加过去都在外卖大理石，现在都回乡服务村民，努力振兴家乡。村文书方仕兴热情地向我介绍当地的红色文化。

村干部中有人说，他们也反对修这条路。他们表示，不能再修了。

玖　湄溪是个温柔之乡

湄溪村村在小湄港的下游。和她的名字一样，小湄港是条非常美丽的小河。人们极力沾光她的美，南林桥镇有个湄港村，通羊镇也有个湄港村，在两个湄港村中间又有个湄溪村。

两列低山丘陵，护卫着中间的小湄港，山之麓与河之滨则是平展的良田沃土。山不高，却森林茂密。天空高远，却彩云常顾。我只去过一次，看到了那一方天空的美丽，以为是偶然碰到的祥云光顾。常去的人也有同感，那里的天空是要格外地美些。春天一畈油菜花金黄灿灿，蜂舞蝶飞。小湄港发源于雨山，到赤城村与厦铺河汇合，在那里流进富水。

湄溪是个叫人挪不动脚步的地方，我是乘车而去，常常请师傅停车让我拍照。垂杨下，青石板铺就的河埠头，我想拍。金黄的稻田，簇拥着一丛民居，构成一幅极佳的画面，我也想拍。一片云彩，挂在山梁上的青林杪头，我也想拍……

有一个富水水库的移民生产队，1959年从库区迁出，五年间迁徙了三次。1964年，当他们来到湄溪，再也挪不动脚步了，他们在湄溪咀头安营扎寨，安居乐业。后来，他们逐渐盖起新房，添置自行车、电视机等时尚新品。他们成为库区移民致富的典型，被评为第一批全省文明单位。他们就是现在的湄溪村十二组咀头塆，三十户人家，一百二十口人，幸福安康地生活着。

挪不动脚步的还有湖北格宁农业开发公司，他们在这里打造湖北农业公园，建设万亩现代产业园和橘红小镇，已种植两千亩二十二万棵"秋美人"砂糖橘，千亩"湄溪香米"。

几个在外创业的湄溪人，把小湄港边的一片杨树林加以改造，称为"乡约湄溪"农庄。河边杨树上飘动的红灯笼，指引人们跨过小桥，走进河边长长的竹搭长廊，长廊尽头是楠竹盖筑的竹楼。小湄港水面置五颜六色的小游艇，古色古香的小竹筏。这是一方亲子乐园，玩够了还有地道的农家饭菜享用。农庄距县城五公里，已成抖音网红之地。

我到湄溪来，是为看朱廷立故居和姜时棠大夫第，却在大路李的李氏宗祠挪不动脚步了。李姓在通山是小姓，大路李却是通山李姓大塆，有七百多人口。他们心往一处想，劲往一处使，捐资两百多万，建了座全木结构的祠堂。我想，善良的人是易于团结的人。我是一个离开故乡的游子，从来没有到过我的宗族祠堂。我对村支书李昆明说，你们祠堂办活动时，一定要让我来感受一次！

拾　遥指松涛连碧汉　飘然流出夜钟声

人站在大树下，卑微之感油然而生。唯有卑微才能心生崇敬，只有人的崇敬，才有树的长久和高大。

文友庞希华家在林上村金盆塆。走进金盆，一棵棵参天大树就长在房前屋后。有的房墙就挨着大树砌起，别人是找靠山，他家是找"靠树"。有的树冠可覆盖一两家房顶，真正的大树底下好乘凉。金盆的房屋都建在不同台级的山坡上，有的树冠与楼顶齐平，树干却有几十米高，它是从下面台级长起。一棵几十米高的大树与你家的屋顶齐平，大树的枝丫摩挲着你家的窗户，那感觉多好！

金盆塆只有七十多户人家，却有二十五棵古树。别处有一棵古树，就会成为十里八乡的风景，这里一个塆子就有二十多棵。不知是人们逐树而居，还是树在人们的呵护下变大变老。林上村年岁最长的古树，树龄已超过一千五百年，应该还是人们逐树而居，这个村落大概率没有千年历史。

金盆有棵青钱柳，树龄四百九十多年。青钱柳是植物中的大熊猫，为冰川四纪时期幸存下来的珍稀树种，仅存于中国。灰褐色的铜串，一串接一串挂满高高的树枝，煞是好看。

林上村的古树名木有榧树、银杏、椰榆、黄檀、槐树、棕树、小八角茴、青钱柳，共有八十四棵，堪称古树公园。其中，金盆二十五棵，大茶园三十二棵，泉洪二十九棵。到林上来看古树的人，没有谁能够不激动。作家廖双河赋曰："一山古树，十里奇观。卓秀林上，耀誉楚天。腾巨浪而送歌，苍茫漫漫；携长风而献舞，浩瀚绵绵。""或独木成林，或数树连丛。或六人合抱，或九丈指空。树干浑圆，气压嵩岳；虬枝苍劲，势冠飞龙。深识瑰奇，世间难逢。一棵一风月，一株一兀峰。一塆均国宝，一地皆熊猫。百龄恰春少，千岁正年中。依依青钱柳，演世百万载，堪称树中凤；亲亲红豆杉，存遗冰川纪，无愧老顽童。更有一树历十朝，十树共妪翁，两树合一体，一树兼母公。"

徐大发在《林上的古树》里也写了这种激动的心情："有几处古树旁就是土木结构的老屋，门窗全是木制的，竹包的水龙头，晾衣竹竿，弯弯篱笆，土筑的斑驳的老墙，青石板小路，青黛的瓦片，屋场上是碧绿的嫩草，屋旁是跳跃的小溪……随行的女孩禁不住说真的想在这里好好住上几天"。

说林上共有古树八十四棵是指全村九个自然塆屋场上的古树，不含林上村山林里的古树。

林上古树品种有十多种，最多的还是香榧树。三界香榧自然保护小区，范围就在林上和宋家两村，为湖北省保存完整的一块森林植物群落。小区主要保护香榧群落、香果树、青钱柳、银杏、南方红豆杉等古树名木，并建有香榧自然繁殖区和采种区。

香榧品种有米榧、葡萄榧、园榧、蛋榧、螺榧等。这里的千年香榧有上百棵，百年香榧有上千棵。

香榧是我国特有的珍稀干果，营养丰富，风味独特。香榧油呈浅黄色，芳香，味甘，涩性平，有止咳、润肺、消痣、驱虫等功能。临走时，庞希华妈妈给我们每人送了一小袋炒熟的香榧果。面对老人家的馈赠，我们不好意思接受。老人家说："我们这里很多，秋天冷风一吹，香榧子掉得满地都是，捡起来炒熟就是。"

林上村是通山最僻远的村，现有幕阜山旅游生态公路从村旁经过，交通便利。从前，从县城到林上，不管是步行还是骑驴，都得费时几天。清末举人、海城知县、同治《通山县志》主编朱美燮到林上一游。那是因极大的吸引力而来，游过又留下深刻印象，故有《林上夜钟声》诗一首："山山含翠雨初晴，未到蓬莱气已清。天半寻踪樵径细，岩阴回首野云平。凉飚引道频挥暑，皓魄悬空为照行。遥指松涛连碧汉，飘然流出夜钟声。"

拾壹　沙店人的眼光

民谣云：沙店盘龙山，斗亩一百丘，三丘用犁耙，其余用耙梳，还有冇找到，斗笠盖三丘。

这民谣说的沙店山坡地，是见缝插针开荒而成，每块的面积很小。但是，沙店梯田的整体观赏效果却非常好，我曾见过摄影家夏勋南拍摄的沙店梯田图片，极富视觉冲击力。

在沙店种庄稼种不出大名堂，但沙店有一种资源极丰富。

通山县是全国十大楠竹（毛竹）基地之一，是湖北省楠竹产量最高县。1997 年，被国家竹业部确定为"中国竹子之乡和竹林示范基地县"。全县楠竹面积 40 万亩，楠竹面积最大的乡镇洪港有 8 万亩，占全县的五分之一。沙店村是洪港楠竹最多最好的村。通山楠竹材杆粗直、肉厚韧强、竹节稀、纹理直，为优等楠竹。单竹最长达 20 米，胸围 50 厘米以上。通山利用嫩竹作为造羊山纸原料已经有 300 多年历史。民国 25 年（1936），全县产（外销）羊山纸约 25.5 万担（每担 40 公斤），占当年全县总收入的 34%。

四面山南面的沙店，楠竹和水力资源均丰富，明清以来一直是羊山纸的重要产地。历史上，沙店造纸作坊有 20 多家，造纸工人 500 余人，产量 200 余万斤。在沙店，至今保留下来的造纸场地遗址，石碾、筒车、灰池等还有 15 处。1929 年 12 月，鄂东南苏维埃政府在沙店王家祠堂开办鄂东南第一造纸厂，下设沙店、西坑、杨林、留祖桥等分厂，生产钞票纸、毛边纸和机关办公、学校教学专用纸张。1957年，县地方国营沙店纸厂在沙店成立，生产毛边纸。

沙店村街在山凹的小河两岸，小河是源于四面山阴的沙店河。河两岸各形成一条街，中心以一桥相连，布局成"工"字形。木板门面，吊脚楼，卵石与青石板路面。桥为石磴木结构屋形桥，桥下溪水清澈欢腾。高山白沙土层经雨水冲洗下游坪地而成沙洲，店铺较多，遂名沙洲店，简称沙店。

沙店人王赐云，56岁那年，辞去县建材局局长职务，回到家乡创办沙店大理石厂。这是通山县第一个股份制大理石厂，一石激起千层浪，千层浪激起开发大理石潮。从此，通山县股份制大理石企业如雨后春笋般涌现，很快，大理石产业成为通山县的支柱产业。很快，通山县成为全国著名的大理石之乡。

沙店人王学兵，是本村的第一个大学生，他却放弃留校任教的机会，揣上仅能筹到的100元，到深圳闯世界。那是1991年秋天，全国的"下海潮"在第二年才兴起。他从月薪350元的打工仔做起，做到年薪9万港币的"打工皇帝"。做到身兼5个课长职务后，台资鞋厂的天花板也就到了。王学兵选择自主创业，要当自己的老板。他办胶袋厂，做到了3个工厂40条生产线，年产胶袋200多吨，成为珠三角"胶袋大王"。一天，他逛超市见到"支持环保，少用胶袋"的温馨提示，心中巨浪滔天，这个"胶袋大王"再也不能当了。他把目光投向了高端业态的互联网。他创建了为中小企业服务的天助网，打造多语言商机发布，实现用户发布商机效益最大化。2019年5月，天助网获评"深圳知名品牌"。

王学兵是王赐云的堂侄。王学兵上大学时家庭很困难，母亲到堂伯的大理石厂做手工磨板边，每月工资5元，刚参加工作的姐姐每月资助5元，哥哥每月砍柴支持5元。王学兵就是每月靠这样的15元完成了4年的大学学业。

王赐云和王学兵都是眼光独到的企业家。沙店人自古以来目光高远，最发达的羊山纸产地就是明证。

拾贰 曲留野岭味 窖就古云香

大多数人对自己的故乡是偏爱的，慈口乡共11个村，村村都种橘橙，徐立帅偏说西垅村的橘橙是最好的。他说："大概是受惠于大山如钟的神奇，西垅村橘橙展露王者神韵，色泽金红而温润油亮，个大皮薄且绵柔软润，果肉汁多香幽而甜美，见之装点

眼帘之梦，食之催开味蕾之花，可谓橘橙上品、人间仙果，一时间慕者如云、购者如鲫。"（徐立帅《与山与水》）

帅哥对故乡橘橙的深爱也不完全是偏爱，西垅于橘，是有特别的深情和特别的故事，这里有一位开荒种橘而挖断了 36 根锄头把的人。

他叫徐善龙。建富水水库后，他曾去去来来七次移民搬迁，最后仍是故土难离。第七次回到慈口，老人再也没有离开，而是安下心来狠心开荒种柑橘，红了橘子白了头。他的勤劳和能干，在那个年代做出了榜样，评上了他想都不敢想的省劳模。他这个省劳模是靠握着锄头把一锄一锄挖出来的，共挖断了 36 根锄头把。老人最欣慰的是，从过去的一日三餐红薯，到后来一日三餐有白米饭吃的满足感。

1983 年 11 月，西垅大队"龟井"牌柑橘被评为全省第一名，并向苏联出口 20 吨。也就是这时，慈口人有了新民谚语："靠柑橘换口粮，靠柑橘上学堂。靠柑橘娶新娘，靠柑橘做新房。"

郭春桃的娘家在阳新，她于 1994 年嫁入西垅村，几年后她就做起了向外地销售柑橘的生意。起初，她为自己家的生计这样做，随着自己的能力越来越强，她把慈口柑橘销到了武汉、郑州、石家庄、北京，这样她就自觉地担当起带领乡亲共同富裕的责任。她致力于"复壮改造""嫁接换种""老园重栽"等品种改造措施，引种脐橙、长虹橙、锦橙、血橙、蜜橘等十多个橘橙品种。还流转本村柑橘两千亩，建立柑橘采摘园。2017 年，她当选为湖北省党代表，这应该也可看作是个"省级劳模"。

1999 年秋天，祝文广到黄沙铺镇当书记。祝文广见徐恢同办的酒厂酿的苦荞酒很不错，他便以徐恢同酒厂为基础扩建为镇办企业。2000 年 10 月，黄沙铺镇黄沙苦荞酒厂建成投产。苦荞所含芦丁具有促进人体胰岛素分泌、软化血管、改善微循环的作用。次年 3 月，"苦荞泉"牌苦荞酒被首届湖北武汉"3·15"精品博览会评为"首选推荐产品"。4 月，又被授予"2001 年湖北市场质量信得过品牌"称号。祝文广不断地为"苦荞泉"代言，他可算得上是最早的带货领导干部。"苦荞泉"一时间风靡鄂东南，商务政务活动，民间喜事，都喝苦荞酒。时任县委书记马世永到黄沙苦荞酒厂调研，一时兴起题词曰："苦里回甜消百病，荞中有乐走千家"。祝文广认为，创办黄沙镇苦荞酒厂是他职业生涯最光彩的一笔。

徐恢同是西垅村人，酿苦荞酒是祖传手艺，清末，他们家在慈口创办五粮酒厂。1997 年，他把酒厂迁到黄沙铺，两年后，祝文广就来黄沙当书记，于是就有了后面的合作。在苦荞酒厂最辉煌的时候，也即祝文广调离黄沙 2 年后，酒厂被一个广东老板收购。后来，黄沙铺苦荞酒厂停产。

现在，在慈口乡西垅村插剑山半山腰那个叫大宕的地方，有家湖北国芳宏隆苦荞醇酒业有限公司。董事长徐生江是徐恢同的儿子。

徐生江曾在北京打拼 10 多年。2016 年他从北京回到慈口，拿着 10 多年的积蓄，与家中的七兄妹一起共同投资 2000 多万元，创办国芳宏隆苦荞醇酒业公司。酒厂背靠插剑山，面临富水湖，旁边就是荞麦坑，自古以来就是种荞麦的地方。徐家有六代酿酒历史，形成选料、配料、浸泡、蒸煮、冷却、拌醅、发酵等一系列独特完整的手工酿造工艺流程。徐生江不想让传了几代人的古法酿酒工艺失传。在国芳公司展示厅，展有六代传统做酒物件。六种器具，六个时代，六种方法，不断改进。李云石诗云："徐氏金荞酒，祖传有秘方。曲留野岭味，窖就古云香。百丈岩泉醒，千垅稻粟忙。八仙常一聚，俯仰满天芳。"

幕阜山生态旅游公路也经过西垅村，村旁还修起一座崭新而漂亮的大桥狮岩大桥。狮岩大桥连接慈口村与西垅村。

西垅村委会在路与水之间建了亲水平台与亭阁，于自然美中添加了"人化"的美。郭春桃销橘橙更方便了，徐生江卖酒更便捷了。

山乡巨变村村变

杨芳林上阮塆,清末私塾先生阮两交创造了一段文坛佳话。

上阮南面,杨芳河上游两岸分布着二十多个村塆。杨芳河有条支流叫横溪,横溪河畔有个村塆,这个村湾的名字也叫横溪。横溪的上游有个村塆叫梓木坑。一日,阮两交先生收学归来,心情愉悦地漫步河堤上,但见黄昏落日,烟树晴岚,飞鸟归巢,一棵梓木静立于横溪边,影斜清波上。阮先生触景生情,脱口吟出"梓木影横溪,鱼戏枝头鸦宿水"。他边走边思,想吟出下联,久思不得。后来,一有闲暇便苦思冥想,任凭绞尽脑汁,始终不能如愿,几年后竟郁郁而终,死时年仅 46 岁。这副上联几乎成为一副绝对。民国年间,杨芳林遂庄塆有一个毕业于省立师范第一师范的才子郑子光,后回县从事教育工作。一日黄昏,郑先生从名叫晓泉的村塆路过,去一个叫荷叶的村塆访友。晓泉塆边有一口藕塘,轻风微拂,清波微漾,接天莲叶,荷花映月。郑先生灵感迸发,终于吟出下联"晓泉浮荷叶,月沉水底藕栽天"。

从艺术品质考量,这副对联已经是上乘之作,其诞生过程也饶有趣味。这个故事多见于通山的地方文献之中,但难以广泛流传。如今,在杨芳林乡横溪村梓木坑头的古树公园里,有一块碑专门镌刻了这副对联的故事。

要想广泛流传,唯有这个途径。地方文化传承,最有力的传承途径之一应该是产业的传承。

壹 氤氲在石门古商铺间的缕缕书香

2007 年,湖北省第三次民间文物普查期间,专家们发现了石门村长夏畈,这里的古民居群引起世人关注。

　　长夏畈的大发展始于清雍正年间。夏之梧掌事，集全族之力，改河、修路、搭桥，把沿山脚而过的河道改为弯弓形，绕村环抱，拓展空间，规划村落。并把新景观取名为"弯弓揽月河"。

　　一番操作，打通了石门至咸宁、石门至武宁、石门至岳阳的商业通道，开门迎接天南地北客，承接贩运大江上下货，形成本地糕点、医药、杂货、客栈等产业，逐渐形成了湖南安化至汉口茶道的陆路复线，成为万里茶道的重要驿站。当年，彭德怀率红军部队经过石门，由长夏畈宾兴会主事夏庆寿、夏奉刚接待吃饭，临走还向红军捐了一箩铜钱。

　　长夏畈古民居群落有六百多年历史，是通山县明清时期三大繁华集市之一。如今，长夏畈还保存着大量历史文物。建筑物有永和园、长春堂、保寿堂、禹公祠。街屋铺面多为前店后宅、前店后坊上宅式。石雕文物由墙嵌式石马栓、石柱、石门联、石狮子、石柜台。字画文物有纸木楹联、古商铺招牌、人物画、山水画、屋檐画、屋垛画。

　　杨华美说，石门是通山山鼓的发源地。长夏畈老屋的柱础几乎都为石鼓形。这里还发现了通山最古老的山鼓歌本。

　　我到过石门多次。

　　大约是 2013 年夏天，我第一次骑行到石门村，从咸安刘家桥右拐进入一条锦绣谷，来到令人惊艳的石门。石门村的人文景观集中在楚王山和长夏畈两个自然湾。长夏畈现在还保存着接近一里长的曲尺形石板街，有一进多重的徽派古民居，更多的是古商号店铺。古商号的青石柜台是我过去从未见过的东西，大气沉着，见惯一切的沧桑流变，永远以金石之质示人。民居面墙都有两至四个墙嵌式拴马石，拴马石雕刻成鱼形、龟形、松树、宝塔。看着这些精美的石雕，耳畔响起马铃儿声，脑海里浮现出马帮的幻影。

　　长夏畈生息着圣君大禹的后人，夏姓居民居多，禹公祠至今香火缭绕。这里的人似乎总是与当时历史阶段的先进文化结缘。耕读为本，又亦商亦儒，既学而优则仕，又商而优则仕。众多商号之外，还办有蒙馆一座、经馆两座、擂井花香武馆一座，鼓励族人通过文、武、商多途径求取功名。明清两朝出文武官员和功名爵位者累计 103 人，最高级别的达到了从四品。经商致富者，热衷于捐官。捐来官衔后，并不赴任，依然经商，既光宗耀祖，又于生意大有裨益。

　　楚王山湾曾是中共鄂东南道委和咸蒲崇通县委驻地，曾有两百多青壮参加了红军。那个挂着"兵部差务府"和"天朝诰命"等牌匾的武举人夏朝明宅第，变成了道委和县委机关。

楚王山塆的蔡姑贞节牌坊是通山最著名的古牌坊。如今，在牌坊旁新建了一座门楼，门楼旁有一块石碑，石碑上刻着《楚天山》记："楚王山，山山相抱、古木苍苍，地肥物美，流水如吟……"读到"流水如吟"四个字，一种感动涌溢我的心间，写出这样辞章的人，一定是腹有诗书、眼有锦绣、胸中情怀的人。这四个字充满了对自然的感悟、理解、尊重、友好。后来打听到，这是一位退休干部写的，他退休前是县人事局局长。他有个很"文学"的名字——夏文郁。

石门村大大小小的自然村塆，均依山就势，规模、朝向、布局，大势就很好看，而且干净清爽。不管是新房子还是旧房子，都有模有样，大房子不张扬，小房子不寒碜。这里也有"暴发户"建的新楼，但是，这些新楼有大气雅气，却没有霸气和俗气。

第二次是和一众书画家去石门。记得书法家向村民赠送书法作品时，村中男女老幼排起长长的队伍，人人热望得到书法作品，这是在其他的农村少见的景象。

正是有这样的底蕴，石门村要搞乡村旅游，马上就有了灵魂，很快就上了档次。他们借几任市委书记和县委书记联系点的春风，大展宏图。

首先是从山口斜刺里修一条旅游公路过来，让这个沉寂了一个世纪古驿站又成通衢之地。

石门村创新村级发展方式，率先成立全市首家村级投资公司，按照"以农为本、农旅融合、村企合作、激活乡村"的发展思路，走一二三产业融合的乡村发展之路。

每年的六到九月，当百花逐渐暗淡退出视野，石门村太空莲基地里的荷花却在高温下愈发娇艳。与天相连的荷叶密密层层地铺展开，一片无边无际的青翠碧绿。又薄又透的胭脂点出粉嫩的荷花，袅袅婷婷，摇曳生姿，把夏日装点得风情无限。七里香观光采摘园，猕猴桃、桑葚、葡萄等各色水果，让人体验到浓浓的田园乐趣。游完村景，再到古民居改造的幽静古朴的农家乐里，品尝带着荷叶清香的"荷叶荞粑"，吃来自石门水库的小鱼虾。石门村有一口温泉井，不但有一般温泉的功能，近来还发现温泉富含硒元素。今年，100 亩富硒水稻又铺开了一条村民致富的"硒"望之路。

2019 年，石门村成为"全国乡村旅游重点村"。2020 年，石门村成为"中国美丽休闲乡村"。

贰　九宫山下添新景

程许村三面环山，一水中流，还有 106 国道一线穿南北，还在九宫山风景区脚下，但是很穷，2017 年初，全村 3500 人口，贫困人口就有 800 多，接近总人口的四分之一。

这是一块脱贫攻坚的硬骨头，通山县县长陈洪豪是个不畏啃硬骨头的人，他把程许作为自己精准扶贫的联系点。

程许村委会办公室，又破又小，三张办公桌就塞满了整个办公室。这样的办公条件，当然鼓不起干部群众脱贫致富的信心。陈洪豪整合多种资源，首先改善程许村的办公条件，提升服务群众的基本功能。一栋三层楼2300平方的党员群众服务中心拔地而起，白墙碧瓦，绿树红花环绕，集党务、村务、办事、医疗、文娱于一体，成为全县村级阵地建设的样板工程，更成为程许村干部群众的温馨家园。

同时进行的还有村塆环境整治。修建"一河两岸"大理石护栏式休闲长廊1500米。修建7个文化广场，总面积5000平方。修建通自然塆公路25公里，18个自然塆全部通公路。安装太阳能路灯200多盏，一条条火龙照亮每一个村塆。铺设5000多米自来水管道，全村家家户户都用上了干净水……程许河蜿蜒流淌，河堤翠竹连绵数里，枫杨绿荫连片，参天古木大树耸立村头。2019年12月，程许村获国家级"森林乡村"称号。

产业发展是富民之本，是乡村振兴的源头活水。发展产业要有资本注入，要靠招商引资。陈洪豪曾经担任咸宁高新区管委会副主任，并且是分管招商引资工作的副主任，招商引资是他的强项。此时，有一位叫程群英的回归企业家在程许投资，她是一位资本雄厚的老板，但在这里放不开手脚，小打小闹。陈洪豪亲自和她见面，帮她分析现状，描绘未来，承诺优惠政策，增强她的投资信心。

程群英目睹了程许村万花筒似的变化，决意同政府一道为程许锦上添花。她的湖北昀泽生态旅游开发公司，注册了"香榧小镇"开发内容，挥洒出大手笔。在程许河边建设古典式建筑香榧馆，围绕香榧馆，打造连天碧绿的亲水荷塘，铺设在竹林里穿行的河堤步道，在河边布局滨河公园，沿河植造高档水果采摘园……一处九宫山旅游线上的闪亮景区已露尖尖角。

昀泽公司还在连绵起伏的石头山上流转林地3000余亩，在石头缝里栽满了香榧树。已种植香榧10万株，培育香榧苗100万株。直接带动就业200余人，间接就业1000余人。

陈洪豪联系程许村4年，4年后的程许村，山上林木郁郁葱葱，山下村塆风景如画。程许村成为村民安居乐业的桃花源，又成为游客流连忘返的乡村旅游景区。

叁 贫困村变身现代休闲渔港

苍翠的远山，澄碧的近水，白鹭戏清波，清风拂绿柳，快艇水上飞驰，游人岸边漫步，一片片整齐的别墅，一个个快意的村民，我们走进的是一座村庄，又是一座现代休闲渔港。由一个贫困的村庄，出落成一座迷人的现代休闲渔港，也只有短短的几年时间。

港口村民有一句话，让我入耳难忘：过去是三人一张床，现在是一人一间房。

通羊镇港口村是一个库区移民村，先辈生活的地方已经没入富水水库的水底。移民后靠到了现在这地方。

人生在世，衣食住行，港口人好像对住特别在意。特别在意的事情，往往是有特别的经历。最初来到这里住的是茅草房，也叫茅草棚。后来住的是土坯房，也叫土巴屋。再后来住的是毛坯房，那种没有任何装修装饰的简易住房。现在他们家家住别墅了。新建别墅 96 户，旧房改造 60 户。

当港口村人有条件改善住房时，他们有一种觉醒，并且达成一种共识。他们觉得不能辜负了眼里的好山水和身处的好时代，就要摒弃那种单体的火柴盒、整体的乱七八糟。那是 2015 年，他们请专业队伍来做了新村规划设计，从楼层、户型、道路、景观进行全面规划设计。最后由村民投票选定，每户三层，每层 125 平方米，户型统一，风格一致。

这时，他们能享受的国家政策是移民避险解困资金，每人 2 万元，建房子显然不够。但是，他们尊重设计规划不动摇，家家户户都按统一的模式建，2 年下来，梦想越来越成形。

他们的坚定，惊艳了世人，也感动了政府。从 2018 年起，县委县政府整合各种沾得上边的国家政策资金，比如美丽家园建设资金、水利移民后扶资金，总数达 7000 万元。于是，进村公路成为景观路，环湖公路成为情侣步道，路面黑色硬化，路边绿化美化，还有休闲广场、标准塑胶篮球场。还有水池喷泉、茶亭、鱼馆、芦苇湿地、旅游码头、风雨廊桥、游步长堤等 12 景。过去，他们利用富水湖搞网箱养鱼，现在根据生态保护要求，取消了网箱养鱼，只保留近岸鱼池 2000 亩，供游客观鱼、钓鱼、捕鱼、吃鱼。

这里是个渔港，但是它的功能更多的不是渔业生产，更多却是休闲娱乐了。

现任县政协副主席石桂芳，曾在港口村蹲点扶贫 4 年，她深有感触地说："自救者，人恒救之。当初，政府给他们锦上添花。现在，资本也来添花了，港深航空基地，注资 1.2 亿元建设兴江水上乐园。"

一个穷村会变成一座现代休闲渔港。不为渔业生产，只为休闲旅游。

肆　板桥村的样板产业

板桥村一村 370 多户，分隔在富水湖两岸。村是穷村，南岸的茶滩更穷，到 2013 年，88 户还有 49 户土坯房，还有 12 户住草棚。茶滩前临富水，后靠陡峭的高山，物产不丰，有些物产也不能变钱，所以穷。

省纪委扶贫工作队于 2014 年春节前进驻板桥村，节前慰问贫困户，节后大干快上。

最先开建和最先建成的是连接两岸的板茶大桥。大桥开通的那天，村子沸腾了，男女老幼敲锣打鼓，涌向宽阔的桥面，又唱又跳，又喊又笑。

好马配好鞍，与板茶大桥同时开建的还有板茶大道。

大桥南端过去是最穷的茶滩垮八组、九组，现在全部是清一色徽派建筑两层或三层楼房。大道西侧是占地 120 亩的白鹭新村，总建筑面积 1.7 万平方，73 户无房户搬了进去，全部是两层半的徽式民宅，水、电、路、网络、绿化、排污、村级卫生室、村民活动室等配套设施一应俱全。这叫易地搬迁，拎包入住，无须付钱。在新村的被三面碧水环绕的一座小山头，建起了观鹭阁，为三层飞檐塔楼。整个富水湖生态的优化，岸上人居环境的变好，一群又一群的白鹭流连忘返，戏水翻飞。登上观鹭阁，可见白鹭或栖于树林，或戏于水面。

大道东侧，龙珠湾水上乐园、富水花海等一批旅游项目落地建设。村里的荒山不见了，取而代之的是万亩油茶基地、生态农谷，清荷虾园，是一片又一片的食用菌、枇杷、甜橙、蜜橘产业基地。

基础设施建设，可以在很短时间里取得较大突破，产业振兴才是更关键更持久的振兴之路。

油茶是生态树、景观树，又是摇钱树；茶油是保健油、长寿油，又是美容油。

发展油茶列入了国家粮油安全战略，油茶是第一个由国家层面力推的经济林树种。

通山油茶曾居鄂南之首，民国时期，茶油成为通山五大外销土产之一，青山（今横垱山）茶油更是响当当的品牌。通山油茶花开洁白如玉，满山芬芳似雪来，油茶果熟花开，花果并存，俗称"抱子怀胎"，堪称自然界一大奇观，自古就有"南国有嘉树，花若赤玉杯……举武尚有碍，何地可以栽"的美誉。明太祖朱元璋将茶油封为"御膳用油"并赐封为"御膳奇果汁，益寿茶延年"。

以板桥村为中心，拓展至杉木园村、隐水村，已形成万亩连片油茶基地。富水河畔，连绵的大小山头，阵列整齐的油茶树，景深似海。村支书刘鹤鸣说："5年进入盛果期，每亩利润不低于3000元。按股分红，村民每亩每年起码可以分到600元。"

能领衔万亩基地的当然是一家企业，它是省级农业产业化龙头企业天宇公司。2014年，浙江丽水老板虞少伟瞄准幕阜山绿色产业带发展契机，在板桥村及周边流转山地万亩。建成优质高产油茶基地，油茶产量超过5万公斤，带动6000多村民实现增收。为保证品牌产品"天宇芸香"食用山茶油系列产品质量和原料供应的稳定性，从油茶种植、科研、精深加工、销售及服务，形成一条完整的产业链。

油茶浑身是宝，可加工茶油、茶油籽、洁面膏、孕妇护理油。茶油又称"东方橄榄油""黄金油"，一百多块钱一斤。"一亩油茶百斤油，又娶媳妇又盖楼"。目前，全县年产茶油5000多吨，产值10亿元以上。2019年，"通山茶油"成为国家地理标志产品。板桥万亩油茶基地是目前通山最大的油茶基地。

就在板茶村委会旁，一座古典与现代融合的建筑与周围的青山绿水交相辉映，"阳春园"三个红色的大字在蓝天映衬下显得格外醒目。"阳春园麻饼"做成了网红产品，在2020年5月的网上直播，阳春园饼取得了网销10万箱的佳绩。通山有不少大畈麻饼加工厂，产业化最好的是阳春园麻饼。阳春园麻饼工业园就在板桥村。这是一处工业景观点，参观阳春园生产车间的客人都能尝到刚出炉的带着温热的麻饼，这是最好吃的麻饼。为了保持这种独特的风味，主人会告诉你，超市里买的麻饼，拿到微波炉里加热一下可以部分还原这种风味，当然，全味的只能在生产车间才能吃到。所以，我多次参观阳春园生产车间，从来不嫌次数多。本土回归创业老板章晓伟，打造集加工、体验于一体的产业景区，年接待游客30万人次，产值近亿元，带动全村300多人就业。

国家地理标志产品"隐水洞枇杷"产地集中在大畈镇隐水村、下杨村、大垅村和板桥村。本地企业家阮峰和合伙人陈学文，在板桥村成立协力绿色果业公司。公司旗下的枇杷酒庄，名叫酒庄，其实是一家生产内容更多的企业，年产枇杷酒500多吨，还生产枇杷膏、枇杷饮料等产品。

"弯山过水心发慌，住的都是土坯房，一日三餐薯渣粑，有女莫嫁板桥郎。"这是对过往板桥村的描述。如今的板桥村是全国文明村、全国乡村治理示范村、全省十面红旗村。

伍 硬核"枇杷小镇"

人间五月天，大畈枇杷鲜。

2022年5月27日，通山县枇杷产业融合发展洽商会在大畈镇大坜村枇杷广场举行。武汉、黄石、咸宁等周边地市游客纷至沓来，体验田园采摘的乐趣，品尝原生态美味盛宴。一个主会场五个分会场，通过枇杷音乐节、现场推介、专家论坛系列活动，面向全国宣传"隐水洞枇杷"品牌。

通山枇杷有四百多年种植历史。大畈域内土壤为红壤沙质土，富水湖小气候特别，这里的枇杷汁多肉厚、美味可口。隐水村的一棵枇杷王，150年树龄，树围有两人合抱那么粗，树高15米，有五层楼那么高。现在全县枇杷种植面积近4万亩，枇杷产业规模效益位居我国中南五省第一。"农户卖不完的枇杷，我们统一收购，今年已经收购了40万公斤了。"枇杷酒庄分会场，成筐的枇杷被送进加工车间，制作成枇杷果酒。公司负责人阮峰介绍，枇杷生产有大小年之分，大年产品容易积压，平常残次果也不好处理，而采取低温发酵酿酒是不错的选择。目前，公司建成枇杷酒庄年产枇杷酒500多吨，产品畅销福建沿海等地。湖北感通果业公司将疏掉的枇杷花收集做成花茶，将秋季的落叶收集提炼成枇杷膏，不断延长枇杷产业链。

通山有富水、石门等五座大中型水库，移民人数接近10万，是全省第四大库区移民县。大畈镇大坜村是通山县重点贫困村之一，也是库区移民后靠村，移民600多人。大坜村还是核电移民村，移民500多人。枇杷成为大坜人致富的"开心果"。

说大坜是硬核"枇杷小镇"是因为有硬核支撑。

大坜有个"枇杷强"。袁观强，大坜村人，通山县大畈枇杷专业合作社理事长。他于1996年回乡创业，经过多年努力打造了250亩枇杷观光采摘园。为了抱团发展，2010年成立通山县大畈枇杷合作社。如今，合作社旗下的枇杷种植面积达1.1万亩，有10个观光采摘园，有百亩良种繁育基地。"隐水洞枇杷"被农业农村部认定为"国家地理标志农产品"和"全国一村一品"，被国家工商总局认定为"地理标志证明商标"。合作社共争取国家项目资金5000万元，共建五个保鲜库，可储存鲜果3000吨，建有3个枇杷加工产业园，已形成了高度融合的枇杷产业链。从2017年起，通山县连续举办大畈枇杷旅游文化节。袁观强先后被湖北省科技厅聘为"湖北科技特派员"，被授予"湖北省十佳农民"称号。

大坜村四组村民袁岩松回乡创业，投入3000万元，建立八福康农副产品加工公司。建成以特色农产品采摘、枇杷深加工、生态旅游、电子商务融合为主题的八福康枇杷产业园。研发枇杷膏、枇杷茶、枇杷蜜、枇杷干、枇杷露系列产品，打造种植基地、深加工厂区，逐步搭建起三产融合发展的特色产业体系。

袁昌生从 2008 年返乡种植枇杷至今，从 20 亩扩展至 200 亩。共 5 个品种，将成熟期拉长至一个半月。现任大畈（通山县）枇杷协会会长，大畈枇杷协会是通山县级协会，因为大畈枇杷产量占全县八成。

大墈还有一座枇杷科普馆。建筑面积 1300 平方，集技术培训、文化宣传、少儿农业科普教育、枇杷新品种和新种植技术推广等功能于一体。

大墈村是省红十字会的扶贫点。省红十字会在这里建博爱卫生室，成为通山县最美村级卫生室。

大墈村获评全国枇杷专业村，入选第五批全国"一村一品"示范村镇名单，还是湖北省生态村。

核电湿地公园也在大墈范围内，公园总投入 5000 万元，占地 4 万平方。"赏生态景、住农家屋、吃乡土菜、品四季果"是在大墈的美好享受。

陆　隐水村民的新业态

郑安国陪我们游览龙隐山公园，从进大门开始就不停地有人给他打招呼。打招呼的人有验票员、引导员、教练员、清洁员、售货员，充斥公园的各个环节各个工种。郑安国是隐水村人，这些人都是他同村同族的叔伯子侄、婆姨婶嫂、兄弟姐妹。隐水村民几乎都成了旅游人，不是直接也是间接。一个村里有两个国家级景区，也真是有福了。

清末举人、通山才子朱美燮在《隐水长歌》里描写了隐水人的与世无争和自得其乐："为说居此数十代，从古未尝闻干戈。种田自食足生计，读书不求取巍科。春风吹发门前柳，夏日暄开池边荷。黄菊未残梅已放，四时自序阴阳和。不知世上有荣辱，但喜此中无辙轲。"

当隐水洞地质公园开发后，投资商赚得盆满钵满时，隐水人才悄悄有些变化。

起初的变化是悄悄的，后来的变化是猛烈的。隐水村民意识到，国家 4A 级景区隐水洞地质公园、国家 3A 级景区龙隐山旅游度假区，既是开发商的金饭碗，也是隐水人的金饭碗。

观念的力量是无穷的。隐水村民把他们的一切都和旅游挂上了钩。他们围绕旅游先后打造了"四园"：南山畈七彩农业园、七松枇杷园、火石坪油茶园、八里宕水果园。配套建设"龙隐堡"娱乐中心、演艺剧场。建设特色水街"龙吟小镇"，并建设"龙吟阁"梦幻夜景。打造集旅游、娱乐、探险、美食、度假、网红打卡地于一体的综合旅游度假区。招商引资开发梅山峡休闲康养中心，石牛山去隐谷民宿度假区。引进竹制品加工企业，研发竹匾、竹挂画、竹简字画、竹根雕等工艺品。

隐水村共发展四季水果基地4000亩。其中，种植枇杷2000亩。全村几百户人家，几乎家家户户的房前屋后、田头地边都栽有枇杷，总计有2000多株。枇杷可以在景区就地卖鲜果，也可以制罐头食品、枇杷露、枇杷膏。2016年开始，李七松立志将隐水枇杷做成振兴乡村的主打品牌。他倡导将村里在枇杷古树群保护起来，把村里70多户枇杷种植户吸收进合作社。两年扩大种植1000多亩，李七松自己一家600亩。全村枇杷年产值1000多万元。

乡村旅游是一根扁担，一头挑起市场和游客，一头挑起产业和村民。

"我在隐水洞入口烤红薯、卖土特产，一月能挣3000多块钱，比以前种半年地赚得还多。"方有盛十分欣喜地说。原来住在油榨塘的李茂林，花30万元在隐水洞高速出口建起农家乐，一张床位价格为每晚80元，还可以吃到地道的农家菜。隐水村共有20多户每户门口都挂着带有编号的农家乐木质标牌。在游客最多的季节，紧靠隐水洞口的袁观海店铺曾创下一天销售5000多元山货的纪录。

"隐水空间"是众多民宿中的一间。店主袁观富，为了过上自己想要的生活，选择离开广东回到家乡，放弃了顺风顺水的企业，趁着乡村旅游的兴起在经营起这间民宿。"我在店里的一天，就是属于我自己的一天。"在这里有"投花有瓶、读书有案、品茶有室"的生活。一楼厅堂，一本本精挑细选的书籍安静地排列在原木书架上，墨香掺杂着山中植物的芳香，享受"一段闲情"，拥有"一双慧眼"。三楼的房间里，每一间居室同时又是书房，雅宿，村景，只是一扇窗户的距离。门窗成框，圈出满目的风光，透过宽大的落地玻璃窗，看得见对面南山上青翠的松树。"隐水空间"将民宿与书屋这种公共文化服务相结合，书在民宿里，宿在书香中。

隐水村内有不少明清时代的古村落，老宅、街巷、宗祠、池塘、水口、石桥，都基本得到保护或修缮。偶有山兔在柏油马路上奔跑，山鸡在路边振翅飞翔。

高山上的村民都已经搬迁到山下集中还建了，村委会建起"全域旅游培训基地"，农民变创客，民房变客房，产业变风景，农产品现货变期货……每年到隐水村旅游的不下60万人次。

柒　晨光村豪气冲天　农民自费建公园

周宇胜起先在黄沙街开超市，开了好多年，后来就把超市开到了温泉。他在温泉创业和生活了十来年，完全融入了城市生活，还担任了小区的支部副书记。

故乡的山水和故乡的人情，时刻装在异乡人的心中。

他经常在对照着家乡与城市的区别，他觉得家乡有"底气"与城市"对照对照"。村里的别墅一幢幢地竖起来，小汽车越来越多的人家在拥有，还有一日三餐……最大的不同是，休闲娱乐的场所，村里没有。

为什么会想到这个问题？因为老家周家塆边上有一座独立的达观山，森林茂密，古树参天，怪石遍布，流泉淙淙，还有溶洞，还有寺庙……尤其是登上山顶，视野所及，美不胜收，远山远水，还有山脚下清澈蜿蜒的黄沙河……是一个天生的公园坯子。周家塆在黄沙铺镇的街尾，达观山就在黄沙铺镇的街边，环镇公路穿村而过，地理位置也蛮好。

心底有一个声音对周宇胜说，那我们就建一座公园吧！这个时代把"胆气"给予了许多人。进城农民周宇胜，在温泉拥有两套房子和一间超市，当然，在黄沙街上也有门面和房产，是属于有"胆气"的人。

周宇胜把这个想法带回塆里，塆里管事的人基本都反对，留在塆里的都是老人和小孩子，小孩子当然不管事，老人的天性就是墨守成规。周宇胜意识到，努力的方向不在这里，他马上建了一个微信群，本塆在外打工者的微信群，有160多人入群。群里很热闹，群里很支持。

2018年小年夜，周氏祖堂里烧了一堆篝火，从全国各地打工回家过年的周家年轻人都围在的篝火旁，热议建设达观山公园之事。因为有微信群里一个多月的预热，大家的热情瞬间达到炽热。春节期间，30多万元捐款源源汇入专款专用账户，这其中，有周宇胜的6万元。

大年初四，一阵阵炮声惊飞了云雀，一把把锄头在空中挥舞，一阵阵笑声回荡在林间树梢，农民自建达观山公园工程开工了。

周家塆是晨光村一组。与周家塆屋宇相邻、亲戚连环的晨光村二组、三组村民，被周家塆人万丈豪情所感染，纷纷加入自建公园壮举中。又一波捐资捐劳热潮兴起。在外有企业的老板几千几万捐款，黄启洲、周天赐、阮家送都捐款几万。在家务农的村民纷纷投工投劳，阮国众、孟祥恕、周庆云、周细红、周宇良、阮良军、周宇力、几乎每天扑在工地上。晨光村 3 个组上百人，在工地上奋战 3 个月，纵横山间的游步道全部拉通，然后逐条硬化。晨光村三个组嫁出去的姑娘也积极支持娘家公园建设，有 20 多人捐款。周宇胜的 3 个女儿都捐了款。邻县阳新王英镇陈联合捐款 5000 元，因为他从小在黄沙长大，是周宇胜的同学，和黄沙有感情，和周宇胜也有感情。退休干部阮班武、袁玉英夫妇，长期为农民自建公园谋划、奔波、出钱、出力。周启兴、周子越父子俩都是文学爱好者，一个用旧体诗，一个用散文，共同讴歌达观山公园的建设和美好。

周宇胜操心得最多的是公园的总体规划、功能分区、用地协调、资金筹措、对外宣传，日日夜夜时时刻刻，大脑都不得歇。

当公园略具雏形之时，也就是上山的游步道搞通，就搞了个高调的试开园仪式。那是 2019 年 4 月 2 日，春和景明之时，一切皆美好的春天。一下子，通山人都知道了黄沙有了全县第一个农民自建公园，咸宁人都知道了通山有了全市第一个农民自建公园。

从此，达观山农民自建公园就成了"网红"。

我于 2021 年 11 月 25 日慕名来到达观山公园。12 米高 13 米宽的大理石门楼就震撼了我。门楼里是 7000 平方的公园广场，广场左边是文化长廊和凉亭，长廊的背面是儿童乐园，右边是足球场，正后方是阔气的百姓大舞台，舞台面积 300 多平方，两侧有操作室和化妆室。

因为匆忙，我没有登达观山，据说上山有游步道 12 条，全长 10 公里。

听周宇胜介绍，当时整个公园投资已经达到了 1200 万元。村民先行集资了 500 万元，后续投资争取到了国家支持。农民建公园毫无小家子气，完全是大手笔，门楼外还有个 2500 平方的生态停车场。

不断地完善功能，不断地锦上添花。2022 年百年未有的高温大旱天，1000 平方的游泳池开业，每天清洗泳池、消毒杀菌、天天换水、检查安全漏洞、排除安全隐患。这个游泳池是 25 户投资建设，经营收入。围绕公园的产业发展是周宇胜必须考虑的，建公园这几年，自己基本是在啃老本，没有经营收益。自己不能长期这样，伙伴们也不能长期这样。

2023 年 2 月 16 日，华中"巨无霸充电宝"大幕山抽水蓄能发电站开工典礼，在达观山公园广场举行。这是所有为达观山自建公园做过贡献的人，感到最自豪的一天。

捌 一个人与一个村

他是在完全不知情的情况下，当选为村支书，那是一次缺席选举。

1984年9月的一天晚上，洪港镇西坑村全体党员选举朱必海担任村支书。当时，朱必海在沙店乡当企管会主任。当时，朱必海只有25岁。

那是父亲刚去世不久的事，母亲劝了几天几夜，劝他不要回村当支书。母亲亲眼见过，几十年来在村里当支书的人，都是什么样的境况。母亲要他在外面成龙成凤，要想成龙成凤只能在西坑以外的世界才能成。

朱必海觉得，乡亲们的信任就像四面山一样沉重，沉重得不可推卸。

西坑村在四面山北面山垅里，四面山的南面就是江西。从西坑到沙店，要翻越五座大山。朱必海永远忘记不了，小时候和姐姐抬一捆楠竹，翻越五座大山，走十几公里山路，才能换回一袋盐的痛苦经历。

要改变西坑人的命运，必须修路。朱必海带领乡亲们肩挑背驮，把木材楠竹运出去，换回炸药雷管，修筑出村公路。这是一条狭窄的机耕路，全长8.5公里，却整整用了5年时间。修路的那几年，朱必海都没吃过一次团年饭，年关之时都是在外面筹钱借款。路修通后，又用4年时间把电架通。

朱必海从不做急功近利的事，做的都是打基础、管长远之事。尽管西坑耕地资源紧缺，村里仍在中心位置，拿出10亩土地，费时3年，建起一所集教学区、生活区、运动区、绿化区为一体的寄宿完小，解决了散居在7个自然塆8个村民小组孩子的上学难。西坑村入学率达到100%，西坑小学被评为全县"普九"示范小学，西坑村被评尊师重教先进单位。

西坑的杨田、雷洞、高仓三个自然塆的60多户300多人口，居住在海拔500米以上的高山上，祖祖辈辈过着肩挑背驮的原始生活。朱必海要改变这种现状。1999年深秋，一次会议，多次磋商，达成共识，将8个自然塆整合成3个自然塆。所有房屋建设，集中选址、统一风格、控制层高。规划设计从2000年开始实施。四面山下的西坑新村从此惊艳世人。320多户1200多西坑村民，居住在四面溪小河两岸整齐的别墅中。新村全长4公里，8座跨溪石桥古色古香，绿化美化亮化工程点缀其中。

1998年，西坑村成为全国"造林绿化千佳村"。2014年，西坑村成为最早的全省绿色示范村。2016年，西坑村成为最早的"全国生态文化村"和"全国美丽宜居示范村庄"。2019年，西坑村入选第一批"国家森林乡村"名单。从2000年起，西坑村获得几十个荣誉称号。

朱必海当村支书快 40 年了，一直修路不止。只有修路才能把西坑的资源优势转变为产业优势，才能不断提升村民的幸福指数。到 2019 年，进村公路由 3 米宽路拓至 6 米宽，并且硬化，修高山景观公路 10 公里，修楠竹产业公路 30 公里。所有的这些路，都成为旅游公路。

西坑新村带活了沉寂的四面山旅游，引得看新村看大山看古树的游人纷至沓来。四面山马颈海拔 800 米高山上有万亩野樱花树。全村各自然垮千年红豆杉有 5 棵，百年红豆杉 30 多棵，山里的红豆杉则不计其数。三处连片古树群，各类百年古树 80 多棵。野生猕猴桃是西坑盛产野果之一，年产可达万斤。我们在四面山上见到一棵挂果的野猕猴桃树，郑安国目测能摘 200 斤果子。

一位驴友在美篇里写道：通山县洪港镇西坑村地处国家级风景区九宫山和道教名山太平山中段的四面山下，距大广、杭瑞高速进出口 13 公里。境内群峰突兀，沟壑纵横，茂林苍翠，竹海茫茫……西坑一年四季景色如画！每逢阳春三月，山上万亩野樱花盛开时灿烂如霞，如若仙景；映山红、山桃花、迎春花和一些不知名的山花争奇斗艳，各领风骚；盛夏季节，站在飞瀑之下，任山风吹溅起飞雪般的水珠子击打在身脸上倍感清爽，暑热顿消。渴了，可在随处可见的山泉边，俯身掬几捧清泉水入口清凉，沁人心脾！深秋，可上山采摘野生猕猴桃、野山梨、八月灿、九月黄等野果子，还可欣赏漫山红叶！如能不畏劳累登上海拔 1447 米的四面山最顶峰葫芦顶，那种心旷神怡，唯我独尊的感觉真的是文难达意！寒冬腊月时，每遇下雪，只见漫山遍野，飘飘洒洒，犹如亿万梨花开。雪后初晴时，到处银装素裹，玉树琼枝，村庄农家屋檐边冰凌密悬，在阳光映照下犹如家家挂张银帘子！

西坑的农家饭也很馋人。腊肉竹笋雪水蛋，土豚土鸡豆腐汤，松菇再配羊肚菌，腐乳就饭喷喷香。

玖　郭家岭的生态三宝

那是 2019 年春天，市作协在通山一个叫"竹林风"的生态园开了一个会。生态园里竹影婆娑，竹楼掩映，春水荡漾，百花争艳，还有古琴琮琮绕耳不绝。当时，我不知道是在哪乡哪村的地面上，只记住了"竹林风"这个浪漫的名字。

竹林风生态园地处杨芳林乡郭家岭村山下金六组，2015 年兴建，面积达 1.8 万亩。通山南林桥人徐永明，在外打拼多年，还在南京买了房子安了家，乡情是一根挣不断的红线。最终，他与郭家岭人阮国桥合伙投资了竹林风。合伙人还有一位南京人余斌。一次意外，余斌两耳失聪，患上了抑郁症。投资竹林风后，余斌每天在这里坐拥 10 万立方的水库，漫步 3 公里长水果长廊，看 6000 平方的立体式种植大棚，看几万只无污染养殖鸡鸭鹅的悠闲，抑郁症渐渐好转。

去年初冬，老朋友陈学文陪我去他的故乡杨芳林采风，第一站看的就是忆江南农业生态园。

忆江南农业生态园在郭家岭村八斗垅，面积 5000 多亩，有水库、鱼塘、山林，美式庄园。本村创业成功人士谢昌柏投资，2010 年建成。园内有苗圃博览区、林果绿洲区、花卉采摘区、水上休闲区、生态观光走廊、旅游服务区、绿色养殖区七大分区。尤其是乡野里有那么一座美式庄园，令人耳目一新。

陈学文还带我看了牛壶山上的生态茶业观光园。这个茶场由湖北钱锦世纪茶业有限公司投资建设。茶场总面积接近万亩，规划分三期建设白茶种植基地、加工园区、休闲体验区、露营场地四大板块，打造成集有机茶生产和旅游观光于一体的生态茶业观光园。2017 年开始建设，已经定植"喆白"白茶 2000 多亩。

后来我得知，竹林风、忆江南、牛壶山号称郭家岭的"生态三宝"。一个村能有这三宝，太厉害了。

拾　大竹村的大变化

"车子跑在刷黑配着黄色图标树木林立的公路上，已然十分惬意了，加之两边的山峦绵延起伏，一幅流动的画紧紧相随，令人诗心荡漾。突兀间，远处有湖泊出现，水天一色，波光激滟，映着真实的山峰和虚在水里的山影，使画面更加真实宽阔。与两边水域相对的两座雄伟奇峰，由一桥架起如虹，两峰身后各自以大山牵着小山之势相连，像极了一位母亲和父亲带着孩子。畈田间金色油菜花如毯一样铺在大地上……"（倪霞《扶贫催开大竹花》）

"我站在绿色郁郁的北山山顶余家场，这是俯瞰大竹的最高位置。我第一眼看到富水湖，就觉得她美得让人心醉。一种大气象，在山峰和湖面里弥漫开来。湖中岛屿相连，湖水清澈有轻灵之性，深秋的富水湖，她似乎还有些羞涩，两岸高耸的山崖间，一汪绿水安静、规矩地躲在青山的背影下。山下一幢幢楼房互相牵连着，躲在群山的怀抱里，含情而安静。"（郑安国《大竹正是艳阳天》）

大竹村集库区、边区、老区、山区于一体，曾是通山县六个深度贫困村之一。

2013 年，大竹村 486 户 2062 人，贫困户 155 户 521 人，35 岁以上的"光棍汉"就有 80 多个。

大竹村其实天生丽质，大竹村的贫困是富饶的贫困。

大竹村拥有十里富水湖岸线，坐拥有十里画廊。杭瑞高速、大广高速穿村而过，距隐水洞地质公园 20 分钟车程，距仙岛湖风景区 50 分钟车程。

盯着人均不到二分的田地，当然不能致富。大竹村的脱贫路径选择了旅游引爆。所有的产业都要体现旅游特色，于是，建设了长毛力垂钓园、山水大竹养心天堂旅游区、朱里湾农业生态观光园、竹坑中秋脆枣采摘园、大竹旅游集散中心，打造了隐水洞旅游线延长线、仙岛湖的姊妹湖、鄂南垂钓小镇。为了做实鄂南垂钓小镇，还举办了几届钓鱼比赛。

市纪委扶贫工作队为大竹引进了湖北尊禧鹿业公司。鹿业公司的存栏梅花鹿逐年增加，由 200 多头发展到 800 多头。公司研发鹿血酒等加工产品 3 大类 26 个品系。公司的站位是打造华中地区最大的梅花鹿生态养殖基地，集养殖、加工、文化体验于一体。目前，已开辟梅花鹿观赏园、梅花鹿文化博物馆、中小学生游学研学基地、大学生实习实训基地。2022 年，鹿业公司实现产值 2 亿多元，安排大竹村民 100 多人就业，月平工资 4000 多元。

大竹村成为全省农旅整合发展标杆。还建设了村级农贸市场。投资 300 万元建设的大竹完全小学，设有全县首个公办村级幼儿园。

2019 年这一年，大竹村脱单了 20 多人。袁达华 47 岁时脱单，他放羊、养鸡，从 2016 年到 2021 年，实现了"四连喜"：脱贫、盖新房、娶新娘、抱胖娃。湖北日报抖音号 2000 多万粉丝见证了他的"四连喜"。

拾壹　源头村的高光时代即将到来

大幕山北面，咸安区大幕乡有大幕村、西山下村、东源村、桃花尖村在大幕山上。大幕山南面，通山县大幕山林场、大幕山村、源头村在大幕山上。

源头村地处黄沙河的源头。从前，源头村内有个地名很出名，居然叫黄鹤楼。抗日战争时期，国军 197 师随军记者方济生在《大幕山》随记中写道："到了黄鹤楼停住时，天色已明。总计这一夜上山下山至少走了三四十里路，虽说是受了这一夜的辛苦，到了黄鹤楼，大家都很高兴，以为这是到武昌黄鹤楼的预兆。这里黄鹤楼，既不见黄鹤，亦不见楼，只是几间土房子而已。据说从前升平时代，此地确有一楼，名曰黄鹤。

每年夏间，附近文人多有到这里避暑，借诗文会友。现时兵荒马乱之年，当然无人有这样的雅兴，所以楼圮亦无人再修。我们在黄鹤楼住了一天一夜，次日又上大幕山西段。"

黄鹤楼之名由来，也是有典故的，当地先民移此定居时，兴建房屋上梁，适有三只黄鹤飞来梁上，栖宿一夜。黄鹤楼今为源头村九组，有110户人家430多人口，通水泥公路。塆中正在打造的飞泉流瀑、壁挂凉亭景观，殊有大气象。

现在源头村出名的东西可多了。这里有盘龙溪漂流。漂流线长接近8公里，总落差180米，多处直接落差有3米以上，共有48级迭水。两岸高峰耸峙，恰如溪中过山车。在源头一组郭家塆还有个无动力滑翔伞空中旅游项目，滑翔伞从蒲圻岩顶滑下，在郭家塆前的慈河河滩落地。对，著名的蒲圻岩也在源头村内。正在建设的大幕山抽水蓄能电站的下水库也在源头村内。

自2016年，通山县委宣传部联系源头村。吴柏林、张晓丹两任部长都引导和支持源头村做足旅游的文章。首先修好村中水泥道路，在路边建起农家乐、民宿客栈、小超市。大幕山杜鹃花盛开季节，连续一个月内，农家乐天天爆满。夏季漂流季节长达几个月，生意也能好上几个月。宣传部还扶持引导村民办起了木子专业种植合作社、华金农民专业合作社，种植火龙果、草莓、蓝莓等适宜采摘体验的果品，为游客采摘体验提供服务。张晓丹每次到源头，总要和这几个合作社的负责人见见面，聊一聊，有什么问题及时解决。

建大幕山抽水蓄能电站，共需拆迁121户，都在源头村内，其中，小荆坑和溜沙两个村民小组要整体搬迁。电站的下水库还将覆盖整个盘龙溪漂流。2023春节前几天，张晓丹到源头村慰问走访时，来到小荆坑和溜沙两个村民小组，为移民搬迁工作吹风预热。一个百亿投资项目的落地，是一个庞大的系统工程，每一个环节都要严丝合缝地对接。张晓丹还告诉村民，在盘龙溪漂流就业的村民也不要担心，将来，来看抽水电站的游客会更多，村民服务游客的就业机会将更多，与电站相关的就业机会就更多了。

源头村的旅游业值得期待。源头村的高光时代，不仅是高光时刻，即将到来。

拾贰　共同缔造幸福生活

2022年春节来临之际，九宫山镇横石村的村民听到一个好消息，新当选的通山县县长刘子恒要来横石村驻村。这位县长很年轻，是个"80后"。这位县长的学历很高，全日制博士毕业。

刘子恒内心也充满了期待。横石村是九宫山风景区的入山门户，还是个面积广和人口多的大村，办好这个村的试点，对丰富自己的农村工作经验大有益处。

"美好环境与幸福生活共同缔造"活动，是精准扶贫战略之后，乡村振兴工作的重要抓手。很快，横石村泥坑口被确定为全省八个"共同缔造"试点村塆之一。

刘子恒把这项工作牢牢抓在手上，并配备好工作专班。既做好整体规划，达到"村塆美、人心齐、规矩立、民风纯"的目标定位，又找准具体切入口。切入口是"洁水整巷、塑亭亮榜、建制遵章、同心共场"。将全塆66户划为7个中心户网格，全面推进。

共同缔造就是要充分激发群众的积极性。首先，要做到民事民决，村民在家禽圈养、巷道整治、河道清理、塑造良家亭、文化礼堂整修等15个事项上达成共识，共同发力。其次，要做到民事民为，水利部门铺设进塆主管道2000米，群众出资出力拉通支管和入户管道4000米。在共同缔造过程中，村民投入占比30%以上，参与面90%以上。在美丽家园项目建设中，四户村民主动无偿让出项目用地120平方。共同缔造就是要达到"点子群众出、资金大家凑、材料就地取、用工本地找"。同时，还要做到民事民评，项目效益如何由村民评议，村容村貌村风村俗也由群众评议。最终，要做到民事民管，招募共同缔造志愿者，办好幸福小广播、幸福村晚、幸福小舞台、幸福超市。泥坑口是陈姓聚居地，绝大部分村民是江州"义门陈"后裔。文化广场的廊亭改造命名为"良家亭"，将文化礼堂改造成"道德大讲堂"，很多事情都由志愿者承担。

泥坑口面貌迅速大变，《湖北日报》发表几千字的长篇报道。廖双河以《泥坑口赋》赞曰："至若时遇元符，人人叱咤；岁逢壬寅，处处婆娑。美好环境，幸福生活，共同缔造，聚力谋划。县镇村叠下，你我他倍加。清门前河，整屋后巷；砌游步道，围种养笆。投工投劳，捐资捐物，尽力无言话；让利让地，献计献策，用心皆可夸。由是村容村貌焕丽色，湾里湾外享清嘉。继而立公约，定章法，评先进，授最佳。同心同德不等靠，五共浇开幸福花。良家亭中民风烈，荣誉榜上笑脸巴。天南地北心相印，线上线下赞吾家。"

下一步，刘子恒将以共同缔造理念，推进横石村的船埠河生态谷和东坑湾农旅项目。

县长试点的成功鼓舞了九宫山镇的干部，镇长徐富民说，共同缔造是源头活水，是永不褪色的常青藤，将在全镇积极推广。

刘子恒更珍视在横石村取得的经验，要最大程度地在全县推广，焕发全县城乡人民共同缔造幸福生活的热情。